KB262094

마르크스 사상

지은이　자끄 엘륄
옮긴이　안성헌
초판발행　2013년 12월 13일
펴낸이　배용하
편집　윤석일
등록　제364-2008-000013호
펴낸곳　도서출판 대장간
　　　　www.daejanggan.org
　　　　대전광역시 동구 우암로 75-21 (삼성동)
편집부　전화 (042) 673-7424
영업부　전화 (042) 673-7424　전송 (042) 623-1424

ISBN　978-89-7071-313-7

 값 15,000원

마르크스 사상

자끄 엘륄 지음
미셸 우르카드, 장-피에르 제제켈, 제라르 폴 편집
안성헌 옮김

La pensée marxiste.

Jacques Ellul

목 차

Ⅲ. 마르크스의 정치 사회 개념들 · 217

일러두기

　자끄 엘륄 강의는 엘륄 자신이 직접 작성한 문서 형태로 남아 있는 것이 없다. 곧, 내용 기록은 포함되어 있지 않으며 단지 몇 가지 참고 문헌에 대한 언급만 포함되어 있을 뿐이다. 이 책의 모든 각주와 참고사항은 편집자들에 의해 작성되었다. 특히, 엘륄은 마르크스와 마르크스주의에 대해 반성적 거리두기를 하고 있다. 본문에서 마르크스, 엥겔스, 기타 마르크스주의 학자들의 글을 엘륄이 인용하는 부분은 문장의 앞에 *로, 엘륄이 마르크스의 글을 인용해서 정리, 평가하거나, 자신이 내용을 정리 및 평가하는 부분은 문장의 앞머리에 #로 표시하였다. 이러한 거리 두기는 엘륄 자신의 저서들이나 사상의 큰 주제들에 명시적 혹은 암시적으로 들어 있다.

참고문헌

* *Morceaux choisis* excellents d' Henri Lefebre Gallimard, « Idées »

* *Morceaux choisis* de Kostas Papaioannou *Marx et les marxistes*, 필자는 이후 갈리 마르Gallimard 판으로 읽었다

* 마르크스의 세 가지 문서 : 『공산당 선언』, 『포이에르바하에 대한 테제』, 『자본』 서론.

* 마르크스에 관한 문서 : 앙리 르페브르Henri Lefebre ; 프랑스 최고의 마르크스 연구가. 그는 논쟁적 사회학을 기술하기보다 마르크스 연구가로 연구 활동 수행을 지속했다, 『마르크스주의』*Le Marxisme*, PUF, « Que sais-je? » 시리즈 ; 『마르크스 사상 인식을 위하여』*Pour connaître la pensée de Marx*, Bordas

* 한 방향에 국한되지 않도록, 매우 훌륭한 요약본인 앙드레 피에트르 Andé Piettre의 『마르크스와 마르크스주의』*Marx et le marxisme*, PUF를 보라. 피에트르는 마르크스주의자가 아닌 가톨릭 신자다. 그는 마르크스주의에 대한 존경과 비판을 담은 책을 저술했다.

전문서적

* 마르크스 문서 :『독일 이데올로기』, 박재희 역, 청년사, 2007.

* 마르크스에 관한 문서

– 오귀스트 코르뉘Auguste Cornu,『청년 마르크스』*La Jeunesse de Marx* PUF

– 장–이브 칼베즈Jean-Yves Calvez,『칼 마르크스 사상』*La Pensée de Karl Marx* Seuil

– 앙리 바르톨리Henri Bartoli,『칼 마르크스의 경제–사회 학설』*La Doctrine économique et sociale de Karl Marx* Seuil

– 루이 알튀세르Louis Althusser,『마르크스를 위하여』*Pour Marx*, 고길환 역 백의, 1990,『맑스를 위하여』, 이종영 역, 백의, 1997.

감사의 글

스크랜턴 대학 교수인 조이스 M. 행크스에게 특별한 감사를 표한다. 우리가 등사본 강의록을 참고하도록 도와주었고, 토론토 대학 교수인 빌렘 H. 반더버그와 접촉하도록 도와주었다. 반더버그 교수는 자신의 카세트 녹음 자료 전체를 우리에게 제공해 주었다. 또한 체계적이고 영감 어린 문서를 보관하여 오늘의 이 결실을 거두는데 일조한 보르도 정치연구소의 옛 엘륄의 제자였던 알랭 뒤보셸과 베르나르 윌로에게 감사의 말씀을 전한다. 더불어 우리는 이 작업을 독려해주고 도움을 주었던 보르도 정치 연구소의 책임자, 교직원, 학생들에게 감사드린다. 이 작업은 또한 그들의 작업이기도 하다.

편집자 서문

자끄 엘륄은 매해 보르도 정치 연구소에서 가르쳤다. 그가 개설한 강좌는 학생들에게 해마다 색다르고, 참신한 시각을 제시했다. 아마도 그것은 대학 내 다른 분야에서는 찾아볼 수 없는 최초의 시각이었을 것이며, 또 그럴 수밖에 없는 일이었다. 엘륄이 가르친 '기술'은 본인 자신의 개인적 고찰의 산물이며, 이후 국제적 유명세에 편승하여 출판으로까지 연결되었던 연구였다. 엘륄의 '기술' 강좌는 매우 독특한 강좌였으며, '선전'에 대한 강좌 역시 마찬가지였다. 시간이 흐른 오늘날에도 과연 그러하다고 말할 수 있으리라. 미시적이고 훌륭한 "정치학"에 부여된 특권이란 다음과 같다. 곧, 겉보기에 매우 하찮아 보이는 주제들로부터 급진적 사상을 발전시키려는 노력에 동참하는 것이며, 동시에 그것은 누구나 구매하고 있는 저서 안에 아직 형성되어 있지 않는 새로운 견해들과 주석학적 면밀한 해석들을 통해 그 결실을 이루게 된다.

1947년에서 1979년까지 매해 "마르크스 사상"에 관한 강의가 학생들에게 개설되었다. 겉으로 드러나는 독창성이 그리 크지 않다는 면에서 이 강의는 위의 두 강좌와 구별되며마르크스는 엘륄에게 정치 이념에 경도된 강좌와 논설 형성에 이르게 하지 못했다, 무수한 제목의 다양한 참고문헌 가운데 원본 문서가 없다는 것 또한 특이하다. 이 권위 있는 강좌의 강사에 대한 존경과 향후 폭넓은 접근 가능성에 대한 열망이 이 책 출판을 통해 그 실현 계획에 활기를 불어 넣었다. 또한 과거 엘륄의 강의를 들었던 많은 학생은 이 책에서 자신도 그 자리에 있었다는 향수나 긍지를 느끼게 될 것이며, 더불어 기록했고, 암기했고, 망각했던 소중한 그 때의 구절들을 다시 만날 것이다!

엘륄은 마르크스에 집중한 저작을 출판한 적이 없고, 따라서 논의의 여지가 없는 언급도 부재하기 때문에, 우리는 다음 사항을 구체적으로 밝혀둔다. 무수한 자료 가운데 가장 신뢰할 만한 자료 확보를 위해 기획된 다수의 연구를 통해, 우리는 여러 자료 중 미국에 있는 한 대학이 소장한 자끄 엘륄 당대, 즉 1960년대 초의 등사본 자료 회수를 허가 받았다. 또한 1975-1976년 학기 강좌에서 맹인이었던 캐나다 출신 한 학생의 녹음 자료를 언급해둔다. 이 녹음 자료를 통해 우리는 엘륄 자신의 해석과 내용 전달에 있어, 그의 때 묻지 않은 힘과 열정을 다시 발견할 수 있었다. 자신의 나라프랑스와 파리에서 그다지 선구적이지 않았던 보르도 사람 엘륄은 정말로 프랑스적이었다고 말해야 할까? 아니면 그의 작품은 처음부터 국제적이었다고 말해야 할까?

게다가 마르크스에 관한 저서라… 소멸에 가까웠던 지난 20여년의 시간 이후, 마르크스의 개념들과 이론들에 대한 관심의 회복은 다양한 저작과 논문에 대한 중요하고 균형감 있는 흐름의 척도로 평가될 수 있다. 그러한 상황에서 수십 년 전에 있었던 한 강좌에 대한 전사轉寫와 편집의 필요성이 있었는가?

강좌 설명 작업을 하는 저자들에게, 그 대답은 어떤 의심도 없는 것이었고, 심지어 자끄 엘륄 전 저작에 이 글이 가져다 줄 수 있는 새로운 시각을 빼놓고 생각할 수 없다는 것을 의미했다. 우리가 볼 때, 엘륄의 "마르크스 사상"물론 우리는 이 제목을 강조한다에 대한 강좌는 마르크스 사상의 기초를 배우고자 하는 이들에게 거의 의무적으로 가야되는 길처럼 보인다.

자끄 엘륄은 마르크스의 글들을 18세에 처음 접했고, 이후 프랑스어로 출판된 모든 마르크스 저서를 멈추지 않고 읽고 또 읽었다. 설령 엘륄이 선천적으로는 그 타당성을 의심해 볼 수 있었던 저자들의 작품일지라도, 그는 마르크스 이론에 관해 쓰인 모든 것에 대한 정보 섭렵을 멈추지 않았다. 엘륄의 설명은 마르크스 사상에 대한 그의 심오한 이해를 증명할 뿐 아니라, 정직함과 명쾌함이 두드러진다. 또한 철학 전공이 아니었던 학생들에게는 접근하기 어려운 작가인 헤겔의 마르크스 이론들에 대한 공헌조차도 명확하고 분명하다.

자끄 엘륄이 원하는 바는 철학적, 경제적 혹은 정치적 지평에서 구성되는 다양한 요소를 총망라 집계하여 체계적 방식으로 마르크스 사상을 소개하는 것이다. 그는 강좌의 결론부에 자신의 수강생들을 향해 강좌의 목적을 다음과 같은 한 문장으로 표현했다. "제가 이 강좌를 통해 만들고자 했던 바는 여러분이 왜 마르크스에 찬성하는지 혹은 반대하는지를 알게 하는데 있었습니다. 여러분이 만일 찬성한다면, 왜 그러한지 알기를 바라며, 교조주의에서 나오기를 바랍니다."

이제 이 책 독자들이 집중할 수 있는 대상을 기술해 보자.

엘륄의 강좌가 구두 강좌라는 것에 비해, 이 편집본은 결코 그 상태대로 실행되지 않은 "이상적"이면서 완벽한 강좌가 된다는 것을 보여준다. 사실상 이 책은 여러 해 시행된 강좌들의 제반 요소가 집결되어 있다. 그러나 자끄 엘륄의 교육 범위와 요소들은 한 해에 다른 여러 요소에 관하여 다양했으며, 한 해 시행한 어떤 면에 대한 강조를 그 다음 해에는 다른 면에 둘 수 있는 다양성이 있었다. 아마도 당시 수강생이었던 이들은 자끄 엘륄이 매년 강의 초반에 다양한 주제들 가운데 '프라하의 봄'에서 시작되어 1970년대 일말의 성공을 거두게 될 체코 마르크스주의에 관한 주제를 선택하는 것이 어떤지 제안했던 것을 기억할 것이다.

실제로 독자들에게 이 강좌가 자끄 엘륄의 마르크스 집중 강좌 2부작

가운데 첫 번째 강좌라는 점을 알리는 것이 좋을 것 같다. '마르크스 사상'에 관한 이 강좌는 '마르크스의 후계자' Les successeurs de Marx 혹은 '마르크스주의의 발전과 모순' Développements et contradictions du marxisme으로 명명된 또 다른 강좌로 매년 연결되었다.1) 우리가 마르크스 사상에서 발견할 수 있는 결점들과 모순들그리고 이 책에서 빠르게 훑어가며 확인되는에서, 마르크스의 계승자들은 명시적으로 이러한 불협화음을 분산시키고, 경쟁 학파들과 마찬가지로 그것을 객관화하며 자신들 고유의 이론을 발전시켰다. 지금 이 책에 요구된 번안 작업이 완료될 때, 이 두 번째 강좌는 최종 편집의 목표가 될 것이다.

엘륄이 마르크스에 대해 갖고 있는 신비로운 관계에 관해 설명해야 할 필요가 있다. 보다 신중하게 말하자면, 그러한 신비로움을 더욱 잘 수식해주는 지점을 명확하게 하는 일이 남아 있다. 인터넷이라는 매체의 본성 상 특색 있고 압축된 여러 표현 중, 엘륄의 전기를 소개하고 있는 어떤 글은 다음과 같이 시작하고 있다. "엘륄은 18세에 마르크스주의자, 22세에 기독교 신자가 되었다."

단도직입적으로, 이러한 시도는 엘륄의 전 저작을, 정확히 말해 마르크스 사상과 관련된 다양한 가르침을 예외적인 것으로 만들려는 것이다. 또한 자끄 엘륄의 목적은 자신의 학생들이 마르크스 사상을 아는 것에 있었지, 마르크스주의에 대해 아는 것이 아니었음을 재차 강조해 두자.

그렇다고 해서 이것이 마르크스에 의거한 엘륄 저작의 재해석 문제가 될 수 없다. 우리는 단지 『기독교와 마르크스주의』*L'idéologie marxiste chré-*

---

1) [역주] 엘륄은 보르도 정치 연구소에서 '마르크스 사상' 이외에도 '마르크스주의의 발전과 모순'이라는 강좌를 개설했다. '마르크스주의의 발전과 모순'은 1970년대 들어와 '마르크스의 후계자'로 그 명칭이 변경되었으며, 지난 2007년 프랑스에서『마르크스의 후계자』라는 제목으로 출판되었다. 이와 관련된 설명은 자끄 엘륄, 『마르크스의 후계자』 (대장간, 출간예정)의 서문을 보라. 원문 참고 : Jacques ELLUL, *Les successeurs de Marx. Cours professé à l'Institut d'études politiques de Bordeaux*, Paris, La Table Ronde, 2007, p. 7.

tienne 2) 나 『자유의 투쟁』*Combats de la liberté* 3) 과 같은 저작의 일부분을 다시 읽음으로 "자끄 엘륄 선생"이 그러한 기획에 대하여 말할 수 있었던 점을 어렵지 않게 생각해 볼 수 있다.

그러나 단지 편의를 위해 제거할 수 없는 두 가지 요소가 있다. 첫 번째 는, 엘륄이 마르크스 사상과 1930년대 이 사상을 발견한 것 – 무엇보다 『자본론』의 중요성을 부여한 여러 대담 도처마들렌 가리구–라그랑주(Madelein Garrigou-Lagrange) 4) , 빠뜨릭 트루드–샤스뜨네(Patrick Troude-Chastenet) 5) , 장-클로드 기유 보(Jean-Claude Guillebaud) 6) 에서 보여준 마르크스 사상에 대한 체계적 언급들 이다. 두 번째 요소는 엘륄의 거의 모든 저서에 나타나는 마르크스에 대 한 무수한 참고자료이다. 물론 여기에는 신학적 방향으로 사용된 참고 자료도 포함된다. 그리고 인용들이것은 매우 드물다, 단순 참조들도 중요할 뿐 아니라, 마르크스 사상에 대한 비판적 거리가 언제나 유지되고, 때때 로 설명한 주제들을 뒷받침하는 부분들도 모두 중요하다. 마르크스에 대한 이러한 의미는 그에 대한 엄밀한 지성을 갖추고 있고, 수차례 '그리 스도인이면서 동시에 마르크스주의자일 수 없다' 고 선언했던 한 인물이 지속적으로 보인 일관성으로만 드러날 뿐이다. 비록 양자를 균등한 지평 에 두고 있지 않지만, 자끄 엘륄은 항상 자신과 관계되어 있는 이 두 가 지 연구 주제에 부여했던 설명들에 완전히 만족하는 것처럼 보였다.

1982년 장-클로드 기유보가 "요컨대, 마르크스 연구가지만, 마르크스 주의자는 아니군요"라고 물었을 때이 구절에서 마르크스 연구가라는 평가는 현장 강좌를 직접 듣고 있는 청중의 입에서 나온 평가라는 점에 주목하자, 자끄 엘륄은 "맞 습니다. 마르크스 연구가입니다. 그러나 단지 연구가에만 그치는 것이

---

2) 자끄 엘륄, 『기독교와 마르크스주의』, 곽노경 역 (대장간. 2011).
3) 자끄 엘륄, 『자유의 투쟁』, 박건택 역 (솔로몬, 2008).
4) 자끄 엘륄, 『때를 얻든지 못 얻든지』, 김점옥 역, (솔로몬, 2002).
5) 자끄 엘륄, 『자끄 엘륄과의 대담』(*Entretiens avec Jacques Ellul*), La Table Ronde, 1994.
6) 1982년 7월 17일, 「누벨 옵세르바퇴르」(*Le Nouvel Observateur*)지 인터뷰.

아닙니다. 제 관점으로 세계를 더 면밀하게 분석할 수 있는 사상이나 방법론을 찾지 못했다는 점에 본다면, 저는 실제 마르크스주의자라고 말할 수 있을 것입니다. 제가 실행하고 있는 해석들의 방향 설정을 한 인물이 마르크스라는 점은 분명한 사실입니다"라고 대답했다.

여기서 우리는 마르크스 사상에 대한 이해가 자신의 과거 여러 기획에 봉사하는 지적 도구로 등장한다는 점을 이해할 수 있다. 같은 대담에서 엘륄은 다음과 같이 분명하게 표현했다. "무엇보다 저는 제가 믿고 있는 기독교 신앙을 증언하고자 했습니다. 하지만 그 장소는 바로 이해가 주요 쟁점으로 부각되는 현실 세계 내부였습니다."

그럼에도, 성서는 인간과 사회의 현실을 읽는 격자를 구성할 수 있다. 마들렌 가리구-라그랑주에게 엘륄은 다음과 같이 표명한다. "반대로, 성서는 하나님이 인간에게 제기하는 질문들로 가득한 책입니다. 따라서 오늘날 우리 사회를 위해 적절한 질문들이 무엇인지 결정해야만 했습니다." 우리는 이 적절한 질문들이 엘륄과 베르나르 샤르보노Bernard Charbonneau의 대담에 특히 잘 나타난다는 것을 안다. 그 대담은 기술, 선전, 국가의 지배 혹은 이러한 요소들의 지배에 종속된 사회 속에서 자연과 인간의 관계를 다뤘다.

『기독교와 마르크스주의』에서 엘륄은 마르크스 사상에 대한 모든 이데올로기적 편향을 비판한다. 이에 관해 우리는 다음과 같은 내용을 읽을 수 있다. "바로 마르크스는 우리에게 이러한 필요를 가르쳐준다. 그것은 한 편으로 응달진 곳에 결단코 머물러 있지 않는 것이며 다른 한 편으로 현상과 선언 배후에 은폐되어 있는 것, 익명적이며 사회학적 과정을 연구하는 것을 뜻한다."

결국 엘륄이 소개한 마르크스 사상은 "이 시대의 문제들 중 어떠한 것과도 더 이상 어울리지 않는 형태들의 집합"을 구성하는 순수 이데올로기적 퇴행으로 발전하거나, 아니면 그 반대로 끊임없이 움직이는 본질에 의해 사회적 현실을 해독해 내는데 유익한 방법으로 무한정 발전해 갈 것이다.

감히 한 가지 가정을 해 본다. 만약 엘륄이 성서의 조명 아래 마르크스를 다시 읽었다면, 그가 보여줬던 성향들에 당연히 반대되는 것인가? 우리가 보기에 그 성향은 자끄 엘륄 자신이 양자의 평행관계를 단행하면 할수록 더욱 강해지고, 정당화된다. 『기독교와 마르크스주의』에서 엘륄은 다음과 같이 쓰고 있다. 마르크스는 역사학자들의 역사가 아닌, 성서의 이야기처럼 의미가 담긴 이야기, 계시자의 움직임이 있고 "신격화" 에 이른, 그러나 이야기 속에 "위치한" 성스러운 이야기를 재조명해주었다. 마르크스는 기독교인들을 또다시 계시가 된 진실로 이끈다.7)

그러나 어느 순간에도, 엘륄은 마르크스 사상 속에서 분석 도구 이외 다른 것을 발견하지 않는다. 그리고 그 분석은 엘륄을 1981년 빠뜨릭 트루드-샤스뜨네에게 다음과 같이 언급하는 상황으로 이끌어간다. "저는 하나님이 모든 역사 가운데 인간과 동행한다는 확신과 더불어, 결말이 없는 어떤 세계를 그립니다."

편집 : 미셸 우르카드, 장-피에르 제제켈, 제라르 폴.8)

---

7) [역주] 자끄 엘륄 『기독교와 마르크스주의』, 곽노경 옮김(대장간, 2012), 25쪽

8) [역주] ① 미셸 우르카드(Michel Hourcade, 1946-). 엘륄의 제자이며, 1965년에서 1968년까지 보르도 정치연구소에서 공부했다. 대학 입학 이전에 이미 "선전宣傳의 역사"라는 공개강좌를 통해 엘륄과 접촉했다. 미국 유학 이후 프랑스 행정부와 재정부에서 활동했다.
② 장-피에르 제제켈(Jean-Pierre Jézéquel, 1948-). 경제학을 공부하고, 보르도 정치연구소에서 학위를 받았다. 1966년 이후로 그가 수강한 엘륄의 강좌는 "선전", "기술", "마르크스 사상", "마르크스의 후계자", "사회 계급"에 이를 정도로 엘륄 사상에 열정을 갖고 있었다. 프랑스 공영 방송국(ORTF)을 거쳐 국립 시청각 연구소(INA)에서 활동하고 있다. '선전' 에 대한 연속 기획물을 제작 방영하기도 하였다.
③ 제라르 폴(Gérard Paul, 1946-). 리옹과 파리에서 법학과 정치학을 공부했으며, 1972년부터 2008년 은퇴할 때까지 은행가였다. 그는 우르카드, 제제켈과 달리 엘륄의 직접적인 제자는 아니었다. 1969년 우연히 읽게 된 엘륄의 『부르주아의 변신』*Métamorphose du bourgeois*을 통해 엘륄 사상을 새롭게 발견한 이후, 신학적 저작을 포함한 엘륄의 전 저

작을 탐독했다. 세 사람에 대한 더 자세한 내용은 프레데릭 호뇽의 다음 자료를 참고하라. Frédéric ROGNON, *Générations Ellul. Soixante héritiers de la pensée de Jacques Ellul*, Genève (Suisse), Labor et Fides, 2012, pp. 193-199.

저자 서론

-자끄 엘륄-

왜 마르크스를 공부하는가? 이것은 우리가 반드시 자문해보아야 하는 첫 번째 질문이다. 이에 대한 대답은 역사적으로 마르크스가 매우 중요하다는 것에 달려 있다. 사상 자체만 놓고 보자면, 마르크스의 사상은 프루동, 토크빌, 헤겔이나 키에르케고르와 같은 다른 작가들의 사상만큼 강력한 힘을 발휘하는 것은 아니다. 위 사상가들과 비교해 볼 때, 마르크스는 철두철미한 사상가는 아니다. 1917년 혁명과 1945년 전쟁 승리가 마르크스 사상에 전적全的 중요성을 부여했다.

레닌이 없었다면, 마르크스주의는 1905년경에 있었던 사회주의의 여러 국면 가운데 하나로, 다른 여러 사상 가운데 전도유망한 일개 사상으로 머물렀을 것이다. 따라서 마르크스주의는 가장 강력한 유행도, 결정적 사조도 아니었다.

당시 스페인이나 이탈리아 같은 국가들에는 아나키즘이 결정적인 영향을 미치고 있었고, 오스트리아-헝가리 제국에는 마르크스주의가 전혀 존재하지 않았다. 우리는 영국에서 최빈곤층 노동자들로 조직된 조합들에게 미치는 마르크스주의의 미미한 영향력을 발견한다.

독일에서 마르크스주의 운동은 사민주의 정당과 더불어 더욱 강력하게 전개되었다. 이 사민주의 정당은 1910년 에두아르트 베른슈타인9) 의

---

9) [역주] 에두아르트 베른슈타인(Eduard Bernstein, 1850-1932). 독일의 사회주의자. 독일 사민당 소속이었으며, 사회민주주의와 수정주의적 마르크스주의 이론가이기도 하다. 사민당 내부에서 벌어진 수정주의 논쟁으로 마르크스주의를 비판하게 된다. 정통 마르크

지도 아래, 선거 출마와 의회 진입 단계에 이르렀다. 그러나 우리는 이것을 진정한 마르크스주의 정당으로 쟁점화 할 수 있을지 자문해 보아야 한다.

러시아의 다른 여러 사회주의자 가운데 마르크스주의자들은 실천적인 어떠한 역할도 맡지 않은 집단이었다. 플레하노프처럼 마르크스주의 사상의 정점에 선 지식인들이 매우 많았지만, 그들은 다른 집단과의 긴밀한 유대가 없었고, 민중에 뿌리박고 있지도 않았다.

마지막으로 프랑스에서 마르크스주의는 셀 수 없을 정도로 다양한 사회주의 운동 가운데 하나로 영감을 주었지만, 그다지 강력한 것은 아니었다. 프루동주의자, 게르만주의자, 아나코-조합주의자,10) 가능주의자,11) 급진주의자들이 그 곁에 포진하고 있었다.

두 차례에 걸친 "제1차 인터내셔널"국제 노동자 대회은 마르크스와 바쿠닌, 그리고 각각 마르크스와 바쿠닌을 지지하는 동지들 간의 갈등 무대였다. 바쿠닌 앞에서 마르크스는 양보보다는 "제1차 인터내셔널"의 해산을 종용하는 입장을 택했다. 제2차 인터내셔널은 창설되자마자 민족주

스주의가 주장하는 역사 유물론과 계급투쟁을 비판했으며, 사회주의의 도래라는 이상보다 자본주의 개혁이라는 현실론을 전개했다. 참고로 엘륄은 또 다른 마르크스주의 강좌인 "마르크스의 후계자"에서 베른슈타인의 사상과 전략 및 논쟁점들을 소개한다.

10) [역주] '아나코-조합주의' 혹은 '아나코-생디칼리즘' 이라 불리는 사회주의 운동 노선에 소속되어 있는 이들을 지칭하는 용어이다. 아나키스트 노동조합 운동으로서, 대표적인 사상가는 조르주 소렐(George Sorel, 1847-1922)이다. 노동자들의 자발적 조직인 노조가 기업 운영의 주체가 되어야 하며, 자본가들이 기업 운영의 권위를 갖는 것을 철폐하자고 주장했다. 일반적인 '조합주의' 와 '아나코-조합주의' 와의 차이는 전자가 노동자 중심의 조합운동으로 자본주의 체제를 붕괴시켜 사회주의 체제의 노동자 국가 건설을 목표로 삼지만, 후자는 새로운 지배체제로서의 정부 구성에 동의하지 않는데 있다.

11) [역주] 가능주의는 폴 브루스(Paul Brousse, 1844-1912)가 중심이 된 프랑스 사회주의 운동의 한 분파이다. 브루스의 이름을 빌어 '브루스주의' (Broussisme)로 칭하기도 한다. 1880년-1900년 기간 동안 활발하게 전개된 개량 사회주의 운동의 일환이었다. 가능주의자들은 노동자 혁명과 같은 총체적이고 신화적인 대의를 불가능한 요소로 판단하고, 현실적 개혁 가능한 요소들부터 성취해 나가는 운동의 원리와 전략을 표방했다.

의와 내부 모순들로 말미암아 쇠퇴한다.

마르크스의 사상은 마르크스-레닌주의자들의 성공12) 이 이루어진 1917년 유명세를 타게 된다. 이 혁명이 첫 번째로 성공한 사회주의 혁명인 만큼 결과의 향방에 따라 마르크스 사상이 더 주목 받게 되고 다른 운동들은 평가 절하된다.

> 만일 레닌이 마르크스의 후계자가 아니라면, 마르크스는 레닌의 선구자가 아닐 것이라는 점을 잘 이해해야 한다. 엄밀히 말해, 역사적 지평에서 볼 때 레닌은 마르크스보다 더 중요하다. 1945년의 승리는 전 세계에 마르크스 사상을 보급하는 견인차 역할을 했다. 1945년 당시 실천적 지식인은 모두 마르크스주의자였다. 마르크스주의는 비약적으로 성장한다. 그러나 만일 소비에트 러시아가 패배했다면, 마르크스는 더 이상 어느 곳에서도 언급되지 않았을 것이며, 혹은 장 보댕Jean Bodin이나 플라톤과 동일 대열에 있었을 것이다. 마르크스의 사상이 세계 속에 확산된 것은 하나의 역사적 우연이다. 왜냐하면, 1945년의 승리가 하나의 역사적 우연이기 때문이다. 마르크스주의는 본질적 사유이다. 왜냐하면, 그것은 승리한 운동의 원천이기 때문이다.13)

따라서 마르크스주의에 대한 연구는 다음과 같은 두 번째 질문을 낳는다. 곧, 마르크스 사상과 그 사상을 표방하는 이들 사이에 얼마나 큰 간극이 존재할 수 있는가?

이에 대해 우리는 두 가지 관점을 고려해야 한다.

일부 사람들에게 있어, 동시대 마르크스주의는 마르크스보다 더 중요하게 여겨질 것이다. 이러한 가설에서, 마르크스주의는 핵심 체제로 여겨지지 않는다. 마르크스주의는 운동이자 발전이기 때문에, 사상 그 자

---

12) [역주] 볼셰비키 혁명을 뜻한다.
13) 이 강의가 1947년에서 1979년에 진행된 것이라는 점을 환기하자. 지금 이 책을 위해 사용된 자료들은 주로 1967년과 1974년 기록에서 취한 것이다.

체로 머물러 있지 말아야 한다. 이러한 관점에서, 마르크스는 동시대 역사와 세계에서 일어나는 마르크스주의 운동에 비해 중요성이 떨어질 것이다. 그러나 누가 마르크스주의에서 표명되는 다양한 경향을 판별할 것이며, 누가 그것들 가운데서 강제적으로 축출하는 일을 판단할 것인가? 투쟁적 마르크스주의자들은 결과론적 성공이 이를 구별하는 기준이라고 대답한다. 달리 말해, 그것은 **역사**의 향방 가운데 있어야 한다. 누구에게나 승리하는 것이란 역사의 방향 속에 존재한다. 그러나 우리는 얼마의 시간 동안 승리했는가? 레닌을 두고 볼 때, 우리는 그가 성공의 시간을 보낸 것은 볼셰비키 혁명 후 단지 5년 동안뿐이었다고 말할 수 있다. 실제로 이 5년 기간의 말미에, 스탈린은 사태들의 과정을 수없이 바꿨다. 하지만 스탈린이나 히틀러를 정당화하거나 비난하기 위해 혁명 성공이라는 주제는 수용할만한 것인가? 사실상 논쟁 가능한 근거는 매우 희박하다.

또한 우리는 무엇으로부터 마르크스주의가 발전되며, 왜 마르크스 사상의 중요성이 희박해지는지 자문해 볼 수 있다. 만일 그 중요성이 마르크스와 공통된 생각들을 갖고 있다면, 우리는 그 공통된 생각들에 재차 특권을 부여하게 해야 하는가? 제국주의인가? 마르크스에게 그것은 낯선 생각이다. 우리는 계급투쟁을 선택할 수 있을 것이다. 마르크스에게 있어 계급투쟁은 '바탕 이념' 이기 때문이다.

따라서 이러한 마르크스의 사유를 인식하고, 마르크스주의 운동을 통해 채택된 실천 개념들의 기초와 참조 지점들을 기원에서부터 재발견해야 한다.

또 다른 이들의 시각에 마르크스는 교조적 내용이 아닌 하나의 방법론으로 특징지어 진다. 그러나 마르크스는 결단코 방법에 대한 담론을 만들지 않았다. 그는 결코 하나의 과학적 방법론을 결정짓지 않았다. 소위 마르크스의 방법론이란, 사실상 지식인들이 그의 저작들에서 재구성한 것일 뿐이다. 마르크스의 방법을 인식하려면 그의 사상을 학습해야만 한다. 그의 사상의 내용이 매우 중요하다.

다른 한편으로, 만일 마르크스의 과학적 방법이 좋다면, 우리는 그가 실수했던 이유들에 관하여 질문할 수 있다. 이에 대해 세 가지 설명을 제시할 수 있다.

- 마르크스는 불충분한 정보들에 의존했다.
- 그는 자신의 고유한 방법을 적용할 때 실수했다.
- 아마도 방법론 그 자체에 오류가 있을 것이다.

따라서 우리는 마르크스의 저작들을 학습하고, 그 저작들의 내용을 분석함으로써 그의 오류들을 파악할 수 있다.

마르크스 사상 연구는 다음과 같은 두 가지 난제에 부딪힌다.
- 마르크스 사상은 전체적이고 통일적인 사상이다.
- 마르크스 사상은 열정적 반응을 선동하는 사상이다.

마르크스는 역사, 세계, 인간에 관한 총체적 설명을 제시하고자 했던 마지막 서구 철학자이다. 마르크스 이후, 다른 철학자들은 여러 가지 문제를 제기하는 것에 국한될 것이다.

마르크스 사상은 현존하는 가장 체계적인 사상들 가운데 하나이자, 제반 요소들이 상호간 긴밀하게 연결되어 있는 통일적 사상이다. 그의 전저작에 걸쳐 일관성에 대한 지속적인 노력이 자리 잡고 있다. 우리는 거기서 큰 모순 없이 나아가는 하나의 발전을 발견한다. 우리가 지적할 수 있는 표면적 모순들에 직면하여, 이러한 일관성에 대한 의지를 고려할 필요가 있다. 각 요소들의 제반적 상황 가운데서 새롭게 자리매김하지 않고서, 우리는 이러한 사상의 요소들을 선택할 수 없다. 적어도 위의 세 가지 주제에 관계되는 마르크스 사상을 통째로 수용하든지 거절하든지 해야 한다.

무엇보다 마르크스 사상은 하나의 체계적인 사상이다. 우리는 대학에서 사실들과 탁월한 방법론들을 양적으로 습득할 뿐, 사유하는 방법이나 하나의 사상을 체계적으로 학습하는 법을 배우지 않는다.

체계적 사상을 갖는 것이 왜 중요한가?

이에 대해 필자는 다음과 같이 말할 수 있을 것 같다. 곧 우리가 사전에 가설 제작을 위한 이론을 갖고 있지 않는 이상, 사건들에 대한 인식과 방법론의 적용은 결코 아무런 역할도 하지 못할 것이다. 만일 여러분이 컴퓨터에 관한 질문이 가능한 어떤 이론을 갖고 있지 않다면, 여러분은 컴퓨터에 자신들이 원하는 수백만 가지 자료를 축적할 수는 있어도, 그로부터 결코 어떠한 것도 도출하지 못할 것이다. 그러나 이론은 우연히 구성되는 것이 아니며, 심지어 하나의 방법론과 더불어 구성되는 것도 아니다. 이론은 체계적으로 또는 색다르게 구성되어야만 한다. 이론은 체계적인 사상에 따라 구성되며, 따라서 체계적 사상의 사례를 얻는 것은 매우 중요하다. 물론 필자는 마르크스 사상이 유일무이한 체계적 사상이라거나, 그것을 자동으로 적용해 한다고 말하는 것은 아니다. 그러나 마르크스 사상이 체계적 사상의 매우 훌륭한 사례라는 점을 주지해야 한다.

다음으로, 모든 사람이 다소간 마르크스주의에 관해 언급하고 있고, 나는 마르크스주의의 출발점이 되는 이 사람마르크스의 사상을 좇아 진행할 필요가 있다고 생각한다.

마지막으로, 마르크스는 우리가 생각 없이 표현하는 상투적인 말들과, 우리가 공유하는 사회 계급 분리, 계급투쟁 등과 같은 자명한 용어 다수의 근원이다. 그러나 이러한 상투적인 말들이 어디에서 왔는지, 그것들의 의미는 무엇인지 알아야 한다.

또한 마르크스 사상이 어렵다는 점을 알아야 한다. 왜냐하면, 그의 사상은 전체적으로 통일된 사상임과 동시에 이론적, 교리적, 이데올로기적인 세 단계에 놓여 있기 때문이다.

우리는 마르크스 사상이 과학적이라고 말한다. 물론 옳은 말이다. 그러나 그것이 순수 과학적이었다고 생각하지 말아야 한다. 마르크스는 낭만적이고, 열정적이다.

이론적 단계는 마르크스가 역사와 사회, 우주와 인간의 관계들에 관하여 완전하고 엄밀한 해석에 전념하는 단계이다.

교리적 단계는 이론적 단계에 비해 폭이 넓지만, 동시에 불확실하다. 즉, 해석이 사전 개념세계관으로 작용하는 것 외에도, 때때로 거의 신비에 가까운 포괄적 관점으로 작용한다. 마르크스가 이론을 만들 때, 그는 우리에게 사회주의 사회가 존재할 것이라는 점에 대해 거의 말하지 않았다. 그러나 교리적 단계에는 인간이 인간 그 자신, 타자들, 우주와 화해할 수 있는 사회에 관한 글들이 존재한다. 결단코 이것은 더 이상 과학적이지 않다.

마지막으로 이데올로기적 단계는 세 단계 가운데 가장 관심이 적고 유용성이 떨어지는 단계이다. 마르크스는 당대 활동하는 대다수의 사상을 공유했다. 그는 부르주아의 특징적 이념인 '진보'를 결코 문제 삼지 않았고, 부르주아의 또 다른 특징적 이념인 '노동의 절대 가치' 가운데 당대의 믿음을 공유했다.

여기에서 필자는 우선적으로 이론적 단계를 견지할 것이다.

마르크스는 자신의 사상에 일관성을 부여하고자 했다. 실제로 그 일관성이란 책을 통해 얻거나 추상적으로 인식하는 것이 아니라, 사전 인식을 요구하는 전적 체계를 구축하는 것을 뜻한다. 경계선을 넘기 위해 거쳐야 할 "출입문"과 문턱이 있다. 그것은 바로 '연대감을 갖는' 인식 과정이며, 내적 지지이다. 그 이유는 마르크스 사상이 전체적 사상이며, 사상의 이해를 위해서는 현실적으로 그것을 지지해야 하기 때문이다. 여기에 매우 민감한 부분이 있다. 만약, 우리가 마르크스로에게 분리된 저작들을 선택하거나 마르크스의 저작 일부만을 읽는 선에서 그친다면, 그것은 결단코 결정적이거나 설득력 있게 보이지 않을 것이다. 마르크스는 하나의 총체이다. 필자가 말하고자 하는 바는 다음과 같다. 곧, 우리가 마르크스가 무엇으로 돌아가고 있는가 알고자 한다면 50여권에 달하는 그의 전 저작을 모두 읽어야 하는 것은 아니다. 다만, 그의 저작 대부분을 섭렵해야 한다. 여러분의 마르크스 사상 입문 여부와 관계없이, 마르크스 사상은 하나의 세계univers이다. 여러분이 마르크스 사상 속으로 들어간다면, 모든 체계가 설득력 있고, 엄격하며, 명시적이고, 명백하게 과학적이라는 점을 확인하게 될 것이다. 반면 그의 사상에 들어가지 않는다면, 여러분은 결코 그것을 이해하지 못할 것이다. 이것은 여러분에게 무료하고, 별로 중요하지 않은 것처럼 보일 것이다. 마르크스는 우리에게 여러 논증에 대한 외재적이고, 형식적이며, 단순한 이해보다 더 많은 것을 요구한다. 그것은 세계에 대한 새로운 시각 가운데 존재하고 있는 일종의 비합리적 도약이다. 바로 이러한 비합리적 도약에서 마르크스 사상이 설득력을 갖는다.

쟁점은 통일적 사상이다. 마르크스는 자기 사상의 제반 요소들, 곧 철학, 역사, 경제, 정치 등이 서로서로 뒤얽히기를 원했다. 우리는 1930년대에 거침없이 실행했던 우리의 연구를 반복할 수 없다. 즉, 마르크스의 정치경제학, 경제학자 마르크스를 연구하는 일을 더 이상 할 수 없다는 말이다.14) 1930년, 그 어느 누구도 마르크스 사상에 대해 염려하지 않았다. 우리는 『자본론』을 읽었다. 그러나 『자본론』을 읽는다는 것은 결코 마르크스의 철학에 대해 우리가 무지하다는 것을 의미하지 않는다. 그렇기 때문에, 이 시기의 경제학자들이 마르크스 정치경제학에 가한 비판들이 가진 허약함은 다음과 같다. 곧, 그 비판들은 마르크스 경제학의 뿌리가 되는 철학적 흐름에서 나온 것이 아닌 자유주의 사상에서 비롯된 비판들이었다. 달리 말해, 마르크스를 특히 철학자로 보려고 하는 현실적 경향을 따를 수 없다. 마르크스는 자신의 철학을 증명하는 길을 경제학 속에서 찾았다고 재차 말했다. 마찬가지로 마르크스주의자가 되기 원했던 몇몇 그리스도인들이 하려 했던 것처럼, 마르크스에게서 유물론을 제거하는 것은 문제가 아니다(반면 마르크스는 "유물론은 내 사상의 출입문이다"라고 썼다). 더욱이 우리는 지난 20년 동안 일부 마르크스주의자들이 시도하려 했던 것과 같은 방법과 내용의 분리를 실행할 수 없다. 물론 마르크스가 여러 요소에서 실수했다는 점은 방해 요소가 될 수 있다. 그러나 나는 왜 이러한 점들이 공산주의자들을 성가시게 하는가를 중요하게 여기지 않는다. 그 이유는 이러한 방해 요인들이 그 외 요인들의 타당성에 영향을 미칠 수 있는 어떠한 중요성도 갖고 있지 않기 때문이다. 마르크스는 성부 하나님이 아니다. 그도 실수했다! 그러나 체계 전반에서 볼 때, 그는 실수

---

14) 법학과 재학시절인 1929년 자끄 엘륄은 『자본론』 강독을 시작했다. 그는 우연히 그 책에 빠져 들어갔다고 말했다(『때를 얻든지 못 얻든지』 마들렌 가리구-라그랑주와의 대담). 1982년 7월 17일 「누벨 옵세르바퇴르」지에서 장-클로드 기유보와 나눈 대담 중, 엘륄은 "나는 매우 이른 시기에 『자본론』을 읽었습니다. 당시는 법학과 2학년이었고 프랑스어본 1판을 읽었습니다. 그것은 '몰리토르'(Molitor)의 번역판보다 앞서 출판된 것이었습니다"라고 말했다.

하지 않았다.

이 강좌에서 최종적이고 상대적인 난점으로 제시되어야 하는 것은 객관성의 문제이다.15) 칼 마르크스가 쟁점이 될 때, 특별히 이 문제는 난제이다. 마르크스 사상의 전체적인 특성은 객관적으로 이해하기가 어려우며왜냐하면, 적어도 몇 가지 모순이 드러났기 때문에, 설상가상으로 설명하기도 어렵다. 개인적으로, 마르크스와 필자의 관계는 1934년부터 시작되었다. 따라서 본 강좌는 마르크스 사상 주변에 있는 예측 불가능하고 무수한 사건과 더불어 필자가 거닌 지난 40여년의 시간동안 형성한 것이라고 말할 수 있겠다.

필자는 여러분에게 체계적 관점으로 마르크스 사상을 소개할 것이며, 몇 가지 요소들을 재구성할 것이다. 달리 말해, 필자는 여러분에게 단순히 마르크스를 연결해주지 않을 것이다. 필자는 체계적인 설명 방법이 마르크스 사상에 상응하는 것이라 생각한다. 그것은 학생들이 연이어 낳는 비판의 대상이었으나, 그 비판들이 필자에게 설득력 있지 않았음을 일러둔다. 여러 사람이 종종 필자에게 단계들을 통과하는 진화론적 방식으로 마르크스 사상을 연구해야 한다고당시는 알튀세르16) 의 이론이 유행하던

---

15) 자끄 엘륄, 『무정부주의와 기독교』*Anarchie et christianisme*, 이창헌 역 (대장간, 2011) 68~69쪽을 보라. "내가 보르도 대학 정치 연구소에서 1947년부터 1979년에 이르기까지 매년 I.E.P.에서 '마르크스와 마르크시즘'에 대해 가르치던 때, 나는 학생들에게 다음과 같이 말하곤 했다. "나는 가능한 한 정직하게 말하고자 합니다. 나는 어떤 입장에 서서 여러분을 설득하려는 것은 아닙니다. 다만, 여러분이 마르크스주의자 또는 반마르크스주의자가 되려고 할 때 감정에 의해서, 모호한 이상에 의해서 또는 중용의 추구에 의해서가 아니라 정확한 지식에 의해서 그리고 분명한 근거에 의해서 결정하기를 바랍니다." 나는 오늘 여기서도 같은 말을 하고자 한다! 또한 강좌의 결론부에 해당하는 이 책 Ⅲ장(마르크스의 정치 사회 개념들)의 마지막 단락을 보라.

16) [역주] 루이 알튀세르(Louis Althusser, 1918-1990). 알제리 태생의 프랑스 철학자이자 마르크스주의자. 파리 윌므가에 위치한 '고등사범학교'(École Normale Supérieure)에서 수학했으며, 프랑스 공산당의 선도적 위치에 있는 이론가였다. 정신분석 용어에서 차용한 '중층결정' 개념을 통해 '하부구조(경제)가 상부구조(정치, 문화, 사회 등)를 규정한다' 는 결정론적 사고를 벗어나고자 했으며, '인식론적 단절' 개념을 통해 마르크스 사상이 1845년을 분기점으로 입장과 전제를 달리하는 급진적 '단절' 을 이루었고, 참된 마르크스 사상은 철학적 이데올로기에 경도된 초기 사상이 아닌 생산력과 생산관계라는 구조적 개념에 바탕을 두고 과학적 이론 설정을 지향한 후기 사상에 있다고 주장했다.

시기이다 말했다. 이에 관해 필자는 우리가 반복의 문제에 직면해 있다고 답변한다. 왜냐하면, 만일 우리가 『1844년의 경제학-철학 수고』를 일례로 선택한다면, 『자본론』 집필 시기에 이를 때 반복해야 할 제반적인 경제적 중요 부분이 이미 거기에 있을 것이기 때문이다. 게다가, 필자에게 마르크스 사상의 단계들은 하나의 가설로만 등장하는 알튀세르의 저작이나 또 다른 시대 구분을 보여주는 코르뉘,17) 막시밀리앙 뤼벨18) 의 저작에서 드러나는 것에 비해 실제로 덜 분명하게 나타날 것이다.

두 번째 비판은 마르크스의 생애와 당대의 사건들과의 관계 속에서 마르크스 사상을 연구할 것을 제안했다.예를 들어, 파리 코뮌 이 비판은 매우 흥미롭지만, 또한 매우 복잡한 문제를 안고 있다. 코르뉘는 자신의 세 번째 저작에서 이것에 대해 다루었다. 하지만, 그는 마르크스의 초기 12년 동안의 활동을 연구했을 뿐이다.

또한 여러 사람들이 필자의 판단과 평가를 제시할 것을 요구했고, 필자의 관점에 따라 마르크스에 대한 비판을 실행할 것을 요구했다. 필자는 이러한 방법을 거부한다. 왜냐하면, 그것은 필자가 마르크스 사상을 설명하고자 했던 무수한 방식과 동일하기 때문이다. 필자가 비판할 제반 사항은 여러분에게 "여기에, 마르크스가 해결하지 않은 한 가지 문제가 있다"라고 말하는 것과 같다. 필자는 그 이상 나아가지 않을 것이다. 왜

미셸 푸코, 자크 데리다, 에티엔 발리바르, 알랭 바디우, 자크 랑시에르와 같은 현대 프랑스 사상가들을 가르쳤으며, 이들 중 몇몇과 『자본을 읽자』*Lire le capital*(1965)라는 공동 저작을 출판하기도 했다.

17) [역주] 오귀스트 코르뉘(Auguste Cornu, 1888-1981). 제2차 세계대전 후 동베를린으로 이주한 프랑스 마르크스주의 역사가.

18) [역주] 막시밀리앙 뤼벨(Maximilien Rubel, 1905-1996). 오스트리아의 스체르노비츠(현 우크라이나 지역) 태생의 프랑스의 마르크스 사상가. 1931년 파리에 도착하여 대학에서 철학과 사회학을 공부하고, 마르크스에 관련된 주제로 박사학위를 받는다. 그는 소련이 하나의 국가자본주의라고 생각할 정도로 스탈린에 대해 비판적이었으며, 생의 말년에는 페미니즘 운동, 생태운동, 반핵운동을 지지하기도 했다. 마르크스의 기존 저작들과 미간행 저작들을 수집, 번역, 편찬한 인물이기도 하다. 프랑스어판 마르크스 총서인 '플레이아드 판'(Bibliothèque de la Pléiade)은 그의 지도하에 출판된 것이다.

냐하면, 그것이 유용하지 않기 때문이다. 유용한 것은 마르크스가 말했던 것을 인식하는 것이며, 그가 기록했던 것을 읽어 습득하는 것이다. 왜냐하면, 필자는 그것으로 여러 차례 경험을 쌓았고, 여기 있는 수강생 50명 중에 마르크스 책 4장을 읽고, 그 안에 있는 것을 이해 할 학생이 없기 때문이다!

Ⅰ. 기원들과 철학 사상

1. 마르크스 사상의 기원들

칼 마르크스1818-1883는 철학 공부를 마친 뒤, 신문 기자, 교수가 되었다. 이후 그는 독일을 떠나 프랑스로 갔다. 그는 거의 일하지 않았고, 아버지의 재산과 엥겔스의 도움으로 살았다. 마르크스는 민중 계급이 아닌, 부르주아 중산층 출신이다. 그의 아버지는 개신교로 개종한 유대인으로, 독일 루터교 신학과 프랑스 자유주의 개신교를 잘 알고 있었다. 마르크스는 엄격한 개신교식 교육을 받았고, 유대 전통과 개신교 전통에 따라 그의 전 생애에 걸쳐 영향을 미칠 성서에 대한 견고한 인식을 얻었다.19)

---

19) [역주] 본래 '마르크스'라는 이름은 히브리식 이름인 '모르드개'에서 연원한다. 이후 '마르쿠스'로 개명하고, 다시 '마르크스'로 개명한다. 마르크스의 가문은 엄격한 유대 전통을 갖고 있었으며, 대대로 랍비를 배출했다. 마르크스의 할아버지와 삼촌도 랍비였으며, 외가 역시 랍비 집안이었다. 마르크스는 학교에서도 일련의 종교 교육을 받았으며, 그 결과 그의 김나지움(고등학교) 졸업 논문 가운데 하나는 「요한복음 15장 1-14절에 나타난 그리스도와 신자의 연합 - 그 근거와 본질, 연합의 절대적 필요성과 영향에 관한 연구」였다. 이 글에서 마르크스는 포도나무와 가지의 비유를 들어 포도나무 가지가 스스로 열매를 맺을 수 없듯이 인간도 그리스도를 떠나 스스로 열매를 맺을 수 없기 때문에 그리스도와의 연합은 필수불가결한 일이며, 구원은 오직 예수 그리스도에 의해서만 가능하다는 것을 강조했다. 이후 대학 진학과 더불어 기독교 신앙과 멀어지고 종교에 대해 적대적 입장을 지닌 무신론자의 길을 걷는 마르크스가 『자본론』등의 저서에서 성서적 상징과 용어(혹은 은유)를 통해 자본주의 경제 체제와 화폐 등을 분석하는 부분은 진정성의 여부를 떠나 성서와 기독교 신앙이 그에게 미쳤던 영향력을 가늠하게 하는 대목이기도 하다. 위에 언급된 마르크스의 고교 졸업 논문에 관해서는 다음 자료를 참고하라. Karl MARX, Die Vereinigung der Gläubigen mit Christo nach Joh. 15,1-14, in ihrem Grund und Wesen, in ihrer unbedingten Notwendigkeit und in ihren Wirkungen dargestellt, in *Marx-Engels Werke*, Berlin, Dietz Verlag, vol. 40, pp. 598-601. 또한 마르크스의 성서 상징 사용과 물신 비판에 관련된 신학적 연구로 라틴아메리카 해방신학자들의 다음의 몇 가지 연구서를 참고하라. 프란츠 힌켈라메르트, 『물신 : 죽음의 이데올로기적 무기』, 김항섭 역, (다산글방, 1999).; Hugo ASSMANN et Franz J. HINKELAMMERT, *L'idolâtrie de marché. Critique théologique de l'économie de marché*, Paris, Éditions du Cerf,

마르크스는 민중이 아닌 부르주아 지성인이다. 그러므로 그는 자신의 정신적 근원에서 벗어나 있는 프루동, 푸리에, 블랑키와 같은 동시대 민중 출신혹은 소부르주아 계급 출신의 당대 프랑스 주요 사회주의자들과 대립된다. 이 프랑스 사회주의자들은 반항révolte을 일차적인 것으로, 혁명révoultion을 이차적인 것으로 생각한다. 그러나 마르크스의 시각에 볼 때, 이들은 자신들의 저서에서 그리고 있는 노동자의 비참과 착취로부터 솟아 오르는 감정에 지나치게 의존한 채로 머물러 있을 뿐이다.

무엇보다 지성인인 마르크스는 반항 감정을 거의 전적으로 무시한다. 오히려 그는 그것을 비난한다. 반항하는 것은 혁명적인 것과 매우 다르다. 마르크스에게 우선시되는 것은 견고하게 구성된 하나의 혁명 이론을 제시하는 것이다. 그의 지적 여정은 풍요롭다. 우선 그는 본에서 법학을 연구했고, 이후 당시 헤겔이 주인처럼 지배하고 있던 베를린에서 철학을 연구했다. 1841년에 그는 예나 대학에서 「데모크리투스와 에피쿠로스 자연철학의 차이」*Differenz der demokritischen und epikureischen Naturphilosophie* 라는 주제로 박사 학위 논문 심사를 받는다. 그는 교수가 되고 「라인 신문」*Die Rheinische Zeitung*에 편집장으로 있으면서 기사를 쓴다. 청년헤겔학파에 속한 젊은 민족주의자들이 여기서 자신들의 견해를 표현했다. 따라서 헤겔의 테두리에 있는 마르크스의 정치적 견해는 매우 민족주의적이고, 국가에 대해 호의적이었다. 1843년 신문이 금지되고, 당시 민족주의자들은 악조건에 놓인다. 이에 마르크스는 파리로 이주한다. 거기서 그는 저술 활동과 강의 활동, 그리고 부친이 보낸 자금으로 생활한다. 또한 「프랑스–독일 연보」*Annales franco-allemandes*라는 신문에는 우리가 『경제학–철학 수고』에 접근할 수 있는 글을 기재하기 시작한다.

1993.; Enrique DUSSEL, *Las metáforas teológicas de Marx*, Navarra (España), Editorial Verbo Divino, 1993. (www.enriquedussel.com)

그는 파리에 있는 모든 유럽 이주자 집단과 빈번하게 교류했다. 거기에는 공화주의자들, 민족주의자들이 비밀 사회 조직을 결성하고 있었다. "계절"(Les Saisons), "정의"(Les Justes), "꽃"(Les Fleurs) 등 반면, 이 사람들의 사회주의적 영감은 희박했다. 한편, 마르크스는 프루동, 블랑키와 같은 프랑스 사회주의자들과도 접촉했다.

뤼벨에 따르면, 마르크스가 자신에게 심오한 감정을 불러 일으켜 준 '노동자의 비참'에 관한 의식을 얻었던 곳은 바로 프랑스였다. 몇몇 사람은 이 노동자의 비참이 마르크스 혁명의 출발점이었고, 혁명적 행동의 정당화를 위해서 그는 반드시 자신의 체계를 구성해야 했다고 결론지었다.

또한 그는 영국에서 건너 온 엥겔스를 만난다. 그는 엥겔스와 프랑스 프롤레타리아보다 더 강력한 힘을 갖고 있지만, 상황은 더 비참했던 영국 프롤레타리아에 관한 이야기를 나눈다. 동시에 엥겔스는 마르크스가 인식하지 못하고 있는 영국의 정치경제학에 관한 기초적인 내용을 전해 준다. 엥겔스의 이러한 소개에 힘입어 마르크스는 향후 자신의 철학적 인식을 보충하게 될 경제학 공부에 몰입하게 된다. 더구나 경제학자가 되기 전 아담 스미스는 철학자였다.[20] 그 이후로, 마르크스는 정치경제학이 사태들에 대한 정확한 설명을 제공하며, 인간사에 대해 가장 중요고 명확한 설명을 제공한다고 생각하게 된다.

무엇보다 마르크스는 경제학자가 아닌 철학자이다. 경제 분석은 자신의 철학을 발전시키는 하나의 방법일 뿐이다. 마르크스에게 있어 경제 분석은 사유의 쟁점을 따라 사건들에 관한 연구를 진행할 수 있게 한다.

마르크스에게 중요한 것은 사유와 사건을 매우 긴밀하게 연결하는 것, 그리고 항상 사건들의 분석을 정치경제로 되돌리는 것에 있다. 그는 육

---

20) 아담 스미스의 첫 번째 저작은 『도덕 감정론』이다.

체를 초월한 철학적 사유를 거부한다. 왜냐하면, 마르크스는 사건을 우리가 어떤 대상에 관해 생각하는 것처럼 여기고 있지 않기 때문이다. 사건은 더욱더 면밀한 방식으로 사유와 연결된다. 즉 이 둘은 상호간 영감을 준다.

마르크스는 사회주의자들, 특별히 프루동과 같은 사회주의자들에 대해 반대한다. 마르크스는 그들이 건설적 사유를 생산할 능력이 없다고 비난한다. 이들의 "공상적" 사회주의에 반대하여, 마르크스는 역사와 사회에 대한 지적 분석에 토대를 둔 "과학적" 사회주의 건설을 갈망한다. 바로 이 점이 자신의 분석을 감정이나 가치들과 분리하고자 하는 마르크스의 입장을 보여준다. 또한 그는 사유 능력은 있으나 세계를 변혁할 능력은 없는 철학자들과 세계에 대한 인식 없이 세계를 변혁하고자 하는 사회주의자들에 대해서도 반대한다.

설명에 앞서 마르크스에게 영향을 미치는 또 다른 질문이 다음과 같이 제기된다.

- **경제학자들의 영향.** 마르크스는 아담 스미스와 리카르도를 통해 경제학에 대해 알고 있었다. 그는 이 둘이 경제적 사건들을 분석하는 데는 유용하지만, 사건들의 해석을 위해서는 그렇지 않다고 평가한다. 마르크스의 시각에서 볼 때, 이들의 사유는 너무 비체계적이며 마르크스는 이를 거부한다.

- **프루동의 영향.** 후일 마르크스는 프루동을 부정 파리 체류 당시, 마르크스는 혁명적 사회주의 모임에 참여했다.

- **독일의 역사학파 가운데 홈볼트**[21]**와 사비니**[22]**와 같은 역사학자들**

---

[21] 빌헬름 폰 훔볼트(Wilhelm von Humboldt, 1767-1835)는 문헌학자, 언어철학자, 외교관을 지낸 독일의 석학이었다. 철학적으로 헤겔과 가까웠으며, 비교 인류학 증진에 몰두했다.

[22] 프리드리히 칼 폰 사비니(Friedrich Carl von Savigny, 1779-1861)는 법률가이자 정치가였다. 독일 역사학파의 설립자이며, 여러 저술 중 특별히 『중세 로마법사』(*Histoire du droit*

의 영향. 마르크스는 이들로부터 민중의 역사적 자발성, 역사 창조
성과 같은 감성을 도출한다. 마르크스는 매우 탁월한 역사 인식을
갖게 된다.

– **로마법의 영향**. 특별히 법과 국가 개념에 대한 로마법의 영향.

그러나 헤겔과 포이에르바하의 영향, 이 둘이 미친 영향력이 더욱 우
위에 있다. 우리가 집중하고자 하는 것은 바로 이 두 사람이 마르크스에
게 미친 영향력이다.

1.1. 헤겔과 변증법

변증법에 대한 질문에 집중하기 위해 사유의 일반 이론은 별도로 남겨
두자. 헤겔이 해결하고자하는 문제는 주객 관계에 대한 것이다. 그는 주
체와 객체 사이에 통일성이 있고, 상호 행위가 존재한다는 것을 제시하
는 일에 주력한다. 이러한 행동은 시간과 역사 속에 새겨진다.

헤겔은 인간을 초월하는 사고에서 출발하여, 사유를 통해 추적해 들어
감으로 현실적인 것에 이른다. 종종 우리는 헤겔과 다른 방향으로 설명
할 것이다. 이는 보다 타당한 것이며, 우리는 이 도정을 따라 설명을 진
행해 나갈 것이다.

19세기까지의 철학 사상은 삼단논법으로 특징지어진 고전적 형식논리
학에 지배받았다. 이것은 정적 논리학이며, 세계는 고정된 것으로 여겨
진다. 고전적 형식논리학은 항상 "만물은 동일하나 다르게 존재 한다"라
는 논증 명제를 가정한다.

그러나 시간이 흘러가는 것처럼, 만물이 언제나 동일하다고 생각할 수

---

romain au Moyen Âge, 1815–1831)와 『로마법 개론』(Traité de droit romain, 1840–1849)을 발
표했다.

없다. 변화는 지속적이다. 따라서 변화하는 실재와 경직된 논리적 사고 사이에는 언제나 불균형이 존재한다.

사물들 속에는 변증법적인 내적 운동이 존재한다. 즉, 본질적으로 현실적인 것은 변화하며, "동일자에서 타자"로의 이행을 통해 표시된다. 문제는 일관성 없는 이행이 아니라, 자신의 법칙을 가지고 변화하는 것이다. 이 법칙들은 현실적인 것이 실행되는 곳, 또한 존재와 비존재에서 나온다. 신화적 형상의 두 가지 이미지인 에로스와 타나토스, 그리고 살아 있는 어떤 존재의 각 순간에는 삶에 대한 힘과 죽음에 대한 힘이 존재한다. 존재의 각 상태는 동일자에 머무르려는 충동과 변화하려는 충동이라는 두 힘이 평형을 이루는 상태이다.

이것은 모든 현실적인 것le réel 속에서 참이다. 대립적인 힘들 사이에 지속적 투쟁이 없다면, 현실은 변하지 않을 것이다. 즉, 그것은 무기력해질 것이다. 변화를 부추기는 것은 힘들의 모순이며, "부정(성)négativité의 활동적 특성"이다.

헤겔은 이러한 현실성을 사유의 운동 속에서 표현한다. 즉, 변증법이다.

헤겔에 이르기까지, 논리학적 사고는 실재의 이러한 운동을 알 수 없는 정적이고, 변화하지 않는 사고였다. 논리학은 추상적이고, 형식적이었다. 그러나 현실적인 것과 똑같은 움직임을 따르는 하나의 사유 운동이 필요하다. 따라서 사유는 모순된 방식으로 구성되어야 한다.

우리는 어떤 경험, 이미지, 고정관념에 따라 생각한다. 그러나 우리가 실제적인 것에 접근할 때, 이미지는 정확하지 않다. 왜냐하면, 실제적인 것이 이미 변했기 때문이다. 이미지는 과거의 것이 되어 버린다. 우리의 첫 번째 운동은 실제적인 것을 우리가 이미 인식한 것으로 이끌어 가는 작업, 즉 "동일시"identification 작업이다. 예를 들어, 공상 과학소설은 언제나 인식된 사물들에 귀착된다.

새로운 대상은 이미 인식된 대상과 동일하다. 그렇지 않다면, 새로운 대상과의 접촉은 없을 것이다. 그러나 이러한 상황은 내주체가 그것을 동일시하려는 시도로 인해 충분히 나를 속일 수 있다. 그러므로 동일시하고자 하는 노력의 존재로 인해, 그것은 동일한 것이 아니다. 만일 동일하다면, 우리는 동일시하려는 이러한 욕구를 소유하지 못할 것이다.

사유의 변증법적 운동은 존재의 동일성을 표현하는 긍정 명제affirmation인 정正과 명제의 부정인 반反의 이중 사태로 지속될 것이다. 두 명제를 함께 파악해야 한다. 둘 가운데 하나를 배제할 필요도 없고, 이 둘을 일치시킬 필요도 없다. 하찮아 보일 수 있는 이 주제 위에서 바로 프루동과 마르크스 사이에 단절이 생겨날 것이다. 이 두 요소는 둘 다 **역사** 내에 위치하기 때문에 공존한다.

두 가지 모순된 요소는 하나의 "위기"를 부추기고, 사유는 우리가 합습이라 부를 수 있는 것을 통해 그 위기를 해명할 것이다. 각각의 요소는 서로를 부정하는 반대자와 마주하게 된다. 위기는 이 두 힘 가운데 하나의 힘 그 자체가 사라지게 된다는 사실에서 나온다. 이러한 이중적 자기-소멸 auto-suppression은 마르크스의 프롤레타리아 이론 이해를 위한 기초이다 그 위기는 이전의 두 요소가 지니고 있는 모든 실체를 모아 들이는 새로운 형식에 이른다. 우리는 자신과 대립되는 것을 직접 만날 새롭고 실증적positif인 어떤 것을 갖게 되며 그 이후도 마찬가지다. 본질적인 것은 운동이다. 역사의 운동에서 체험한 모순만이 변증법적이다. 이러한 사유의 변증법적 과정에 따라, 현실적인 것과 이성적인 것은 화해된다. 현실적인 것 모두가 이성적이다.23) 만일 현실적인 모든 것이 이성적이라면, 그것은 이성적인

---

23) "이성적인 것 모두가 현실적이며, 현실적인 것이 이성적이다." 게오르크 W. F. 헤겔, 『법철학 강요』, 권응호 역 (홍신문화사, 1997)의 서문을 보라.

모든 것이 현실적이기 때문이다.

사실상, 그것은 변증법적 **이성**Raison, **관념**Idée이다.24) 자신의 철학 체계를 세우려고 헤겔은 이러한 의미에서 흐름을 이어나갔다. **관념**은 변증법적이며, 따라서 사상 또한 변증법적으로 존재하고, 결과적으로 현실적이다. 왜냐하면, 현실적인 것은 그 자체로 존재하지 않기 때문이다. 현실적인 것은 일종의 **관념**의 객관화로서 존재할 뿐이며, **관념** 자체의 바깥에 투사된 최초의 실재réalité로서 존재할 뿐이다. **관념**은 자기에게 낯선 어떤 실재 속에 소외되어 있다. 객관성 속에 있는 외재적 세계문화적 세계, 상품 등는 단지 **관념**에서 소외되어 있을 뿐이다. 주객 관계의 문제는 해결되었다. 즉, 객체는 주체에게서 소외되어 있을 뿐이며 주체는 자신 안에 객체를 취함으로만 다시 자기 자신이 된다.

헤겔에게, 세계의 합리성은 **정신**Esprit, **관념**의 합리성 이외에 다른 것이 아니다. 변증법적 현상은 **관념**의 합리성이 존재하는 세계의 영역 대한 모사품에 지나지 않는다.

이성적인 유일한 존재는 바로 인간이다. "**이성**이 곧 **인간**이다." 인간은 그 자체로 발전할 뿐 아니라, **관념**에 의해 요구된 모든 변증법적 운동의 주체이다. 인간이 변증법적 과정에서 활동할 때, 인간은 세계의 현실과 일치된다. 뿐만 아니라 그 안에서 인간 그 자신이 형성된다. 즉, 인간은 창조된다. 인간이 이러한 변증법적 과정에 대한 의식을 갖는다면, 인간은 헤겔에게 **절대정신**, **절대관념**의 표현인 '역사적 생성'을 총괄하게 된다.

헤겔이 살았던 시대에, 역사적으로 구현될 것은 **절대정신**의 실현, 곧 국가다. 마르크스는 10여 년 동안 이 개념을 공유했다.25)

---

24) [역주] 여기에서 볼드체로 표기된 헤겔의 '이성'과 '관념'은 모두 '절대이성'과 '절대관념'을 뜻한다.
25) 『사회의 상상적 제도』(*L'Institution imaginaire de la société*, Seuil, 1975), 양운덕 역 (문예출

1.2. 포이에르바하

포이에르바하는 자유주의 개신교의 일면과, 과학과 기독교 신앙을 결합하고자 하는 노력의 한 단면을 보여준다. 우리는 그를 실증주의자로 생각할 수 있을 것이다. 그의 출발점은 우리의 감각적 인식으로부터 시작하여 인간과 세계를 구축할 수 있다는 사실 위에 놓여 있다. 그는 관념론과 주관주의를 거부한다. 더불어 자기의식, 특별히 헤겔의 저서에 나타나는 자기의식에 대하여 극렬하게 비판한다. 그에게 쟁점 사항은 인간적인 것에 관해 설명하지 않는 추상적 반성이다. 포이에르바하가 보는 인간은 무엇보다 구체적이다.

1.2.1. 인간과 자연

의식을 통해서는 인간에 대한 어떤 추상적 인식에 이를 수 있을 뿐이다. 우리는 하나의 구체적 존재로서의 인간을 주시해야 하는데, 이것이 바로 철학의 출발점이 되어야 한다.

첫 번째 경험은 인간이 자연의 요소들, 인자들 가운데 하나라는 것이

판사, 1994)에서 코르넬리우스 카스토리아디스는 인간과 사회의 역사적 생성에 관한 이러한 성찰을 자신의 방법으로 연결해간다. 이 책에서 그는 사회의 상상적 표상에 관해 길게 분석하고, 비판 작업에 따라 사회가 자동으로 변화되는 것을 위한(가장 확장된 개념을 수용하는 의미에서) 제도들의 생성 과정과 발전에 대한 견해를 드러낸다. 기본적인 유사성과 상호 평가를 통해 엘륄과 카스토리아디스는 서로 연결된다.
[역주] 코르넬리우스 카스토리아디스(Cornelius Castoriadis, 1922-1997). 콘스탄티노플(현 이스탄불) 태생의 그리스 출신 프랑스 철학자, 경제학자, 정신분석학자이다. 오랜 시간 트로츠키주의자로 활동했고, 1949년 클로드 르포르Claude Lefort 및 기타 자유주의적 사회주의자들과 더불어 '사회주의냐 야만이냐'(Socialisme ou barbarie)를 결성했다. 이 모임에 참여했던 대표적인 지식인 가운데 포스트모던을 주장한 장-프랑수아 리오타르(Jean-François Lyotard, 1924-1998)와 68혁명의 사상적 지도자 중 하나였던 기 드보르(Guy Debord, 1931-1994)가 있다. 카스토리아디스는 소련을 '관료주의적 자본주의 국가'로 평가했으며, 경제 결정론에 대해서도 비판적인 관점을 견지했다. 인간이 갖고 있는 자율성은 결정론과 상징적 제도를 뛰어 넘어설 수 있게 한다는 그의 생각은 향후 정신분석학자인 자크 라캉(Jacques Lacan, 1901-1981)에 대한 비판으로 이어지기도 했다. 결정론에 대항하여 이른 바 '상상'을 강조했으며, 이것은 전승된 것이나 상징적인 것을 뛰어 넘는 것을 의미한다. 그에게 상상은 곧 무엇인가를 만들어내는 것임과 동시에 만들어내는 '실천'을 의미한다. 『사회의 상상적 제도』 외에도 6부작으로 출판된 『미궁의 교차로』*Les carrefours du labyrinthe* 등이 있다.

다. 자연은 그 자체로 존재하며 모든 철학에 독립되어 존재한다. 객체와 주체 사이에 연관성은 존재하지 않는다. 자연이 독립적이지만, 그럼에도 그것은 인간과 관계된다. 헤겔에게는 현실적인 것은 무엇보다 문화적인 데 비해, 포이에르바하에게는 자연적이다. 마르크스는 이중적이고 대립적 관계에 있는 두 요소를 모두 이용한다. 인간은 자연에 의해 생산되며 실제로 자연에서 출발한다. 반대로 말해, 인간이 자유로운 행동 양식에 따라 자연을 변형시킬 수 있다는 의미이기도 하다. 바로 이것이 철학의 대상이다. 하지만, 이러한 행동은 몇 가지 장애물, 무엇보다 종교적 장애물에 의해 방해받는다.

1.2.2. 종교와 이성을 분리한 포이에르바하

이성은 객관적 세계에 속해 있고, 종교는 주관적 영역에 존재한다. 포이에르바하는 왜 그리고 어떻게 인간이 종교를 창조하는데 이를 수 있었는가를 알고자 질문을 제기한다. 그는 종교의식宗敎意識과 신에 관한 물음la question de Dieu이라는 두 가지 활동을 구별한다.

인간은 본래 종교적이지 않으며, 자기 삶 속에서 경외, 희망들을 겪으며 실제적인 경험에 의해 종교적 존재가 된다. 인간은 심사숙고하여 종교 의식을 만들어 내며, 그것은 자신들의 감정들에 자발적으로 응답하기 위한 것이다. 종교 의식은 인간에게서 오는 것이지 객관적이고 외재적인 어떤 실재신에게서 오는 것이 아니다. 이것은 주관적 발명이다. 종교는 인간과 인간의 문명에서 해석되어야 한다.

신은 객관화된 것이며, 종교 의식의 구현이다. 신은 환상적인 것프랑스에서 환상이라고 표현하는 것에 대한 독일식 표현의 반영물이며, 우리의 고유한 존재를 초월하는 반영물일 뿐이다. 신은 인간들이 자신의 고유한 본성을 만드는 표상에서 태어났다. 인간은 신이 존재한다는 것을 다음과 같이 확인한다. 곧, 한 사회 속에 살고 있는 인간은 거기서 어떤 가치들은 욕망할 수 있는 완전체完全體로 나타난다는 것을 알고 있다. 어떠한 인간도 이 욕망할만한 실재 그 자체를 갖지 않고, 다만 그 일부를 가질 뿐이다. 인간은 이 완전체를 절대자에게 옮길 것이고, 하나의 상상적 존재인 신을 그것에 투사할 것이다. 인간이 좋은 것처럼 느끼는 것은 형상으로 사용되며, 인간적 형상을 따라 유지된다.

무수한 현대 사상이 포이에르바하에게 영감을 얻는다. 예를 들어, 행태주의자béhavioriste들은 실제로 포이에르바하가 150년 전에 말했던 것을 더 통계학적이고 수학적인 도구를 갖고 반영할 따름이다.

게다가 신적 존재는 인간이 개인의 불완전함에서 풀려나는 것이나 인간의 자리가 절대자로 옮겨지는 것이 결코 아니다. 그러나 인간이 현실 그 자체에서 해방되었다고 말하고 싶어 한다. 따라서 인간은 절대자라는 방식으로 신을 객관화할 것이다.

더불어 이러한 활동 속에서 창조된 신은 그에 앞서 표현된 활동 가운데서 만들어진 종교의식宗敎意識을 풍부하게 해 줄 것이다.

1.2.3. 인간을 허약하게 만드는 행위

인간이 자신의 가치에 신성을 덧입고자 그 가치들에서 벗어날 때, 인간은 진정으로 허물을 벗게 된다. 인간은 더 이상 자기 자신 안에 있는 성질들의 일부분에 흥미가 없다. 종교적 인간은 신으로 자신들의 열망을 초월하며, 허구적인 것에 대한 이득을 얻고자 자신이 가진 가장 좋은 것을 양도한다. 인간은 행동하기를 단념한다. 왜냐하면, 신 안에 정의justice가 존재한다면, 굳이 정의를 향해 노력을 기울일 필요가 있는지 물을 수 있기 때문이다. 종교는 문화가 종교를 우월하고 긍정적인 것처럼 드러내는 가치들의 실현을 위해 더 이상 어떠한 노력도 하지 말라고 인간을 선동한다. 인간은 절대선絕代善인 신의 모습을 가질 만큼 선하지 않다. 즉, "종교는 인간 실체를 허약하게 하며, 인간에 대한 흡혈귀로 변한다."[19]세기 초, 모든 사람은 흡혈귀에 열광했다. 우리는 자본과 기계 뿐 아니라, 종교도 흡혈귀로 표현한 마르크스에게서도 그것을 발견할 수 있다

우리는 사물들이 인간에 의존하지 않을 때, 인간이 창조하는 모든 사물에 위의 내용을 보편화시킬 수 있다. 이것이 소외의 과정이다.

1.2.4. 기독교 구출하기

사실, 포이에르바하는 자신이 그리스도인이라고 주장하고, 그의 사유 체계는 기독교를 구원하는 쪽을 향해 있다. 더욱이 그의 주저서인 『기독교의 본질』1841은 가톨릭적 분위기를 갖고 있는 여러 집단에서 큰 환영을 받기도 했다. 기독교에서 고려해야 하는 두 가지가 있다. 신에 대한 신앙과 이웃 사랑이다. 이 둘을 연결하는 대신, 분리해야 한다. 우리는 맹목적 신앙을 제거하지만, 이웃 사랑은 인간에게 신앙의 풍성함을 주는 유일한 실재이다. 그러므로 인간과 인간 사이의 전반적 관계를 세우는 유일한 실재는 바로 이웃 사랑이다. 동물과 구별되는 인간의 특이성은 단순히 생물학적이지 않고 의지적일 수 있다는 것이다. 즉, 인간 서로가 인류에 속하고 싶어 한다. 이러한 특성이 타인에 대한 사랑을 만든다. 이 사랑은 직접적으로 인간성과 인류에 전해져야 한다. 또한 사랑은 더 이상 신을 통해 전달될 필요가 없다. 인간의 참된 본성은 사랑이기 때문이다. 인간은 자신의 참된 본성인 사랑을 통해 자기 이기주의를 설명하고 있는 것에 불과한 '신을 위하여' 라는 껍데기를 벗어 제쳤다. 종교를 제거한다는 것은 개인 이기주의와 전체 이기주의를 제거하는 일이다. 이를 통해 새로운 사회가 세워질 것이다.

1.3. 헤겔과 포이에르바하에 직면하는 마르크스

마르크스는 양자에 대해 비판하며, 이들을 앞질러 나간다.

1.3.1. 포이에르바하의 종교 개념을 따르는 마르크스

"종교는 인민의 아편이다"라는 유명한 표현은 포이에르바하에게서 차용한 것이다. 마르크스는 신에 대한 포이에르바하의 주제들을 수용하며, 무엇이 되었든 간에 출발점을 그 주제들로부터 잡아야 한다고 생각한다. 실제로 우리가 인간에 대한 어떤 외적 권위를 개입시킨다면, 우리는 만족스럽고 납득할만한 **역사** 개념도, 객체에 대한 주체의 관계도 설정하지 못할 것이다. 마르크스는 "내 모든 사유의 출입문은 무신론이다"라고 말했다. 따라서 동시에 그리스도인과 마르크스주의자가 되는 것은 불가능하다.[26]

또한 마르크스는 이론이 아닌 실험을 통해 포이에르바하에게는 인간주의와 자연주의가 동등 가치를 갖고 있다는 것을 알고 있는 구체적 인간이 중요하다는 점을 재확인한다. 이것은 인간의 화해와 자연의 화해 문제를 해결할 수 있다. 그러나 마르크스는 포이에르바하가 "인간의 본성"에 대한 물음을 등한시했다고 지적하며, 헤겔이 이 주제에 관해 정당한 관점을 갖고 있다고 평가한다. 헤겔 관점에서 인간은 자연의 한 부분일 뿐 아니라, **역사** 내부에 들어가 있다. 인간이 자연에서 활동한다고 말하는 것으로는 충분하지 않다. 왜냐하면, 인간이 **역사**에서 활동하는 한,

---

26) 「누벨 옵세르바퇴르」 1982년 7월 17일에 실린 한 인터뷰 중, 장-클로드 기유보가 건넨 "요컨대, 마르크스 연구가 이지만, 마르크스주의자는 아니군요?"라는 질문에 자끄 엘륄은 "맞습니다. 마르크스 연구가입니다. 그러나 단지 연구가에만 그치는 것이 아닙니다. 제 관점으로 세계를 더 면밀하게 분석할 수 있는 사상이나 방법론을 찾지 못했다는 점에 본다면, 저는 실제 마르크스주의자라고 말할 수 있을 것입니다. 제가 실행하고 있는 해석들의 방향 설정을 한 인물이 마르크스라는 점은 분명한 사실입니다"라고 대답했다.

인간은 그 자체로 생성되기 때문이다.27)

　더불어 마르크스는 포이에르바하에 대한 비판에 집중한다. 포이에르바하는 인간주의에 연결되어 있으며, 마르크스의 시각에 이것은 관념론이다. 포이에르바하는 인간이 만든 종교는 추상이라고 말하며, 인간 회복을 위해 신에게 호소하는 종교의식宗敎意識을 파괴했다. 포이에르바하는 화해할 수 없는 두 요소, 즉 인간의 보편적 특성인 물질성과 인간의 특수한 본질개인과 인류을 사랑을 통해 화해시키고자 함으로 또 다른 측면에서 종교를 회복시킨다. 포이에르바하는 인간을 물질로 고정시켜 놓았고, 인간됨을 명상의 대상으로 만든다. 포이에르바하는 인간을 매우 실제적으로 보았지만, 정치적이지도 않고 역사적이지도 않은 고정된 어떤 실재이며 응고된 존재로 보았다. 그는 현실적 인간이 특히 당대 정치경제와 같은 역사적 힘들에서 나온 산물이라는 점을 무시했다.

　마르크스는 포이에르바하에게서 이데올로기적인 모든 것, 특히 인간들은 형제가 아니기 때문에 인간은 **사랑**이라는 주장을 추적해 들어간다. 마르크스의 시각에서 인간의 본질이 **사랑**이라는 것은 어디에도 존재하지 않는다. 과학적 사회 체계의 바탕여기서는 사회주의은 형제애의 감정과 같은 모호한 어떤 것 위에 세울 수 없다. 포이에르바하에게는 사회주의가 뿌리 내릴 수 없다. 사회주의는 과학적이어야 한다.

　과학적이려면, 감정적인 영역에서 나오는 것, 과학적이지 않은 것 일체를 제거해야 한다. 그리고 포이에르바하의 유물론과 헤겔의 역사로부터 영감을 얻은 역사 유물론처럼 반박할 수 없는 자료들을 바탕으로 과학적 사회주의를 세워야 한다. 포이에르바하가 종교계에 적용했던 방법을 현실 세계와 정치 영역에 적용해야 한다. 이것은 정치적 이해와 경제

---

27) [역주] 더 풀어서 표현하면, 인간은 자연 상태로 태어나는 존재이지만, 더 나아가 절대 정신의 자기 전개 역사에서 활동하면서 형성되는 존재이기도 하다는 의미이다.

적 이해에 열쇠를 제공한 헤겔에 의해 가능해진다. 헤겔 철학에 감정은 존재하지 않는다. 변증법은 우리가 사랑이나 연대성을 거기에 두려고 하지 않아도 작동하는 하나의 기계이다. 힘의 관계들이 변증법을 움직여 간다.

1.3.2. 마르크스에게 있어 헤겔 : 실증주의적 오류

헤겔은 사유하는 인간, 자기의식을 고려할 뿐이다. 이 점에 대해 마르크스는 포이에르바하의 견해를 수용해 헤겔이 말하는 인간은 추상적이라고 판단한다. 의미를 부여받은 현실적 인간, 활동하는 인간을 생각해야 한다.

역사의 운동을 설명하고자, 헤겔은 **역사**의 동력으로서 신과 동등한 것인 **관념**그가 재차 세계정신(Weltgeist)이라고 부르는에서 출발한다. 그는 **이성**이 연속적인 육화肉化의 방식으로 자기를 실현한다고 생각한다. 사건들을 지배하는 것은 **관념**이다. 그러나 우리가 인간의 현실을 볼 때, 이것과 반대라는 점을 확인할 수 있다. 따라서 마르크스에게 중요한 것은 포이에르바하가 종교적 사유를 전복시킨 것처럼 헤겔 사유를 전복시키는 것이다.

이러한 관점은 두 가지 결과를 낳는다.

관념이 사건들을 야기하는 것이 아니라, 사건들이 **관념**을 야기한다. **관념**의 실재를 측정하는 것이 문제가 아니라, 현실을 통해 **관념**을 설명하는 것이 중요하다. 포이에르바하가 인간의 상황에서 출발하여 신적 인간, 종교적 인간을 설명했던 것과 마찬가지로, 동일한 관점에서 사회적 자리와 인간 자신을 분석해야 한다. **관념**이란 항상 인간 주체성의 창조이다. 인간은 상황의 객관성에 의해 규정된다. 현실적인 것과 **관념** 사이에 인간이 존재한다. 우리는 변증법을 사건들 그 자체 내부에서 작동하고 있는 것으로 생각해야 한다. 변증법은 사회적 현상들의 영역 안에 위치하며, 사회적 현실을 설명하는 유일한 방법이다. 변증법은 현실성 그 자체이지, 단지 사건들에 대한 해석 양식이 아니다. 이 주제에 관하여 나는 여러분에게 "물이 있고, 불이 있다. 불 위에 있는 물은 수증기를 만든다"라고 말하며 자연 변증법을 설명했던 시의 적절하지 않은 비유 기법에 정통한 엥겔스의 비유를 인용할 것이다. 모든 상황은 변증법적 과정의 새로운 부분들을 만든다. 변증법적 운동에는 마르크스에게 결정적인 것처럼 보일 수 있는 한 가지 요소가 존재하는데, 그것은 바로 물적 요소다. 이러한 유물론적 입장은 포이에르바하에 대한 마르크스의 지지의 결과이며, 그로 말미암아 결국 헤겔과 거리를 두게 된다. 헤겔에게 시민 사회즉 행정화되고, 문명화된 사회는 국가의 반영이며 **역사** 활동의 정점일 뿐이다. 마르크스에게 이것은 역전된다. 물론 국가는 사회 안에 존재하지만, 이것은 하나의 상부구조일 뿐이며, 토대적 실재인 사회의 반영일 뿐이다.

두 번째 결론은 소외 이념에 대한 변형이다.

헤겔에게 소외는 **관념**이 자기 자신의 외부에 있는 일련의 창조 속에서 대상화되는 행위이다.28) 이것은 **관념**의 특별한 활동이다. **관념**은 자기 자신을 생성하는 한 단계로 자연을 정립한다. 결국, **관념**은 자연을 통합하는 것으로 끝날 것이다. 이러한 철학적 용어 아래 우리는 종교적 사유를 발견한다 대상화되는 인간에 관한 모든 표현은 대상화라는 바로 그 점에서 소외이다. 그러나 그것이 변증법적 운동을 진보하게 할 것이다. 대상이 된 나의 사유를 이어가는 과정은 내가 나 자신을 발전시키는 한에서만 형성 가능하다.

---

28) [역주] '대상화 된다' 는 용어에 해당하는 프랑스어는 s' objectiver이다. 이 용어는 주로 '객관화 된다' 혹은 '대상화 된다' 라는 의미로 사용되며, 특별히 헤겔 철학에서 이 용어가 사용될 때는 절대정신이 자신을 자기 바깥에 '표현 한다' 는 의미로 사용된다.

마르크스의 소외는 다르다. 그것은 더 이상 어떤 신에 의해 세계가 창조되는 것이 아니다. 노동하고 있는 인간은 자기 본질 자체가 포함된 대상들을 생산한다. 헤겔적 과정이 묘사하는 것과 마찬가지로, 만일 인간이 자기 자신 안으로 대상을 되돌아오게 할 수 있다면, 인간은 비참해지지 않을 것이다. 그러나 자본주의의 사회적 관계들 속에서, 노동자에 의해 만들어진 물건은 소유주에게 속한다. 따라서 '회복'은 불가능하며 노동자는 소외된다.29) 그러므로 **역사**적 단계와 집단적 단계에서 노동자 계급이 자신의 생산물을 회복하는 것은 타당한 일이다. 소외는 변증법의 한 요소이지, **관념**의 변증법이 아니다. 소외는 인간의 복종과 연결되고, 물질에 지배받는 인간 그 자체이다. 소외는 인간의 내적인 어느 한 부분이 아니며, 인간 현실의 한 부분에서 인간을 쫓아낸다. 자아와 사회적 조건 사이에는 변증법적 과정이 존재한다. 나의 여러 행위들은 **관념**의 변증법에 의해 결정되는 것이 아니라, 나의 사회적 조건들에 의해 결정된다. 바로 사회적 관계가 인간에 대한 부정인 소외 그 자체를 창조한다.

마르크스는 인간이 신을 창조할 때 자신에게 가장 좋은 것을 소외시킨다는 포이에르바하의 견해에 동의하며 그의 소외 개념을 계승한다. 또한 마르크스는 신과 종교 문제에 대한 이러한 소외 개념을 인간의 모든 생산 활동과 노동에 적용한다.

---

29) [역주] 자본주의 경제체제에서 노동자는 자신이 생산한 물건을 소유할 수 없다는 의미에서 회복의 불가능이며, 소외이다.

2. 마르크스 사상의 전체 윤곽

2.1. 방법

2.1.1. 과학적 사회주의

초기의 마르크스는 당대 물리학과 화학의 방법론과는 약간 다른 하나의 방법론을 적용한다. 핵심은 사건들, 제반 사건들을 분석하는 것과 법칙을 발견하려는 방법에 대한 해석이다. 마르크스 당대에 역사학적, 사회학적 혹은 경제학적 소재로 연구하는 것은 비범한 방법이었다. 예를 들어, 『자본론』에서 사용된 수많은 통계를 보라 다만 우리는 정밀한 학문들에서 나오는 법칙들과 비교할 만한 법칙들을 세우는 일에 만족할 수 없다. 왜냐하면, **역사**라는 근본적 차이점이 존재하기 때문이다.

인간 삶의 법칙들은 어떤 역사적 맥락과 **역사**의 보편적 운동, 변증법적 운동 속에 포함되어 있다. 이러한 법칙들의 결과를 도출하면서, 우리는 이 법칙들이 사건에 의해 형성되는지, 그리고 학문적 타당성을 표현할 수 있는지를 확인할 것이다. 그 이유는 이 작업의 방점은 우리가 실행하고 있는 노동이 인문학적으로 학문성이 있는지를 보장해주는 방법론이 아닌, 결과들과 사실들 사이에 있는 일치에 있기 때문이다. 인문학에서 우리가 취할 수 있는 유일한 학적 기준은 사건과 예측 사이에 있는 일치일 뿐이다.

이에 다다르기 위해, 우선 인간과 사회에 선행하는 전반적 관점을 가져야 한다. 이러한 사유는 결코 어떤 개념을 생성하지 않는다. 마르크스는 헤겔이 수립한 개념과 범주 사이의 대립에 매우 밀착해 있다. 마르크스에게 개념들추상적 이념들은 그 자체로 유효하며 입증될 필요가 없다. 범주는 대상들, 사건들 혹은 경험들을 대하는 사유에 대한 규정이다. 마르크스는 현실성 없이 판단된 개념들을 폐기한다. 오직 범주들예를 들어, 돈, 주어진 한 시대이 유효하다. 우리가 인간에 선행하는 어떠한 이념에 관하여 말할 때, 마르크스는 사건들에 직면해 있고 사건들 가까이에 있는 어떤 이념과 개념을 말한다.

게다가 마르크스는 사회에서 일어나는 사건을 전반적 현상으로 고려한다. 그는 사회나 경제를 양자 관계에 필연성이 없는 무수한 사건들의 병렬이 아닌, 하나의 전체로 이해한다. 이것을 통일체로 볼 필요가 있다. 가장 중요한 것은 모든 사건, 사회의 다양한 요소, 경제, 사회를 하나의 통일체로 다시 생각하는 방법에 대한 관계들을 정립하는 것이다. 사건들에 대한 설명이란 그것이 관계 속에 놓여 있다는 것과 다르지 않다. 따라서 마르크스는 각각의 사건에 대해 전체 관계를 가로지르는 사건의 의미를 탐색한다. 그러므로 우리는 사건들의 무수한 측면을 발견할 수 있다.

어떠한 사건도 그 자체로 의미 있지 않다. 사회 계급에 관해 말하는 것은 어떠한 의미도 없다. 기원전 1세기 로마의 사회 계급노예제 사회은 13세기봉건 사회나 19세기부르주아 자본주의 사회와 전혀 관계없다. 그러므로 우리는 스탈린 시대에 소비에트 러시아를 양심에 거리낌 없이 변호할 수 있었던 이유를 이해할 수 있다. 우리 가운데 누군가가 "그렇다. 그렇지만, 집단 수용소들camps de concentration이 존재 한다"라고 말했을 때, 다른 누군가가 다음과 같이 대답했다. "유감이다. 우리는 사회주의 사회에 있다. 집단 수용소는 자본주의 사회에나 있는 것이다. 일단 우리가 사회주의 사회로 이행한 이상 어떤 공통된 척도도 더 이상 존재하지 않는다. 집단에 대한 관련성에 따라 범주가 바뀌었다."

마찬가지로, 우리는 소련에 항상 이익이 있었던 1945년을 무수히 지지했다. 그리고 우리는 "유감이다. 자본주의 사회에서 이익이 되던 것은 특성을 바꾸었다. 왜냐하면, 지금은 사회주의 사회이기 때문이다"라고 대답했다.

저명한 마르크스주의 철학자 중 하나인 루카치[30]는 총체성과 사건의 관계에 대한 문제를 마르크스 사상의 핵심 문제로 간주한다.

2.1.2. 정치경제학에 적용

정치경제학에서 중요한 것은 '사실들에 대한 분석'과 일반적으로 '주어진 자료들로부터 사실들에 관한 분석'을 도출하는 일이다. 마르크스는 경제학의 다른 개념들 대다수와 결별한다. 그는 유토피아 사회주의자처럼 어떤 이상적 경제 체제를 연구하지 않는다. 마르크스는 고전 경제학에 의존하지만, 동시에 무기력이 경제 현상을 고립시킨다고 주장하고, 관심거리가 언제나 행동을 부추긴다는 도식으로 인간을 몰아가 결국 인간의 제거에 이르게 만드는 아담 스미스를 거부한다. 마르크스가 볼 때, 고전 경제학자들은 뜬구름 잡고 있을 뿐이다. 경제적 고찰은 정당하나, 그 결론은 오류다. 그는 경제 이론을 실행하는 것이 아닌, 오늘날 우리가 모델이라고 말하는 것을 실행한다. 마르크스는 경제적 사태들상품, 돈 등에 대한 범주 구성을 연구한다. 당대1850년 자본주의에 대한 분석은 우리가 개념화할 수 있는 사건들에 대한 범주가 존재한다고 말할 수 있게 만든다. 따라서 그는 현실성과 역사성에서 부여 받아야 하는 무수한 구체적 범주를 세운다. 그 범주들은 사태들에 대한 관찰에서 도출된다. 예를 들어, 마르크스가 공들여 만든 "잉여가치" 범주는 사건들에 대한 하나의 집합체에서 시작된 것이다. 공들여 제작된 범주들 전체로 인해, 그는 자본주의 작동 기제들의 깊은 수준에서 자본주의 체제 전체를 재구성한다. 각각의 범주는 경제의 변증법적 운동에서 활동하는 자신의 구체적 역할을 가진다.

---

30) 게오르그 루카치, 『역사와 계급의식』, 박정호, 조만영 역(거름, 1993)을 보라.

이 범주들을 통하여 자본주의 체제를 재구성하고, 변증법적 운동 속에 그것을 위치시키는 순간부터, 마르크스는 변증법적 변화를 밀고 나가게 만드는 몇 가지 범주를 강조한다. 따라서 우리는 긴장 발생 요인들을 제대로 파악하지 못하는 경우를 제외하고, 변증법적 발전을 예측할 수 있어야 한다.

실제로 마르크스는 전적으로 다른 사회적 현상과 역사적 현상에서와 마찬가지로, 경제학에 변증법적 방법을 적용한다. 즉 각각의 사건은, 모순에 참여하게 하고 종합을 지향하는 하나의 운동에 포함된다. 이처럼 각각의 경제 법칙은 변증법에 종속된다. 달리 말해, 경제 법칙은 이러한 변증법적 운동이 주어진 상태에서만 가치를 갖는다.

2.1.3. 마르크스 방법론에서 필연성

마르크스의 모든 사유에는 필연성에 대한 강한 감성이 존재한다. **역사**와 사회에는 결코 공짜도, 우연도 존재하지 않는다. 모든 것은 절대적 엄밀성嚴密性과 더불어 전개된다. 즉 모든 사건은 서로서로 연관되어 존재한다. 그와 동일한 엄밀성을 갖고 사상은 이 절대적 엄밀성을 설명해야 한다. 무상無償으로 그리고 우발적 사유로 되돌릴 위험이 있는 것은 사유에서 제거해야 한다. 그리고 엄밀성에서 이격될 수 있는 것을 제거해야 하며, 인간의 감성이나 위대한 인간의 역할과 같은 역사적 필연성에 대한 우리의 이해에 문제를 야기할 수 있는 것을 제거해야 한다.

인간이 감정이나 가치를 따른다는 것을 인정한다면, 과학적 분석은 더 이상 가능하지 않을 것이다. 마르크스는 정치경제에서 발생하는 모든 것은 서로서로 연결된 현상의 결과이며, 경제적 작용 속에는 인간적 자유에 대한 어떠한 부분도 남아 있지 않다는 것을 보여준다. 그는 고전 경제학자들의 견해를 취하지만, 동시에 더 멀리 나아간다. 예를 들어, 인간이 재화와 재화를 서로 교환할 때, 아담 스미스의 경우에는 교환 행위의 토대를 감정에 두게 한다. 그러나 실제로, 교환은 욕망이나 부에 대한 갈증과는 어떠한 연관성도 갖고 있지 않다. 교환은 '사적 소유가 존재한다면, 교환이 존재할 것이다' 는 소유 구조에서 나오는 엄정한 결과이다. 게다가 소유 구조상 감정들이 존재할 수 있지만, 이러한 감정들은 단지 부차적 수준에서 활동할 뿐이다. 인간의 감정들은 그가 딛고 있는 객관적 조건들에 의해 발생한다. 마르크스는 본보기로서 우리가 소유주의 탐욕에 귀속시키고자 했고, 도덕적 척도에 따라 개선하고자 희망했던 '노동자의 비참한 상황' 을 재차 거론한다. 마르크스는 이 모든 것이 허망하다고 말한다. 노동 착취에 이른 것은 바로 자본주의적 경제 구조 때문이다. 따라서 우리는 가치 판단들과 모든 인간적 감상주의를 제거해야 한다.

2.2. 프락시스에 관한 질문

2.2.1. 마르크스의 프락시스

때때로 우리는 프락시스praxis를 실천pratique, 행동action이나 노동travail으로 표현한다. 프락시스 속에는 이 세 가지 요소들이 있다.

우리는 이 개념을 세 가지 관점에 따라 생각할 필요가 있다.

우선 마르크스에게, 모든 것은 **역사**이다. 인간은 **역사**에 참여한다는 범위에서만 존재하며, **역사**에 참여하려면 행동해야 한다. 이러한 행동을 우리는 '프락시스' 라 부를 것이다.

다음으로, 자연과 인간의 관계는 지속적으로 주어지는 것이 아니다. 자연은 그 자체로 존재할 수 없고, 어떤 역사 속에 들어와 있으며, 자연과 인간의 관계는 인간이 자연을 변형하고, **역사**에 자연을 참여하게 하는 수단을 가정한다. 자연은 역사를 갖고 있지 않으나 인간이 자신의 노동을 통해 개입하는 순간부터 역사를 갖는다. 인간이 자연을 **역사**로 들어가게 한다. **역사**, 그것은 인간에 의한 자연의 변형이다.

마지막으로, 진리는 지적 작용이 아닌 행동에 의해 도달하는 것이다. 진리는 **역사**의 길을 따라 성취되는 여러 행동 과정 속에서 구체화될 수 있는 범위에서 입증된다. 또한 그것은 구체적 상황에서 활동하는 일련의 선택과 선정에 따라 입증된다. 이러한 조건들에서 인간은 **역사**에 참여하며 **역사**를 추진해 나간다.

프락시스는 한 개인의 사건이 될 수 없다. 그것은 집단을 통해서만 실행된다. 모든 행동은 집단적이다. 프락시스는 인간의 사고와 세계 사이에 어떤 관계를 놓는 수단이다. "그것은 세계를 변혁하는 사상의 표현이다." 프락시스를 통해 사상은 세계를 바꿀 수 있다. 마르크스는 "우리가 시간을 바꿀 때만 우리는 자신의 시간을 인식할 수 있다"라고 말했다. 모든 사회적 상태에 관해 엄밀한 이론적 분석을 해야 하지만, 행동으로만 인식할 수 있는 것처럼, 우리는 오직 행동의 개입을 통해서만 그 이론을 실행할 수 있다. 만일 행동이 진행되지 않는다면, 우리가 이론적 관점에 대해 오해했기 때문이다. 곧, 이것이 공산당 역사와 연관된 무수한 숙청의 출발점이다. 우리는 종종 마르크스주의 지도자들에게 스탈린이 행했던 완전히 정신 나간 행동의 과정들을 비난하곤 한다. 우리는 그들이 마치 정신 착란을 앓고 있는 것처럼 생각한다. 실제로, 몇몇 인물예를 들어 부하린31) 소송을 제외하고에게 마르크스주의 지도자들은 마르크스 사상과 일치되는 자들이었다. 이 지도자들은 실패로 말미암아 유죄 판결을 받았

---

31) [역주] 니콜라이 부하린(Nicolaï Boukharine, 1888-1938). 소련의 혁명가, 정치가, 이론가. 레닌 사후 소련의 차세대 지도자로 주목을 받았으며, 트로츠키가 이끄는 '좌익급진파'와의 권력투쟁에서 승리한 뒤, 스탈린과 더불어 소련 권력의 정점에 올랐던 인물이다. 후일 스탈린주의의 경제 발전 정책의 기초를 이룬 '일국사회주의론'을 발전시켰다. 세계혁명의 필연성을 주장한 트로츠키의 '영구 혁명론'과 달리, 일국사회주의론은 세계혁명 없이도 저성장 국가가 경제 발전을 통해 공산주의로 진화할 수 있다고 주장한 이론이다. 1938년 반혁명 분자로 몰려 스탈린에 의해 숙청된다.

다. 그들의 실천이 불량했던 것은 그들의 이론이 부정확했기 때문이다. 그러므로 그들은 마르크스주의자가 아니었다… 우리는 진실한 마르크스주의자, 진성 당원이 될 수 있다. 그리고 명백한 배반자가 될 수 있다.

2.2.2. 프락시스와 가치

왜 인간은 프락시스를 매우 중요하게 여기는가?

여하간, 프락시스는 일부의 가치들에서 기인하는 판별 능력에 의해 결코 지배되지 않을 것이다.

왜냐하면, 모든 역사가 긍정과 부정을 포함하는 변증법적 운동 속에 들어가 있기 때문이다. 그러므로 어떠한 진리도 고정적이거나 항구적이지 않으며, 끊임없이 지속되는 어떠한 진리도 없다. 또한 보편적도덕적 혹은 정신적 가치도 더 이상 존재하지 않는다. 모든 것은 변한다. 가치들을 위하여 인간들이 취했던 것은 사회의 객관적 대상들로부터 그들에게 부과된 신념들이다. 절대적 가치는 존재하지 않으며, 모든 것은 환경에 의존한다. 우리는 결코 하나의 사건이나 행동의 참조점과 출발점으로 이러한 진리들과 가치들을 취할 수 없다. 결국 도덕, 진리, 정의 등과 같은 이름으로 혁명을 수행할 수 없다.

그러므로 우리는 마르크스에게서 몇몇 사회주의자들에 대한 충실성을 측정해 볼 수 있다. 사회주의자들이 "사회정의"를 말할 때, 이것은 마르크스주의가 아니다. 사회정의 수립을 주장하는 것은 결코 어떠한 것도 말하고 싶어 하지 않다는 것을 의미한다. 마르크스 사상 속에서 이것은 의미 없다. 그것은 순전히 부르주아적 가치들을 반복하는 일이다.

마르크스는 1864년 제1인터내셔널 문건의 주제에 관해 엥겔스에게 다음과 같은 글을 쓴다.[32]

---

32) 국제노동자협회(제1인터내셔널) 규약.

*"그들은 내게 서문에 진리, 도덕, 정의 위에 있는 인간의 권리들과 의무들에 관하여 두 문장으로 소개해 줄 것을 요구했다. 그러나 나는 그것들이 인간에게 해를 끼치지 않는다는 식으로 배치했다." 마찬가지로 마르크스는 다음과 같이 쓴다. "결코 어떠한 도덕적 분노에도 양도해서는 안 된다."

몇 년 후, 마르크스주의 학생에게 보낸 편지에서 엥겔스는 다음과 같이 쓴다. "마르크스는 당신이 그에게 귀속시키는 정치, 사회, 경제적 이상에 맞서 싸웠다. 우리가 과학적 인간일 때, 이상적이지 않을 것이다." 이 편지는 "마르크스주의는 하나의 윤리학이 아니다"라고 끝맺는다.

우리가 도덕적 가치들에 평범한 중요성을 부과한다면, 마르크스 사상의 가장 중요한 점인 프락시스를 놓칠 것이다. 가치들에 의해 촉발된 프락시스는 순수하지도 객관적일 수도 없다.

우리는 마르크스가 프락시스 개념에 부여한 두 가지 중요한 이미지를 떠올릴 수 있다.

프락시스와 이론적 난제. 철학적 혹은 경제적 사상 안에는 해결되지 않는 채로 되돌아오는 무수한 문제가 존재한다. 이것들은 난제다. 만일 우리가 정확한 프락시스를 채택한다면, 이론적으로 풀기 어려운 문제들은 해결될 것이다. 달리 말하자면, "모든 이론적 난제는 프락시스에 의해 풀린다." 정확한 실천이 실제적이고 실증적인 이론의 조건이다. 지적 노선을 찾을 필요는 없다. 일례로 반세기 동안, 청년 헤겔주의자들은 사적 소유를 철학적으로 공격한다. 마르크스는 철학적으로 "사유된" 공산주의로는 결코 소유 이념 폐지를 해결할 수 없다고 생각한다. 실제로 사적 소유를 폐지하는 것에서 출발해야 한다. 실제적 실천이 필요하며, 사적 소유에 대한 이론은 거기서 자신의 해결책을 발견한다. 이론을 세우려면 사태를 바꿔야 한다.

관념들은 프락시스의 실현을 통해서만 참이 된다. "프락시스 속에서 인간은 진리를 입증한다. 즉 자기 사유의 현실성, 역능, 정확함을 입증한다." 사상이 역사 과정에서 변경 가능한지를 보아야 한다. 만일 그렇지 않다면, 그 사상은 참이 아니다. 행동이 사상에 걸맞은 열쇠이다.

프락시스와 인간본성. 우리는 지성적 방식들을 통해서도, 학문에서 차용된 방식들을 통해서도 인간이 무엇인가를 이해할 수 없다. 인간본성을 관통하려면 인간행동의 자리에서부터 출발해야 한다. 인간은 형성되는 것이지, 결정되는 존재가 아니다. 마르크스는 인간이 사유에 의해 형성된다는 개념들을 받아들이지 않는다. 인간은 프락시스를 통해 형성되며, 노동을 통해 형성된다. 인간은 자신의 노동을 통해 일어나는 것을 자각하며, 그것을 자기 입장을 이론화하는 방향으로 이끌어간다. 인간은 소비자가 아닌, 생산하는 **인간**으로 형성된다. 따라서 마르크스는 노동자들의 임금 인상과 소비 증가를 원했던 조합들에 반대했다. 이러한 프락시스는 당대19세기 경제 활동 속에 독특한 위치에 놓여있다.

프락시스는 그것 자체로 항상 동일하지 않다. 우리는 프락시스의 틀과 중심부를 보아야 한다. 19세기 인간의 자리는 경제 중심이다. 정치경제는 역사 발전을 이룬 현실적 단계이다. 정치경제가 존재하지 않았던 시기들이 있다. 19세기에 우리는 경제 사상을 발견했고 이러한 국면에서부터 인간은 경제 중심으로 활동하게 되었다. 과거의 인간은 어쩔 수 없이 자연의 경제적 속박에 따랐다. 인간은 경제적인 것에 앞서 있는 정치적 활동을 억압했다. 왕국, 도시와 같은 정치적 실천프락시스이 인간을 인도했다. 그러나 그때까지도 인간은 경제 활동을 생각하지 않았다.

따라서 마르크스는 정치경제에 몇 가지 중요성을 부여한다. 19세기에 행동은 경제적 단계에서 일어나야 한다. 자유주의 경제학자들은 교환과 소비를 가로질러 다니는 경제 활동 연구에 착수한다. 이후 마르크스는 근본적이며 유일한 경제적 프락시스란 '생산'이라고 논증할 것이다. 따라서 생산적 인간의 상황을 분석함으로 우리는 인간을 제반 상황 속에 이르게 할 수 있다. 우리는 인간에 대한 개념과 경제적 학설에 대한 개념에 동시에 직면한다.

프락시스는 **역사** 속에서 인간 사유가 당도하게 되는 발전의 최종점이다. 자연에 대한 인간의 개입은 우리가 당도하는 역사 발전의 지점과 인간이 자신의 고유한 행동에서 취하는 사유에 의존한다.

> #마르크스주의는 프락시스를 통해서만 생각되고 이해된다. 이것은 다른 철학들과 다른 점이다. 프락시스 사상만큼 마르크스 사상에 대해 비판 가능한 다른 사상은 존재하지 않는다. 마르크스주의적 프락시스가 **역사**를 전진하게 한다면 그것은 성공적이지만, 그렇지 않다면 실패한 것이다.

2.3. 『1844년 경제학-철학 수고』

『공산당 선언』 출판 이전의 마르크스의 수고手稿들은 제1차 세계대전 직후에 재발견되었고 그것은 훼손된 상태였다.[33] 현재 우리가 사용하고 있는 판본은 무수한 논쟁의 대상이 되고 다양한 해석을 낳았으며, 일부 작가들은 이 수고들에서 마르크스 전체를 조명하고자 한다.

2.3.1. 『1844년 경제학-철학 수고』에 대한 다양한 해석

정통 공산주의 해석에 따르면, 이 수고들은 결코 새로운 것을 가져다주지 않는다. 일련의 다른 작품들은 이 수고들을 발전시킨 것이다.

---

33) 1928-1932년에 마르크스-엥겔스 기록보관소(Marx-Engels Archiv)에서 리아자노프(D. Riazanov)에 의해 『1844년 경제학-철학 수고』(*Manuscrits économico-politiques de 1844*)로 재발견되어 출판되었다.

막시밀리앙 뤼벨과 같은 다른 작가들이 이 수고들에서 발견하는 특징은 윤리적 질서에 대한 어떤 태도이다. 여기서 마르크스는 다소 이상적인 휴머니스트처럼 나타난다. 그는 자본주의에 대해 한 인간이 가질 수 있는 가장 진실하고 정의로운 태도를 연구한다. 이것이 참된 마르크스이다. 마르크스는 노동자의 비참 앞에서 분노하며 행동했던 휴머니스트이다. 남은 것은 이러한 분노의 상부구조이다.

세 번째 학파나빌Naville, 악셀로스Axelos 34) 에게 마르크스는 우선 철학자이며, 헤겔 철학 비판자이다. 우선적으로 그는 자신의 기본적 관심, 철학적 관심을 보여준다. 그는 소외 개념에서 자신이 발견한 인간 본질에 대한 이해를 자기 관심사에 둔다. 다음으로 그는 소외된 인간에 대한 이 개념을 발전시킨다. 나머지는 이 개념 위에 건설된다. 진짜 마르크스는 1844년 이전의 철학자 마르크스이다. "마르크스는 철학적 정점에서 그 지위를 잃었다."

네 번째는 마르크스의 사상을 연속성으로 보지 않고, 그의 사상을 세 단계로 구별한 알튀세르의 견해이다. 1842년 이전의 마르크스는 단지 헤겔주의자일 뿐이다. 1842년에서 1844년까지, 그는 특별히 포이에르바하의 영향을 받았고 소외에 대한 의식을 가졌다. 『1844년 경제학-철학 수고』는 단순히 마르크스 사상의 한 국면의 반영일 뿐이다. 왜냐하면, 진정한 반전은 1845년 『독일 이데올로기』와 더불어 일어나기 때문이다. 따라서 알튀세르는 역사 유물론에 대한 작업과 함께 헤겔에 대항하여 마르크스가 변증법적 유물론이라는 새로운 철학을 구축할 수 있는 단층을 제작한다. 마르크스의 사상은 더 이상 헤겔에게서 파생되는 것이 아니다. 거기에는 단절이 있다. 마르크스에게 더 이상 소외는 중요하지 않으며,

---

34) Pierre NAVILLE, *Le Nouveau Léviathan* (Éd. Anthropos)와 Kostas AXELOS, *Marx, penseur de la technique* (Éd. de Minuit)을 보라.

이후 저작들에서 우리는 더 이상 소외 개념을 찾지 못한다. 그러나 그의 생애 말년의 저작들에서 그가 젊었을 때 사용했던, 소외, 정의, 가치 등과 같은 요소들이 다시 등장한다. 그러므로 우리는 『1844년 경제학-철학 수고』와의 실제적 단절에 관하여 말할 수 없다.

결국, 알튀세르에게서 우리가 보는 중요한 점은 철학적 논쟁이다. 나는 이러한 철학적 논쟁의 중요성을 결코 부정하지 않는다. 그러나 내게 강한 인상을 주는 것은 정치경제가 차지하고 있는 중요성이다. 이것은 처음에는 철학자 마르크스였고, 이후 경제학자 마르크스라는 생각을 버리게 만들 것이다.

나는 바로 위에서 소개했던 여러 입장들에 대해 결코 이해시키려 하지 않았음을 일러둔다. 왜냐하면, 내가 위의 연구가들의 시각과 무관하게 『1844년 경제학-철학 수고』를 처음 읽었을 때, 거기서 정치경제를 보았지, 철학을 본 것이 아니기 때문이다. 나는 『1844년 경제학-철학 수고』와 이후 마르크스의 저작 사이에 연속성이 존재한다고 생각한다.

첫 번째 수고는 임금, 자본, 토지 임대료 문제에 초점을 두고 있다.

두 번째 수고는 자본주의 사회의 소외된 노동 문제에 초점을 두고 있다.

세 번째 수고는 자본과 노동의 대립을 다룬다.

네 번째 수고는 네 가지 부분으로 구성된다.

– 사적 소유와 노동.

– 사적 소유와 공산주의.

– 인간 욕구에 대한 문제.

– 돈에 대한 문제.

역사와 변증법에 대한 헤겔의 개념을 비판하는 결론부는 일련의 경제 연구들에 대한 최종점으로 나타난다. 그러나 이러한 최종적 발전이 연구 전체를 소급하는 시각이기도 하다.

나는 종종 앞에 언급한 작가들은 주로 마지막 20장을 읽고 앞에 있는 200장을 망각한 것 같다는 인상을 받는다. 우리는 마르크스가 작업하는 방법이 한 학생의 작업이었다는 점그리고 그렇기 때문에 그는 결코 이 수고들을 출판하지 않았다는 점을 잘 이해해야한다. 예를 들어, 그는 아담 스미스에 관한 독서 노트들을 작성했다. 수고35) 의 1/4은 인용리카르도, 스튜어트 밀으로 구성되어 있다. 이러한 작업을 통해 마르크스는 헤겔은 정치경제의 근본적 중요성을 보지 못했기 때문에 역사 변증법의 운동을 이해하지 못했다고 결론지었다.

2.3.2. 수고에서 도출되는 세 가지 기본 사상

1. 우리가 세계를 이해하려면마르크스가 살았던 세계, 세계가 처한 경제적 현실 속에서 그것을 파악해야 한다. 19세기에는 정치경제에서 출발해야 한다. 마르크스는 경제 활동과 정치경제 간의 구별을 제시한다. 그가 정치경제라 부르는 것은 바로 성제학이다. 그것은 19세기에 그 자체로 중요성을 갖는 경제 활동을 지칭하는 것이 아니다. 중요한 것은 우리가 이러한 경제 활동에 관해 숙고하기 시작했고, 이 경제 활동에 대한 하나의 학문을 만들기 시작했다는 것이다. 마르크스에게 정치경제란 그것 자체에 의해 의식화된 인간의 생산 활동이다. 18세기말 인간은 자신의 경제 활동에 따라 의식화되고, 경제적 범주들을 구성하는 쪽으로 나아갔다. 인간이 이러한 반성 능력을 갖게 되는 것은 인간이 더 지성적이어서가 아니라, 아마도 경제 활동이 어떤 특정한 단계에 이르렀기 때문일 것이

---

35) [역주] 우리가 지금까지 지속적으로 언급하고 있는 '경제학－철학 수고' 를 말한다.

다. 사유가 어느 특정한 발전 단계에 이르렀을 때만, 인간은 자신의 고유한 활동 법칙들을 설명하고, 범주들을 고안할 수 있다는 생각이 마르크스의 기본적인 생각이다. 그가 볼 때, 인간이 전적으로 연루된 경제 운동은 일련의 모순들의 역할에 따라 실행된다. 경제학은 이 변증법적 운동을 설명해야 한다. 그러나 이것은 경제학자들, 특히 아담 스미스의 목적이 아니다. 마르크스는 고전 경제학자들이 학문적 작업을 했으나, 그들 자신을 이해하지 않았다는 점을 제시한다. 실제로 이러한 경제학은 결과적으로 경제 활동과 욕구 불만족 사이에서 인간의 괴리를 드러낸다. 결국, 정치경제학은 경제적 인간homo æconomicus으로서 인간 활동에 대한 학문이다. 고전주의자들의 글 속에서 마르크스의 눈길을 끄는 점은, 그들이 인간을 절대 인용하지 않고 경제 법칙들만 인용하고 있다는 것이다. 마르크스는 경제학의 모순은 경제학 자체와 더불어 산산조각 났다고 평가한다. 이 학문 고전 경제학은 우리에게 단지 물건과 물건의 관계가 어느 지점에서 인간과 인간의 관계를 대체했는지를 드러낼 뿐이다. 이것이 마르크스 전체 사상의 출발점이다. 마르크스는 자유주의 경제학자들의 학문만큼 정확한 학문을 어떻게 만들 것이며 그들과 달리 인간이 복원되는 사회에 초점을 둔 학문을 어떻게 만들 것인가를 탐구한다. 만일, 자유주의 경제가 인간을 생각하지 않는 어떤 경제적 이미지를 우리에게 준다면, 실제로 그 경제가 인간에 관해 생각하지 않기 때문일 것이다. 하지만, 이것은 불가능하다. 인간이 없다면, 경제도 없기 때문이다. 그러므로 인간을 고려해야 한다. 그러나 인간을 고려하는 동시에 엄밀한 학적 분석이 가능한 경제학을 위해서는 어떻게 해야 하는가?

나는 최종적으로 이것이 마르크스 사상의 중심 문제라고 말하고 싶다. 한 예로서, 나는 『1844년 경제학-철학 수고』의 한 구절을 여러분께 인용하려고 한다.

*"인간의 감정들은 정치경제 밖에 있고 인간성 부재가 그 안에 있다."

2. 마르크스는 경제 사상과 철학 사이의 긴밀한 관계를 만든다.
경제적 질서 속에 있는 수많은 자리들과 연관성 없는 철학 사상의 발전은 마르크스의 고려 대상이 될 수 없다.

*"철학은 프롤레타리아의 폐지 없이 실현될 수 없다. 프롤레타리아는 철학의 현실화 없이 제거될 수 없다."

어떤 경우에, 이러한 관점은 매우 의식적으로 드러난다. 가령 마르크스가 헤겔에 반대 입장에 서고자 하는 경우가 그러하다. 또 다른 경우에, 소외와 착취를 경험하는 인간의 상황은 정상적이지 않으며, 그러한 상황은 극복되어야 한다는 주장에 대해 마르크스는 '선험先驗적 인식' a priori 을 갖고 있는 것 같지 않다. 마르크스가 위의 판단들을 견지하는 경우, 말하자면 그는 인간에 대한 하나의 사전事前적 시각을 갖고 있는 셈이다.

마르크스에 의하면, 우리는 구체적인 사회–정치적 상황여기서는 공산주의에서만 올바른 철학을 할 수 있다. 이러한 철학이 참이라는 틀에서, 프롤레타리아가 사라질 때만 철학은 의미 있을 것이다. 프롤레타리아를 없애려면 행동만이 아니라, 철학적 변혁도 필요하다.

마르크스의 모든 경제 연구는 철학 사상에 의해 지탱된다. 정치경제를 연구할 때, 마르크스는 인간에 관한 확실한 개념을 갖고 있다. 그리고 그는 인간을 대상으로 바꾸는 것을 원하지 않는다. 마르크스는 인간을 '경제적 인간'에 동화시키는 것을 거부한다. 자본주의 사회에서 인간의 실제적 상황은 인간이 착취당한다는 것이다. 곧, 노동자는 상품의 일부로 전락한다. 따라서 올바른 정치경제를 실행하려면 이러한 상황을 고려해야 한다. 이것은 사실일 뿐 결코 비난이 아니다.

『1844년 경제학−철학 수고』에서 마르크스가 착취당하는 인간 조건과 자본주의의 전반적인 착취 체계 사이에 필연적인 연결점을 만들고자 할 때, 그는 포스트−헤겔주의자로 나타난다. 인간 착취는 반드시 체제 구조와 연결된다. "인간 세계에 대한 평가 절하의 직접적 이유는 사물 세계의 발전에 있다." 이 두 현상 간에 변증법적 연결점이 존재한다.

"노동자의 노동은 상품들을 생산하지 않고 노동자를 상품으로 만들 뿐이다"「정치경제학 비판 초록」 36) . 마르크스는 "**인간**은 형성 된다"라는 헤겔의 생각을 가져온다. 노동이 소외되므로, 인간 역시 소외된다. 상품을 만들면서, 노동은 **인간**을 형성할 수 없다.

> *"노동자가 자신의 노동에서 외재外在화 될수록, 노동자가 만들고 마주하는 물적 세계가 더 큰 힘을 갖게 된다. 결국, 노동자 그 자신은 빈곤해진다."

사물을 창출하는 일은 단순히 외재적 노동이 아니다. 사물은 바로 인간이며, 이 사물 속에 깃들여 있는 인간의 외재화extériorisation이다. 이러한 발전에서 우리는 하나의 철학사상이 특정한 경제적 현실에 적용되는 점을 잘 이해하게 된다.

3. 마지막으로 이 수고들과 마르크스의 최종적 사상 사이에 연속성이

---

36) [역주] 「정치경제학 비판 초록」 Ébauche d'une critique de l' économie politique은 마르크스의 파리 체류 시기였던 1844년에 쓴 『1844년 경제학−철학 수고』의 내용 가운데 하나이다. '플레이아드' 판은 마르크스 전집 2권(경제학)에 수록된 『경제와 철학 − 파리 수고』(1844) 의 두 번째 장이 이에 해당한다. 「정치경제학 비판 초록」에는 국내 번역된 『경제학−철학 수고』강유원 역, (이론과 실천, 2006)의 목차에 있는 첫 번째 수고에서 세 번째 수고까지의 내용이 포함되어 있다. 참고 Karl MARX, Économie et philosophie. Manuscrits parisiens (1844), *Œuvres II (Économie)*, Paris, Éditions Gallimard [Bibliothèque de la pléiade], 1968, pp. 1−141.

있는지를 아는 것에 관한 물음을 제기해야 한다.

독일인과 프랑스인보다 앞서 『1844년 경제학-철학 수고』를 알았던 레닌은 완전한 연속성이 존재한다고 생각했다. 물론, 나는 마르크스 사상에 발전이 존재하지 않는다고 말하려는 것이 아니다. 이러한 점에서, 알튀세르는 마르크스 사상에 대한 일종의 토템 숭배와의 단절을 원했다. 실제로, 모든 시기의 마르크스주의자들은 사람들이 마르크스의 저작에 모순되는 것이 있다고 말하는 것을 용인하지 않았다. 알튀세르는 마르크스도 다른 이들과 같은 사람이고, 발전했으며, 그의 사유에 여러 단계가 존재한다는 것을 보여주고자 했다. 나는 마르크스에 대한 토템 숭배를 하지 않는다. 오히려 나는 1844년 마르크스의 저술과 이후 『자본론』과 같은 마르크스의 저술 사이에 연속성을 보았던 레닌이 전적으로 옳았다고 생각한다.

나는 이어지는 몇 가지 미묘한 차이들을 제시할 것이다. 첫 번째로, 마르크스는 점차 순수 철학적 질문들에 대해 관심을 덜 갖게 된다. 내 생각에 마르크스는 이미 그 질문들에 답을 얻었다. 1860년 이래로, 마르크스는 더 이상 변증법이나 소외 개념을 말하지 않는다. 이 지점에서, 볼 수 있는 두 가지 해석이 존재한다. 한편으로, 내가 고려하는 부분은 마르크스의 모든 저작을 소외에 대한 사유에 환원되는 것으로 평가하는 장-이브 칼베즈37)의 오류와 같은 부분이고, 다른 한편으로, 마르크스의 변증법이나 소외 개념 언급을 청년기 사상으로 생각하는 학파에 대한 부분이다. 나에게 있어 다음의 내용은 더욱 분명하다. 곧, 마르크스 자신이 소외에 관해 말하려고 했던 것을 언급했다. 또한 우리가 그의 『자본론』을

---

37) [역주] 장-이브 칼베즈(Jean-Yves Calvez, 1927-2010). 프랑스의 예수회 신부이자 철학자, 경제학자. 마르크스 사상과 사회 철학 및 가톨릭 신학 영역에서 활동했다. 대표적인 저서로 『칼 마르크스 사상』*La pensée de Karl Marx*, 『마르크스와 마르크스주의』*Marx et le marxisme*, 『교회와 경제』*L'Église et l'économie*, 『기독교 사회 사상가』(3권)*Chrétiens penseurs du social*, 『자본주의 바꾸기』*Changer le capitalisme* 등이 있다.

제대로 읽는다면, 거기에 소외된 인간에 대한 개념과 더불어 소외된 노동 개념이 존재한다는 것을 알게 될 것이다. 마르크스는 더 이상 이 개념들에 관해 말하지 않고, 그것에 관한 구체적인 분석을 시도한다.

다음으로, 『자본론』의 토대를 이룰 경제적 개념 일부가 이미 이 수고들 속에 나타나 있다. 그러나 이 개념들은 아직 심사숙고의 과정을 거쳐 만들어지지 않았고, 조직화되지 않은 것이다. 우리는 이후 "임금철칙"loi d'airain 38) 으로 정식화될, 임금에 관한 모든 분석을 마르크스가 이미 발견했고, 또한 이윤 개념, 노동 분할이 인간사의 핵심적 현상이었다는 사유와 자본주의 세계에서 노동은 하나의 상품일 뿐이며, 자본가들 간의 경쟁이 체제의 파괴를 낳는다는 생각을 발견할 수 있으며 이후 마르크스가 지속적으로 유지할 자본에 대한 개념을 찾을 수 있다.

『1844년 경제학-철학 수고』에는 특히 계급투쟁 이론이 빠져 있다. 마르크스는 이 수고들에서 계급에 대한 질문을 던지지만, 계급투쟁의 틀에서 **역사**를 조망하는 내용은 나타나지 않는다.

『자본론』의 길라잡이fil conducteur 39) 가 될 가치 이론 역시 빠져 있다.

---

38) [역주] 독일 사회주의자 페르디난트 라살레(Ferdinand Lassalle)가 제시한 용어로, 자본주의 사회-경제 체제에서 노동자의 임금은 노동자 및 그 가족의 생활에 필요한 최저 비용일 뿐이며 따라서 노동자의 빈곤은 영원히 계속된다는 학설을 말한다.

39) [역주] fil conducteur는 일차적으로 전기의 도선을 의미한다. 또한 비유적으로 쓰이는 경우, 어떠한 사상이나 연구의 지도원리, 길잡이, 기본적 맥락 등의 의미를 갖게 된다.

3. 마르크스의 유물론

3.1. 유물론의 여러 요소

우리는 세 가지 생각을 고려한다.

3.1.1. 전제 : 물질로서의 세계

마르크스는 유물론/유심론 논의 구도 속에 들어가지 않는다. 왜냐하면, 우리는 이 둘에서 빠져 나올 수 없기 때문이다. 그에게 있어, 세계는 물질적이다. 그것은 하나의 가정이며, 주장이다. 또한 세계는 결코 유례를 찾을 수 없고, 단지 그 결과를 통해서만 드러나는 하나의 선택일 뿐이다. 세계의 현상들이란 활동 중에 있는 물질의 여러 측면이다. "유물론은 이질적 첨가물 없는 자연의 순수 개념이다."엥겔스 40)

3.1.2. 물질 : 객관적이고 독립적인 최초 소여所與

정신적인 것은 물질에 비해 부차적인 반면, 최초로 주어져 있는 것은 물질이다. 마르크스는 단지 내재적 정신을 고려할 뿐, 최초의 가정에 의해 부정되었던 초월적 정신은 고려하지 않는다. 모든 정신성은 부차적 실재이다. 즉, 의식은 자연과 물질 다음으로 출현한다. 정신적인 것은 인간 내부에 있고, 따라서 그것은 물질과의 관계 속에서 인간에 의해 만들어진다. 마르크스의 용어 속에서, 정신적인 것과 의식 사이에는 동일성이 있다.

정신적인 것의식은 항상 주관적 현상인 것에 비해, 물질은 객관적 현상이다.

---

40) K. 마르크스와 F. 엥겔스, 『철학 연구』*Études philosophiques* (Éditions Sociale)에 있는 '포이에르바하' 에 관한 미발표 단편.

의식이 물질 없이 존재하지 않는 반면, 물질은 의식에서 독립되어 있다. 물질이 감각들의 원천이다.

의식에 대한 표상들은 자연에 대한 반영일 뿐이기 때문에, 물질적 세계와 그 법칙들은 인간에 의해 완전하게 인식될 수 있다. 우리는 인간의 인식 문제를 어떠한 일원론 안에서만 해결할 수 있다. 그렇지 않다면, 어떻게 사유로 인해 물질에 대한 인식이 가능하겠는가? 사유는 두뇌 활동 기제들의 산물일 뿐이다. "간에서 담즙이 나오는 것처럼 두뇌가 사고를 생산 한다."엥겔스 두뇌는 물질적이다. 따라서 사유는 물질 법칙들에 따르며 물질에 긴밀히 결합된다. 그러므로 유물론적 일원론이 충족된다. 진리와 실재 사이에, 객체와 주체 사이에 동일성이 존재한다.동일성 세계 모든 것은 주체임과 동시에 객체이다.

3.2. 유물론의 영역

유물론은 두 영역에 적용된다. 바로 인간과 사회이다.

3.2.1. 인간

유물론적 관점을 급진화하는 것은 물질을 근원에 의해, 곧 인간에 의해 취하는 것이다. 이것은 인간에게 적용된 유물론이다. 마르크스는 생물학적 우선성을 수용하지만, 그것은 그에게 본질적인 것이 아니다.

인간과 연관된 유물론의 첫 번째 측면은 인간이 프락시스를 통해 물질 속에서만 자신의 사유를 설명할 수 있다는 사실이다. 물질이 인간 사유에 의미와 한계를 부여한다.

두 번째 요소로, 마르크스는 순수 생물학적 유물론을 받아들이지 않는다는 사실이다. 그는 18세기의 유물론 철학을 비판하며 티리 돌바흐

41)를 공격한다. 이 유물론은 물질성에 대한 정신주의일 뿐이며, 이 철학
자들이 갖고 있는 관념론적 사고방식일 뿐이다. 그들은 관념론자들과
마찬가지로 추상, 일반성, 감각 영역의 관념들에서 결론을 도출한다. 마
르크스에 앞서 존재한 이전의 철학자들에게서 유물론을 연구한다는 것
은 헛일이다. 그러므로 가로디의 책42)은 일말의 가치도 없다. 마르크스
는 새로운 유물론을 정의했고, 어떤 사조에도 소속되어 있지 않기 때문
이다. 그러나 돌바흐와 라 메트리La Mettrie 43)가 말한 물질적 인간homme-
matière은 사회 안에 있다는 것을 수용하는 범위에서 볼 때, 마르크스는 그
들의 몇 가지 고찰을 수용한다. 마르크스는 우리가 만일 생물학을 바탕
으로 유물론을 구축한다면, 인간 그 자체에 대해 폐쇄적인 인간 개념에
이를 것이라고 생각한다. 그 경우 인간은 자기 피부 껍데기로 제한되어
있는 것 이외의 다른 것이 아니다. 따라서 인간 집단은 어떠한 사회적 차
원도 없는 개인들의 집합체일 따름이다. 마르크스가 볼 때, 사회적 차원
이 없는 인간은 **인간**이 아니다. 우리가 사회적 차원에서 인간을 고려한
다면, 생물학적 결정론은 대수롭지 않은 것이라는 점을 알게 될 것이다.
가장 중요한 현상들은 거기에서 벗어나 있다. 마르크스에게, 인간은 사

---

41) [역주] 폴-앙리 티리 돌바흐(Paul-Henri Thiry d'Holbach, 1723-1789). 독일 태생의 프랑
스 계몽사상가. 주로 백과전서파와 교류했으며, 디드로, 달랑베르, 콩디약, 루소 등과
같은 당대 사상가들과 교류했다. 주요 저서로『자연의 체계 또는 물리적, 도덕적 세계
의 법칙』Système de la nature ou des loix du monde physique et du monde moral, 『폭로된 기독
교』Le christianisme dévoilé등이 있다.

42) Roger GARAUDY, *Les Sources françaises du socialisme scientifique* (Hier & Aujourd' hui)를
보라.[역주] 로제 가로디(Roger Garaudy, 1913-2012). 프랑스 사상가. 유년시절 무신론
자 아버지, 가톨릭 신자 할머니 사이에서 개신교 신앙을 갖고 있었으며, 1933년부터 프
랑스 공산당에 가담했다. 1970년 제19차 프랑스 공산당 전당대회에서 정통 마르크스주
의에서 벗어난 사상을 갖고 있다는 이유로 축출되기 전까지 가로디는 당 내부에서 매우
중요한 위치를 차지하고 있었다. 당 축출 이후 가톨릭 신앙에 귀의하였고, 최종적으로
는 이슬람교로 개종했다. 푸아티에, 클레르몽-페랑 대학 등에서 가르쳤다. 이념 정체성
의 변천에 따라 저작들도 마르크스 및 공산주의 이론에서 이슬람 사상에 이르기까지 다
양하다.

43) [역주] 쥘리앙 오프레 드 라 메트리(Juilen Offray de La Mettrie, 1709-1751). 계몽주의 시
대 의사, 유물론적 철학자.

회 속에 용해되어 있지 자기 몸에 갇혀 있는 존재가 아니다. 마르크스는 포이에르바하가 종교적 존재를 인간적 존재 안에 용해했다고 언급하지만, 동시에 인간 존재는 사회적 관계들의 통합이라고 말한다. 인간적 존재는 각 개인에 내재된 추상이 아니라 사회적 관계의 통합이다. 마르크스의 유물론은 하나의 사회적 유물론이다.

마르크스에게 인간이란 무엇인가? 내 생각에 이것은 어렵고 완전히 밝혀지지 않는 문제이다.

인간은 사회적 관계로 발생되는 존재로 규정될 수 있다.

우리는 이러한 정의를 『정치경제와 철학』44)에서 발견한다.

> *"인간은 하나의 자연적 존재일 뿐 아니라, 인간적 본성을 가진 존재이다. 따라서 하나의 유類적génerique 존재이다.45) 그리고 이러한 자격 가운데 인간은 자신의 앎에서와 마찬가지로 존재에서도 확실해져야 하며 명확히 드러나야 한다."

따라서 인간 존재는 어떤 특수한 종류에 속한다. 우리는 인류에서 출발해야 한다. 또한 우리는 인간에게 나타나는 것을 규정하도록 인간적인 것과 그렇지 않은 것을 개별적으로 고려해야 한다. 인간은 주어진 어떤 자료가 아니다. 이러한 자격에서, 인간은 확인되어야 하고 분명하게 드러나야 한다. 인간은 태어났다고 자동적으로 인간이 되지 않는다. 인간이 자신의 출생과 더불어 부여된 잠재성들을 견고하게 하지 않는다면,

---

44) 『1844년 경제학-철학 수고』. [역주] 1962년 프랑스의 '에디시옹 소시알'(Éditions Sociales)에서 출판된 제목은 『1844년 경제학-철학 수고 : 정치경제와 철학』이다.

45) [역주] '유적 존재' 로서의 인간은 자본주의 경제체제에서 하나의 상품으로 다루어지는 인간, 인간다움에서 총체적으로 소외되어 있는 인간의 반대 개념으로 제시된다고 할 수 있다. 정신의 외화를 역사로 파악하는 헤겔과 달리, 마르크스는 인간의 노동에서 역사가 출발한다고 생각한다. 즉 인간의 역사는 노동을 통한 생산과 더불어 시작하는 것이다. 더불어 마르크스가 볼 때, 인간이 개, 소, 돼지 등과 같은 동물성과 구별되어 '인간' 이라는 하나의 유적 존재로 자리매김할 수 것도 '노동' 때문이다.

그는 인간 이하sous-humain의 존재이다. 나는 인간은 자기 스스로 **인간**을 원해야 한다고 생각한다.

인간은 관계 속에 있는 존재이다. 인간관계의 유형은 남성과 여성 사이에 있는 관계이다. 이에 대해 마르크스는 우리에게 다음과 같이 말한다. "인간이 관계 속에 있다는 말은 자기 자신을 위해 존재하는 인간의 신비를 벗겨내는 결정적이고 명백한 표현이다. 이러한 관계에서, 인간과 자연에 대한 인간적 관계는 자연스럽게 동시성, 직접성, 필연성을 갖는다".「정치경제학 비판 초록」마르크스의 난제는 더 이상 우발적이고 우연하지 않은 관계를 형성할 수 있는 방법, 그리고 인간과 자연 사이에 파괴가 불가능한 관계를 형성할 수 있는 방법이 무엇인지 아는 것에 있다. 이미 우리는 프락시스, 노동 등을 언급했다. 그러나 이 모든 것이 우발적이며, 존재하지 않을 수 있다. 그럼에도, 마르크스에게 인간과 자연 사이의 관계의 파괴는 불가능해야 할 것이다. 이 관계는 남성적인 것과 여성적인 것 사이에도 존재할 것이다. 이른 바 여성성le féminin이 인간적이고 자연적인 존재인데 반해, 남성적 인간은 자연이 아니다. 재생산하는 여성이라는 측면에서, 바로 그것은 자연의 여러 힘들에 참여하는 하나의 힘인 셈이다. 여성은 남성 존재보다 자연에 더욱 가깝다. 남성/여성의 이러한 관계는 관계의 특권적 모델이다. 노동하는 남성은 소외 되고 착취한다. 그러나 여성 역시 자본주의 사회에서 소외된다. 그리고 소외된 이 남성과 여성 사이에는 더 이상 참된 관계가 있을 수 없다. 다른 측면에서, 이 관계는 주어지는 것이 아니라, 만들어지고 창조되는 것이다.

인간은 하나의 사회적 존재이다. 마르크스에게, 인간은 인간적 본성, 불변하는 인간의 모델로 존재하지 않는다. 거기서 우리는 마르크스 시대까지 있었던 다른 대다수 혁명적 인물들과 인간은 선하다고 생각하는 마르크스 이전의 유물론자들에 비해 주목할 만한 차이점을 개략적으로 들여다 볼 수 있다. 인간이 선하다고 보는 것으로, 루소와 신화학에서 우리는 실제로 좋은 야생이나 원시적인 것의 재탄생을 목도한다. 레비-스트로스Lévi-Strauss가 남아메리카의 원주민 집단들에 대한 인류학을 실행할 때, 그는 결국 우리에게 모든 인간은 동등하고, 행복하다는 인상을 주는 삶의 모델을 제시한다. 루소의 좋은 야생46)도 동일하다. 그리고 그것은 마르크스 사유에 반대된다. 루소나 레비-스트로스, 여타 신화학이 주장하고자 하는 바는 원시적이고 원초적인 인간 본성이 존재하며, 우리는 거기서 벗어나 있다는 것이다. 그러나 마르크스의 생각은 이와 다르다. 인간 본성은 존재하지 않으며, 사회적 환경에 따라 변화하는 한 인간의 상황이 있을 뿐이다. 사회적 환경이 인간을 무수히 변화시키기 때문에, 마르크스는 일부 글에서 타문화에 속한 사람들도 쓰고 생각할 수 있었다는 것을 우리가 이해할 수 있다는 점조차 의심하는 것처럼 보인다.

인간적 존재, 그것은 사회적 관계들의 집합이다.

> #마르크스는 "포이에르바하는 종교적 존재를 인간적 존재 속에 용해한다. 그러나 인간적 존재는 사회적 관계들의 집합이다. 따라서 인간적 존재는 각 개인이 타고난 추상이 아니다"라고 말한다.

이미 이것은 인간에 대한 규정이다. 마르크스에게 인간 존재는 인간적 본성으로 존재하지 않고, 인간적 조건으로 존재한다. 따라서 그는 생물학적 유물론을 의심한다. 생물학적 요인들은 매우 다양한 결과를 줄 수 있고 이러한 차이는 의미심장한 것이다. 인간이 살아갈 수 있는 조건 전체를 고려해야 한다. 인간의 상황은 사회적 환경에 따라 변화한다. 마르크스는 결코 무엇이 인간됨이어야 하는가를 설명하지 않는다. 그는 인

---

46) [역주] 프랑스어로 bon sauvage. 루소의 용어로 본래적 자연의 좋은 상태를 지칭한다.

간의 모델이나 본성을 갖고 있지 않다. 우리는 과거의 본성에 따를 수 없고, 도래하는 어떤 본성에 관해서도 예측할 수 없다. 우리는 우리가 보는 인간을 그릴 수 있지, 이상적 **인간**을 그릴 수 없다. 인간은 사회적 조건들이 활동하고 있는 그 자리에 존재할 것이다. 그러므로 마르크스는 자본주의 사회, 유럽, 19세기 중반의 인간을 분석하며 그 당시 인간이 짊어지는 난점 전체를 확인한다. 인간이 인간임을 깨닫는데 가장 큰 어려움이 있다. 마르크스는 무엇이 인간적인지를 아는 것을 묻지 않는다. 그러나 그는 당대 노동 조건을 고려함으로 인간 이하, 반仮인간적인 것, 부정적 모델에 대한 지식을 얻는다. **인간**이 이러한 인간적혹은 비인간적 조건을 원하는 것은 불가능하다. 이러한 운명에 대한 거부는 은연중에 우리가 그것을 욕망할 수 있다는 시사점을 준다. 인간은 단지 성취 실현 앞에 있을 뿐이고, 그것을 원하는 것과 무관하게 자신의 노동으로 그것을 이룬다. 인간은 자신의 자리, 자연을 바꾸어 나간다. 삶의 조건들이 인간 그 자신을 바꾸는 것과 마찬가지로, 인간은 자신이 되지 말아야 했던 것에 대해 갖고 있는 부정성, 이미지, 직관을 따라 자기 삶의 조건들을 바꾼다. 인간 그 자체가 변형되는 것이며, 인간은 지금까지 바뀌어 왔던 것과 같은 맹목적 방법보다는 의식적 방법으로 바뀌는 것에 더 많은 가치를 둔다.

인간은 자신의 고유한 실재와 진리를 생산하는 데 이를 수 있다. 마르크스는 "특별함이 포함된 나의 고유한 실존은 사회적 활동이며, 사회를 위한 자아를 만드는 사회적 활동이다"라고 말한다. 달리 말하면, 나는 참여할 때, 하나의 인격을 얻는다. 또한 이것은 우리가 사회 속에 존재하는 것에 관한 질문이기도 하다. 나는 나를 변형함으로 사회를 바꾼다. 따라서 마르크스는 인간에 대한 이 유물론적 시각 속에 인간 실존뿐 아니라, 세계와의 관계도 포함시킨다.

*"세계, 시각, 청각, 감각들, 의지, 표상 등과 인간이 맺는 모든 관계는 직접적인 사회적 기관들이다. 그것은 객관적 행동 속에 인간 현실을 적용하는 것이다."

이것이 의미하는 바는 다음과 같다. 가령, 우리는 우리가 보고자 하는 바를 문화적으로 습득한 것만 눈으로 본다. 다른 문화적 세계의 교육과 더불어, 우리는 우리가 보지 않는 것들과 볼 수 있을 것들이 존재한다는 것을 익힌다. 거기서, 마르크스는 시대를 매우 앞서 나갔다. 그후로 여러 인류학자가 이 개념을 확인해준다. 오세아니아의 어떤 사람들은 파란색을 "보지 못한다". 유럽인이 "파랗다"라고 말하는 것을 그들은 보지 못하고 "녹색", "노랑" 등으로 부른다.

또 다른 고전적 사례는 말馬 움직임에 대한 재현再現에서 찾을 수 있다. 사진술에 따르면 팡테옹의 조각들이나 19세기 화가의 최고의 그림들은 모두 잘못된 것으로 드러났다.47) 청각적 영역에서, 서양인들을 넘어서 동양인들은 음량quantité de sons을 듣는다. 서양인들에게 이러한 감각은 오히려 감퇴되어 있다. 중요한 것은 소리의 강도가 아니라, 주파수 범위이다. 서구에서, 우리는 이러한 소리를 구별하는 법을 배우지 않았다.

마르크스에게 과학, 예를 들어 물리학은 객관적으로 확인된 사실들을 우리에게 줄 것이다. 그러나 이것이 인간의 현실성은 아니다. 인간적 현실성, 그것은 인간에 의해 변형되는 문제이다.

3.2.2. 마르크스의 인간주의 문제

우리가 마르크스를 인간주의자로 볼 수 있는지 혹은 그렇지 않은지를

---

47) 19세기 말의 이러한 작업에 관하여, 에티엔-쥘 마레(Étienne-Jules Marey, 1830-1904)의 작업을 보라.

인식하는 데 주목할 만한 논쟁들이 있었다. 물론, 무수한 오해도 있었다. 그러나 **인간**에 대한 마르크스의 시각은 수많은 다른 인간주의자의 시각보다 더 심오하다.

마르크스의 인간주의에 대한 이러한 질문을 오랜 시간 연구했던 알튀세르는 세 시기로 이것을 구분한다. 즉, 마르크스는 1845년까지 인간주의자이며, 이후 반反인간주의자가 된다. 첫 번째 시기는 다시 두 시기로 나뉜다.

1842년 이전까지, 마르크스는 "중량이 몸의 본질이듯, 자유가 인간의 본질이다"라고 말한 전통적이고, 합리적이며, 자유주의적인 인간주의자이다. 인간은 자유에 헌신되었다. 마르크스는 인간 본성을 신뢰한다. 그러나 인간은 자신이 합리적 존재라는 범위 내에서만 자유로울 수 있다. 즉, 자유는 **이성**으로 존재하는 일종의 내적인 법에 지배를 받는다. 우리는 이러한 생각을 프루동과 바쿠닌에게서도 발견한다. 개인과 인간성 사이에 대립은 존재하지 않는다.

> #1842년에 마르크스는 다음과 같이 썼다. "인간성에 대한 관심과 개인에 대한 관심이 대립된다고 믿는 것은 잘못이리라. 이와 같이 인간 본성은 선, 인간성 완성을 위해 행동할 때만 그 완성에 다다를 수 있다."

이 인용문에서 우리는 개인의 관심과 전체적 관심이 일치하는 것이 인간됨의 준칙이 되도록 인간은 항상 자기 행동을 선택해야 한다는 칸트의 영향, 개인의 관심과 다수의 관심의 일치라는 영국 자유주의자들의 영향을 발견한다.

1842년에서 1845년까지 마르크스는 전통적 견해를 포기하기 시작하며, 인간은 또한 "반反이성"에 지배를 받으므로, 인간은 추상적 존재가 아니며 **역사** 내 존재라고 생각한다. **역사**는 **이성**에 순응하지 않는다. 자유와 소외, 이성과 반反이성의 갈등이 역사를 만든다.

> *"역사, 그것은 소외이며 동시에 이성의 결여 속에서 이성을 생산하는 것이자, 소외된 인간 속에서 참 인간을 만드는 것이다… 역사와 인간을 낳는 이러한 인간의 상실은 사전에 존재하는 규정된 본질을 전제한다."48)

달리 말하면, 소외된 역사 속에 참 인간 생산이 목적이라면, 결과적으로 거기에는 인간의 어떤 본성이 있어야 한다. 이러한 운동 속에서 인간에 선재先在하는 본질은 언제나 부정nier되고 긍정affirmer된다. **역사**의 종말에서 인간은 자신의 소외된 본질을 되찾을 수 있을 것이다.

1845년부터 마르크스는 인간에 관한 모든 이론과 결별하며, 인간 본질 위에 **역사**를 세우는 일을 포기한다. 그는 인간이 아닌 다른 것 위에 **역사** 이론과 정치 이론을 세운다. 그가 사용하는 생산력, 생산관계, 상부구조와 하부구조와 같은 개념들은 더 이상 인간 본질과 관련이 없다. 마르크스는 모든 인간주의는 하나의 이데올로기라는 관점에서 인간주의 전체를 비판하는 방향으로 나아간다. 인간주의는 경제적 분위기에서 오는 욕구들로 인해 부르주아 계급이 만든 것이다. 마르크스는 당대 철학의 두 가지 형태인 주체 경험주의와 본질 관념론을 거부한다.

따라서 마르크스는 역사 유물론으로 나아간다. 그의 견해는 이론적으로 구성된 급진적 반反인간주의가 된다. 마르크스 사상에서 인간은 더 이상 핵심 요소가 아니다. **인간**을 알려면 인간에 대한 신화를 파괴해야 한다. 알튀세르에게 마르크스주의는 인간주의가 아니다.

---

48) 루이 알튀세르, 「맑스주의와 인간주의」 2장, 『맑스를 위하여』, 이종영 역 (백의, 1997).

나에게, 이러한 태도는 중요한 반향을 내포한다. 실제 알튀세르는 마르크스 사상을 "흐리는" 역할을 한다. 마르크스는 19세기 부르주아 사회의 인간주의 철학을 거부한다. 당대 유행하는 철학헤겔, 칸트 등과 마르크스와의 관계 속에서 본다면, 알튀세르가 옳다. 그러나 이것은 어떠한 때에도 마르크스가 인간주의자가 아니었다는 것만을 의미할 뿐이다. 만일 인간주의가 인간에게 어떤 특권적 자리를 부여하고, 인간이 **역사**의 창조자이며, 새로운 어떤 것을 생성하려면 인간만이 선택될 수 있고, 원할 수 있다는 것을 의미한다면, 마르크스는 완전히 인간주의자이다. 이것은 의심할 나위 없는 마르크스주의의 가장 난해한 문제이다. 1850년 이후, 우리는 끊임없이 구조들이 자율적으로 기능한다는 것과 인간이 **역사**를 만든다는 두 가지 사고 속에 있는 긴장을 발견한다. 어찌되었든, 마르크스는 인간이 선택되고, **역사**를 만든다는 사고를 결코 거부하지 않는다.

3.2.3. 사회

이것은 **역사**의 문제이다.

결국 출발점은 인간이 **역사**를 만들려면, 인간 실존의 첫 번째 필요는 인간의 생존이며, 생명 유지라는 것이다. 첫 번째 역사적 사실은 인간이 생존하도록 필요한 수단들을 생산한 것이다. 즉, 물질적 삶의 생산이 역사적 사실이며, **역사**의 근본적 조건이다. 이로 볼 때, 인간은 동물들과 다르지 않다. 마르크스는 이러한 바탕 위에 사회 개념을 세운다.

생존에 대한 욕구들이 충족되는 순간부터, 새로운 욕구들이 필연적으로 일어난다는 두 번째 조건이 성립한다. 이것은 동물과 다른 인간의 특이성이다. 왜냐하면, 인간 본성이 존재하는 것이 아니라, 인간 조건이 존재하며, 욕구들에 대한 지속적인 변화가능성이 존재하기 때문이다. 새로운 욕구들의 출현은 이미 생체적 표현의 특수한 양식이다. 모든 욕구는 사회 속에 있는 차이들과 생활양식에 따라 모든 사람에게 동일하지 않다. 생산 양식들이 여러 사회 구조, 사회적 삶의 과정을 결정한다.

사회의 역사를 구성하는 인간과 인간 사이의 관계에서 그것을 고려할 때, 우리는 이들에게 어떤 목적에 이르려는 의도, 의지를 엿보게 될 것이다. 이 점에 관해서 마르크스가 살았던 시대, 곧 **역사**철학이 위대한 인물들의 이야기를 토대로 형성되었던 시대를 다시 불러내 보자. 그러나 실제로 인간들은 자신들이 담당해야 했던 대상들에 결코 이르지 못했다. 왜냐하면, 이러한 결과에 이르도록 여러 요소들이 개인들을 방해했기 때문이다. 마르크스는 자신이 열망했던 이상적 사회 건설을 위해 생애 전반에 걸쳐 평화를 갈망했던 나폴레옹을 예로 든다. 그러나 당시 사건들과 배경은 나폴레옹 치세의 거의 전체를 전쟁으로 몰아갔다. 이러한 예고된 결과들과 다른 결과에 이르도록 인간 의지에서 독립되어 있는 힘들이 인간 의지와 결합된다. 이러한 움직임의 원동력은 경제력이다. 모든 것이 사회의 문제를 만드는 경제적 문제들로 돌아간다. 그 점에서, 마르크스는 경제가 인간과 독립된 법칙들에 따라 기능한다는 고전 경제학자들의 시각과 다시 조우한다.

역사에는 사유의식의 영향 또한 존재한다. 그러나 무엇보다 그것은 물질적 활동 그 자체에 포함되어 있다. 이것은 하나의 순수 하부구조이다. 그러나 사유들, 이데올로기들은 통상 자신들이 지니고 있지 않은 중량감과 중요성을 가질 수 있다. 즉, 이러한 사유들과 선언들이 개인 집단을 관통하고, 그에 부합하는 행동을 채택할 때 그럴 수 있다. 한 집단이 지탱하고 있는 사유는 하나의 물질적 힘이 된다. "집단 속에 있는 인간"만이 경제적 과정을 바꿀 수 있다. 인간 집단은 이데올로기적으로 주어져 있는 것이 아니며, 그것의 특성은 자신의 경제적 활동에 의해 이루어진다. 왜냐하면, 집단은 하나의 경제 활동이며, 사유는 경제적인 것, 즉 물질 위에서 활동하기 때문이다. 만일 그렇지 않다면, 사유는 영향력 없이 존재할 따름이다.

3.3. 유물론의 여러 양태

유물론은 하나의 작동 기제|mécanisme가 아니며 그러한 결과를 부여하려고 결합된 법칙들의 총체도 아니다. 우리는 역사가 그 자체로 기능한다고 생각할 필요가 없다. 마르크스의 유물론은 18세기의 기계론적 유물론과 차별된다. 헤겔의『백과전서』*Encyclopédie*에서 인간은 하나의 기계, 시계와 같은 세계로 여겨진다. 인간이 어떠한 행위 가능성도 갖고 있지 않다고 생각하지 말아야 한다. 인간의 행동은 필연적이지만, 이러한 **인간**은 사회와 자연 속에 포섭된다. **인간**은 이러한 사회 속에서 결정되고 자연에서 활동한다. 인간의 중요성은 인간이 자신의 노동을 통해 자연과 사회를 변형할 수 있다는 것이다. 즉 인간은 "대상 세계 속에서 주체"가 된다. 이것은 소외에 대한 책임이 있는 자본주의 사회에 대한 혁명적 시각을 열어준다. 개인들의 무수한 창조물은 자연과 사회에서 활동하는 것을 멈춘다. 즉, 그들은 객체대상들로 변형되므로 '주체되기' *être sujets*는 중단된다. 예를 들어, 대상으로 있어야 할 돈이 주체가 된다. 부르주아 사회에서 주체와 객체의 역할이 바뀌었다. 따라서 마르크스는 사회에 대한 기계적 시각을 비판하고, 사회가 경제 법칙들에 의해 움직인다고 보는 자유주의자들과 고전 경제학자들의 시각을 명확하게 비판한다.

이를 통해, 마르크스는 자본주의 사회에 대해 재차 물음을 제기한다. 우리는 자본주의 사회 내부의 가족을 일례로 제시할 수 있다. 곧, 인간을 위한 재산인 가족을 소유할 수 있는 계급은 오직 부르주아 계급 뿐이다. 부르주아적 가족은 전 자본주의 사회의 철폐와 더불어 사라질 것이며, 그 이후에는 오직 만인을 위한 가족이 새롭게 탄생할 것이다.

3.4. 이러한 유물론의 약점

인간에 대한 이러한 유물론적 개념은 다음과 같은 하나의 문제를 제기한다. 인간이 존재해야 하는 것에 대한 어떤 개념이 없다면, 어떻게 마르크스는 자본주의 사회에 인간에 대한 부정이 존재하는지 말할 수 있는가? 인간이란 것이 무엇인지 모른다면, 어떻게 그는 소외가 존재한다고 말할 수 있는가?

또 다른 질문도 마르크스에 의해 해결되지 않는다. 곧, 만일 모든 것이 물질적이라면, 어떻게 주체적 물질인간과 객체적 물질자연 사이를 구별하는가? 이전에 환기된 인간이 **인간**을 원해야 한다는 이 절대적 필요는 어디에서 오는가? 인간이 사회적 관계의 종합일 뿐이라면, 누가 인간에게 '나'라고 말할 수 있게 하는가? 인간이 주체적이라는 이 긍정은 어디에서 오는가?

이러한 반론들은 마르크스주의 내부에서 일어났고, 어떻게 보면 마르크스주의적 반론이며, 그 반론을 최초로 표현한 인물은 바로 레닌이다.

마르크스의 주장들을 넘어서 어떠한 마르크스주의자들은 '자아'moi는 존재하지 않고, 단지 '우리'on만 존재할 뿐이라고까지 말한다. 이러한 주장을 하는 이들은 **역사**의 주체를 지워버리는 포스트 마르크스주의자, 즉 구조주의자일 뿐 마르크스와는 거리가 멀다.

나에게 이 근본적인 모순은 마르크스 자신 내에서도 해결되지 않는 문제이고, 유물론과 주체적 인간에 대한 그의 시각 사이에 있는 불일치로 보인다.

다른 관점에서, 마르크스가 만든 유물론은 변증법적 유물론이다. 물질은 변증법적 과정에 따른 변화를 가정한다.

물질은 결코 균등한 상태로 존재하지 않는다. 그것은 **역사**와 연루되어 있다. 여러 위기들을 통해, 우리는 물질에 관해 더욱 심사숙고하여 만들어진 형식들로 나아간다. 그러나 마르크스는 진보 문제를 다루지 않는다. 그에게 생성은 필연적으로 어떤 상위 형식이다. 그러나 누가 그러한 주장을 보증하는가? 마르크스 변증법은 헤겔 변증법과 반대로 그 자체로는 진보를 함축하고 있지 않다. 누가 공산주의 사회가 최고라는 주장을 허용하는가? 사실상, 진보에 관해 마르크스는 당대 이데올로기, 곧 전형적인 부르주아적 이데올로기를 공유하고 있다. 이는 유물론과 인간 주체 사이에 있는 모순에 대한 물음과 달리, 마르크스가 그다지 주목하지 않았던 부분이다.49)

소렐은 자신의 저서 『진보에 대한 착각』*Les Illusions du progrès* 50) 에서 마르크스의 자기 시대와의 이 순응주의에 대해 최초로 강조했던 인물이다. 마르크스 사상에 마르크스의 방법론을 적용하는 것으로 소렐은 자신의 비판 작업을 수행했다.

4. 역사 개념

4.1. 역사의 질료

마르크스에게 **역사**의 질료가 되는 것은 인간이 서 있는 자연지리학적 한 복판이 아니다. 이 자리에서 지속되는 기후나 자연적으로 주어진 요소 등 모든 것은 **역사**의 자료가 아니다. 마르크스의 관점에서 볼 때, 자연은 역사를 갖지 못한다. **역사**는 인간이 만들어지는 자리에만 존재한다.

역사는 인간의 노동으로 형성된 인위적 수단들을 통해 이러한 자연 환경을 끊임없이 변형시킨다. 여기서 강조점은 노동 개념에 있다. 태초부

---

49) 이 책 Ⅰ장, 4.3. "역사의 운명" 96쪽을 보라.
50) Georges SOREL, *Les Illusions du progrés* (1908)을 보라.

터 인간은 노동한다. 무엇보다 노동은 인간과 자연 사이에 연결점을 만든다. 즉 '프락시스'이다. 이러한 노동은 멈추지 않고 발전하며, 자신의 노동 방식들을 향상시키고 인간 주위에 새로운 환경을 만들어간다. 바로 이러한 변형이 **역사**의 질료재료이다. 노동은 현상이며, 그 현상을 통해 인간은 자연과 더불어 자신이 만든 물질들의 교환을 조화롭게 하고, 다스리며, 통제한다. 노동이 **역사**의 열쇠라는 범위에서, 마르크스는 또한 "모든 생산은 결정된 하나의 사회 형태 안에서 인간에 의해 자연을 점유하는 것이다"라고 말했다. 여기서 "점유"appropriation라는 단어는 두 가지 의미로 이해되어야 한다. 하나는 "소유 획득"prise de possession이고 다른 하나는 "사용에 대한 순응"adaptation à un usage이다. 사회 형태는 자연에 관한 인간적 행동의 목적을 규정한다. 우리는 이러한 합리적 사고의 길을 통해 마르크스에게는 경제적 삶이 **역사**를 규정한다고 말할 수 있다.

마르크스는 점유에 적대적이지 않다. 노동하는 모든 인간은 자연에서 어떤 형태를 자기의 것으로 삼기 때문이다. 그러나 자본주의 체제에서 노동자는 어떤 것도 점유하지 못한다. 따라서 인간과 자연 사이에는 더 이상의 관계나 '프락시스'가 존재하지 않는다. 본질적인 것이 결여된 셈이다. 더구나 노동하지 않는 자본가 역시 '프락시스'와 관계없기 때문에 전적으로 소외된다.

경제적 삶은 인간 활동과 노동의 결과일 뿐이다. 경제적 삶 그 자체를 규정하는 것은 노동 방법들의 변형, 즉 기술이다. 경제적 활동은 기술적 활동에 의해 조건 지워진다. 마르크스에게 **역사**의 동력이 경제라고 말하는 것은 오류다. 확실히 마르크스는 기술적 분석에 대한 요소들보다 19세기의 지배적인 사유 경향에 일치했던 경제적 분석의 요소들에 관해 더욱 강조했다. 그러나 바로 뒤 이어 우리는 마르크스 사상에 대한 환원적, 경제적 읽기를 시도했다.

그러므로 인간의 노동을 통해 이중적 현상이 나타난다. 우선 사회구조 자체의 변형이 일어난다. 기술의 변화를 통해 생산 양식들이 변하며 인간 역시 사회적 관계들, 곧 정치적, 사회적, 지적, 기타 등등의 양식 전체를 바꾼다. 마르크스에게는 어떠한 사회 형태라도 항상 노동 양식과 노동을 위해 인간이 사용하는 기술 수단들과 연계된다. "손인력 방아는 봉건영주 사회를 낳고, 증기 방아는 자본가 사회를 낳을 것이다."『철학의 빈곤』나는 마르크스의 이 구절에서 기술적 요인이 결정적인 것처럼 표현된다는 점을 강조한다. 노동은 두 번째 효과를 포함한다. 사회적 관계가 바뀜으로, 우리의 개인의식 자체가 바뀐다. "존재 양식이 의식을 결정하기" 때문이다. 인간은 활동하면서, 노동함으로 그리고 자연에서 이루어지는 움직임을 통해, 동시에 자신의 고유한 본성을 변형한다. '프락시스'를 통해 인간은 자기 자신을 만든다. 인간은 자연 속에서 노동함으로 창조된다. 이것이 뜻하는 바는 이를테면 농부의 사고방식이 광부의 사고방식과 동일한 것이 될 수 있다는 것이다. 바로 이것이 **역사**의 질료이다.51) 기술은 인간 그 자체를 변형하기에 이른다.52)

*"인간은 자연을 변형하기 위한 목적으로 자연에서 이루어지는 움직임에 따라 활동함과 동시에 자기의식을 바꾼다."『정치경제학 비판을 위하여』

---

51) [역주] '노동을 통해 형성되는 인간' 이라는 공통요소가 바로 역사 구성의 재료이다.

52) [역주] 엘륄은 마르크스의 '상부구조-하부구조' 도식을 응용하여 '경제' 가 아닌 '기술' 을 하부구조(결정요소)로 제시한다. 또한 엘륄에게 있어 기술은 '물질' 이 아니라, 하나의 '가치' 이다. 따라서 기술 현상은 물질적 현상이 아닌, 일종의 비-물질적 현상이다. 기술세계에 대한 엘륄의 통찰이 빛나는 지점은 기술은 자율성을 갖고 있으며, 그것이 인간의 삶을 규정하는 결정 요인이 되고, 인간은 항상 기술의 뒤를 따라갈 뿐 선택할 수 없는 상황이 되었다는 것에 있다. 또한 엘륄은 기술이 세계를 '탈신성화' (désacralisation)시키면서 동시에 기술 자신은 '새로운 거룩함' (le nouveau sacré)의 자리에 오른다고 평가한다. 기술에 대한 엘륄의 더 풍부한 분석과 평가에 관해 특별히『기술 체계』*Le systéme techincien*, 이상민 역 (대장간, 2013)과 『기술담론의 허세』*Le bluff technologique* (대장간, 출간예정), 『기술 또는 세기의 쟁점』*La technique ou l'enjeu du siècle* (대장간, 출간예정)을 참고하라.

달리 말하면, 의식의 과정에서 인간은 확고부동하지 않다. 인간은 자신의 노동 조건들을 바꿈으로 새로운 사유 방식을 얻는다. 기술은 그 자체로 혁명적이다. 인간이 그것을 원하든 혹은 그렇지 않든 기술은 발전하기 때문이다. 기술은 지속적으로 발전하며, 그것이 끝없이 변화한다는 범위 내에서 기술은 사회의 변형과 인간의 변형을 유발한다.

> *"생산력 속에는 성장의 지속적 운동이 존재하고, 사회적 관계들 속에는 파괴의 지속적 운동이 존재하며, 관념들 속에는 형성의 지속적 운동이 존재한다. 운동의 추상만큼 변하지 않는 것도 없다."『정치경제학 비판을 위하여』

여기서 생산력은 기술과 동등하다. 기술의 운동은 사회적 관계들을 변형하며 새로운 사유의 형성을 내포한다. 그러므로 모든 것은 **역사** 안으로 포괄된다. 특정 사실과 관계된 우발성 배후에 유일하게 존재하는 것은 역사 운동의 지속적 추상성, 즉 변증법적 운동이다.

4.2. 역사의 변증법적 운동

4.2.1. 유물론적 변증법

> *"헤겔에게, **관념**이라는 이름 아래 자율적 주체로 변형되기까지 진행되는 사유의 과정은 실제적인 것의 조물주$_{démiurge}$이다. 그것은 실제적인 것의 외적 현상만을 표상한다. 사유 과정 원리에서 나의 변증법적 방법은 헤겔의 방법과 다를 뿐 아니라, 오히려 그 반대이다[…중략…]. 나에게 관념적인 것은 인간의 머리에서 변형되고, 표현되는 물질 이외의 다른 것이 아니다[…중략…]. 이 관념적인 것이 물질적인 것의 표현일 뿐이라는 관점에서 볼 때, 헤겔 변증법의 동력은 하나의 속임수이다. 이는 헤겔이 일반 형식들을 변증법으로 설명한 최초의 인물이라는 주장에 방해가 되지 않는다. 헤겔의 변증법

은 머리가 밑바닥에 있다. 신비롭게 은폐된 것 속에서 이성의 씨앗을 찾으려면 아래 있는 그 머리를 거꾸로 세워야 한다. 또한 변증법은 본질적으로 비판적이고 혁명적이다. 주어진 자료를 이해할 때 변증법 안에 '부정의 지성'과 '부정 파괴 지성'이 동시에 포함되기 때문이다."『자본론』독일어판 후기

헤겔의 변증법은 기만적 형식으로 드러난다. 마르크스에게 변화는 단지 대상의 변화, 물질에 의해 대체된 **관념**이 아니다. 헤겔에게 변화는 **관념**에 적용된 변증법이 아니라, **관념** '의' 변증법이다. 헤겔은 운동의 형태forme de mouvement라는 본질적인 어떤 것을 제시했다. 마르크스가 생각한 변증법이 물질의 변증법인 이상, 그것은 모든 구체적 상황인간적, 사회적, 경제적에 대한 실증적 사유가 필요하며, 동시에 그 상황에 대한 부정에서도 실증적 사유가 필요하다는 것을 함축한다. 모든 구체적 상황은 평형과 무르익은 모습을 선사하는 발전의 어느 한 지점에 이른다. 변증법은 우리가 이러한 상황의 일시적 특성을 파악할 수 있게 한다. 그러므로 변증법적 방법을 적용하는 일은 필연적으로 비판적이며, 결과적으로 혁명적이다. 마르크스에게 혁명적 사유란 어떤 과정에 대한 필연적 특성을 생각하는 것이며 동시에 그것의 부정과 모순을 생각하는 것이다. 마르크스의 변증법적 운동에서 사유는 확증된 하나의 사실에 머무는 것으로 만족하지 않는다. 그 사유는 부정적 측면과 위기를 예견하고, 부정적 측면과 위기의 자극에 기여한다. 따라서 마르크스의 변증법적 사유는 하나의 사유가 **역사** 변혁 과정에 들어가는 것이다. 헤겔의 변증법은 **관념**의 운동을 뒤따라가는 것으로 만족하고, 따라서 **역사에** 개입하지 않는다.

변증법이 **역사**의 질료로 적용될 때, 변증법의 본성은 바뀐다. 그리고 이것은 더 이상 단순한 정—반의 운동이 아니다. 왜냐하면, **역사**는 분리되고 대립된 두 가지 요소를 결코 드러내지 않기 때문이다. **역사**는 무수한 힘, 주어진 자료 등과 같은 것들로 만들어진다. 우리가 어떤 **역사** 변

증법을 생각한다면, 우리는 사물들의 수량과 대립되는 운동량을 고려해
야만 한다. 변증법은 모순들의 집합으로 실천되며, 모순되는 요소들 가
운데 어떠한 것들은 규정적 역할을 할 것이다.

현대 마르크스주의자들, 특별히 알튀세르는 이를 "중층결정"surdétermi-
nation이라고 한다. 말하자면 중층으로 결정된 요소들이 운동을 야기한
다.53) 그러나 마르크스는 결코 알튀세르에게 중층결정에 대한 관념을
환기시켜 주지 않았다.

이러한 **역사** 변증법적 운동에 대한 개념이 복잡해졌다. 왜냐하면, 그
것은 복합적인 이성적 고찰을 주는 수많은 요소와 연결되어 있기 때문이
다. 그것들을 단순화하도록, 마르크스에게서 우리는 이성적 고찰이 아닌
요소들을 분리해 낼 것이다.

4.2.2. 힘의 변증법

역사의 과정에는 능동적이고 긍정적인 요소와 다른 한편으로 부정적
이고 반응적인 요소를 나타내는 힘들이 존재한다. 전자는 생산력이며,
기술에 의해 그 자체가 결정된 요소이다. 사회에서 생산력은 구조들을
창출하는 일을 견인한다. 그것은 생산 관계들 혹은 사회적 관계들이다.
이러한 생산 관계들국가, 법, 도덕 등은 생산에서 비롯되지만, 그것들의 기
능은 주어진 어느 단계에서 사회를 조직하고 안정시킨다. 마르크스는 사
회 기능에 없어서는 안 될 생산 관계들에 대해 가치 판단을 하지 않는다.
생산 관계들은 안정적이며, 따라서 멈추지 않고 발전하는 생산력의 대립
이다. 생산 관계들은 생산에 지속적이고 규칙적인 활동을 보장한다. 조
직화 없이 어떻게 생산할 수 있는가? 기술 진보와 생산 진보는 생산 관
계들에 대한 이러한 배경으로 인해 실행 가능하다. 그러나 이 둘 사이에

---

53) 이 책 I 장, 4.3.2. "마르크스 사상에 대한 현대적 해석" 99쪽을 보라.

모순이 존재한다. 이러한 생산 관계들을 위에 마르크스보다는 오히려 엥겔스에 의해 명명된 이데올로기적 상부구조도덕, 종교 등가 만들어 진다. 생산관계들은 항상 마르크스가 말하는 상부구조들처럼 배열되는 것은 아니다. 그것은 가끔씩 생산력과 동일한 의미와 같이 활동하고, 이데올로기적 상부구조에 대립하는 방식으로 기능한다.

그러므로 우리는 **역사**의 전개를 설명할 수 있다. 주어진 사회적 상태 안에, 기술적 진보가 발생하고, 따라서 생산력 증가가 일어난다. 이것은 안정된 기능을 갖게 된 사회적 관계들과 만나게 된다. 초기에 일어나는 불일치는 그렇게 중요하지 않다. 그러나 우리가 발전을 거듭할수록, 불일치 역시 증가한다. 갈등은 점차 첨예해지고, 변증법적 사고에서 변증법적 위기인 어떤 단절점un point de rupture에 이르게 되어 끝난다. 역사와 사회적 관점에서, 이것은 혁명이다. 혁명은 과거의 사회적 관계들의 해체 속에서 만들어질 것이다. 또한 혁명은 **역사**가 부여하는 어느 한 지점에 존재하는 기술에 적응될 새로운 사회적 관계들의 구성을 지속할 것이다. 그러나 **역사**는 멈추지 않는다. 운동은 다시 시작될 것이다. 왜냐하면, 기술이 진보를 지속하는 것에 반해, 새로운 국가, 새로운 법은 안정화되기 때문이다. 따라서 우리는 새로운 **역사** 변증법적 시기에 이르게 된다.

마르크스는 우리가 이전 사회 체제에서 이끌어낼 수 있었던 모든 것을 취할 때만 단절점에 이를 수 있다고 강조한다. 이 주제에 관해 그는 어떤 실제적 법칙을 다음과 같이 정식화한다.

*"하나의 사회 구성체는 자신이 유포시킬 수 있는 모든 생산력의 발전 앞에서 결코 소멸하지 않는다. 그러므로 결코 인간성이 해결할 수 있는 문제들에 인간성이 있지 않다. 그 문제들은 그것을 해결하는 물적 조건들이 이미 존재할 때 나타난다."

따라서 생산력은 생산 관계들의 틀 속에서 발전된다는 것이 이에 내포
되어 있다. 물론, 그 발전은 이러한 틀이 생산 관계들에 발전 가능성을
공급해 주는 동안 일어난다. 발전 가능성이 존재하는 동안 혁명은 존재
하지 않는다. 생산력이 완전히 정지될 때만 혁명이 일어난다.

마르크스에 의해 공식화된 것은 아니지만, 나는 이를 통해 다음 가설을 추
론해 본다. 곧, 앞서서 혁명을 시도하는 것은 불가능한 어떤 것을 시도하는
것이다.

우리가 혁명 일보 직전에 있을 때, 인간에게 제기된 문제들을 해결할
수 있는 모든 요소는 **역사**에 의해 이미 주어져 있다 새로이 만들어진 사
회적 상태에서는 생산력과 생산 관계들이 일치된다.
간략히 말해, 그것은 힘과 힘 사이에 있는 변증법적이고 역사적인 관
계의 활동이다.

4.2.3. 인간 집단 사이의 변증법 : 계급투쟁

사회적 힘들은 인간 집단들, 계급들에 구현되어 있고, 이 힘들의 목적
은 계급투쟁 속에서 표현된다.54) 생산력은 착취당하는 자나 생산자 집
단에서 구체화되며, 생산 관계들은 지도자나 착취자 집단에서 구현된
다. 지배 계급은 이전의 혁명에 의해 권력을 잡았고 생산 관계들을 구축
했다. 지배 계급이 생산 관계들을 구축한 것은 바로 자신을 위해서였다.
곧, 자신을 보호하기 위한 법, 정당화하기 위한 도덕 등을 만들었다. 이
는 사회적 관계들이 답보 상태에 있고, 필연적으로 반동적이라는 특성을

---

54) 자끄 엘륄이 보르도 대학 정치 연구소(IEP)에서 강의한 "사회 계급들"(Les classes socia-
les)을 보라.

설명해 준다. 자신의 이득에 따라 사회적 관계를 형성하면서, 지배 계급은 하위 계급을 만든다. 바로 이 계급이 경제 영역에서 노동하고 부를 생산하는 계급으로 호출되며, 새로운 기술들이 그들에게 적용될 것이다. 이러한 생산력이 진보의 유일한 요소이다. 하위 계급은 생산력과 더불어 진보하며 지배 계급에 의해 만들어진 사회 질서를 재차 문제 삼을 것이다. 이 하위 계급이 혁명적 계급이다. 생산력이 항상 하위 계급을 탈취하는 것처럼, 혁명이 터질 때 피착취 계급은 반드시 생산력을 탈취할 것이다. 피착취 계급은 권력을 갖게 되며 지배 계급이 된다.

그러므로 이러한 점에 관해 마르크스는 가장 생산적인 계급과 혼동하지 말아야 하는 가장 불행한 계급은 권력 쟁취에 이르는 계급이 아닌, 생산에서 배제되는 계급이라는 주장을 수용한다. 이는 권력에 가장 근접한 계급도 아니며, 당대 요직을 점한 계급 바로 아래에 있지도 않다. 바로 이 부분에서부터 우리는 항상 생산력으로 되돌아가야 한다.

4.2.4. 일례 : 산업 혁명에 따른 부르주아 계급의 권력 획득

실제로 마르크스에 의해 묘사된 이 운동, 곧 인간 집단들의 변증법은 특별히 18세기와 19세기에 대한 그의 사회 역사 분석의 일반화이다.55) 우리는 18세기 이전 사회에서 권력을 가졌고 자기 이익을 따라 국가를 조직했으나, 생산력을 갖고 더 이상 아무것도 실행하지 못했던 한 계급을 발견한다. 그 이후로, 어떤 하위 계급이 기술과 생산력 전반을 보유한다. 바로 부르주아 계급이다. 이것이 3–4세기 동안 이어진다. 이 부르주아 계급은 기술과 경제의 많은 진보를 이루었다. 또한 그들은 18세기에 대항하는 혁명적 계급이 된다. 그 이유는 봉건제의 법적 틀이 기술적 팽창을 방해하기 때문이다. 16세기와 17세기의 반란은 농민 계급에 의해

---

55) 이 점에 관하여, 또한 이 책 II장 "마르크스의 경제사상" 121쪽을 보라.

촉발되었다. 이것은 혁명이 아니다.56)

　부르주아 계급은 이전의 노동 형태들, 봉건적 연관성, 전통적 수직 권력구조hiérarchie, 종교적 믿음 등을 산산조각 냈고, 발전을 억압했던 농업 생산에 적응된 모든 요소를 부숴버렸다. 그러나 혁명57) 이후, 부르주아 계급은 착취자가 되었다. 또한 부르주아 계급이 상업과 산업 구조법적, 정치적 등를 건설할 때, 그들은 이전 세계의 체제보다 우월하지 않은 18세기 말에 순응된 어떤 세계를 구성한다. 곧, 부르주아 계급은 "상업적 타협의 정신이 없는 자유만을 만들게 했을 뿐이다". 우리는 유심론적 용어가 사용되고 있다는 점을 지적할 수 있다. 반대로 마르크스가 볼 때, 봉건적 관계는 매우 인간적이었다.

　경제적 영역에서 부르주아 계급이 세운 것이 바로 자본주의다. 자본주의가 존재하려면 하나의 법적 제도를 전제한다. 사적 소유이다. "사적 소유는 타자를 위한 소유를 박탈한 것일 뿐이다." 소유를 박탈당한 사람들은 자본주의의 반反테제를 나타낸다. 바로 프롤레타리아이다. 프롤레타리아는 부정적 측면이고, 대립이며, "체제의 근심거리"이다. "프롤레타리아는 소유 그 자체이다. 이 소유는 자신의 고유한 모순에 따라 붕괴된다." 프롤레타리아가 존재한다는 것에 대해 만족하지 못하는 이러한 근심은 자본주의 체제를 강요한다. 자본주의 체제는 생산력을 최대한 발전시키기 위해 지속적으로 발전한다. 이러한 지속적 추구는 불안 충동 아래 진행된다. 또한 우리는 이 인용문에서 대립되는 것들의 동일성 개념, 헤겔적 개념을 발견한다. 다시 말해, 사적 소유와 프롤레타리아는 불가분의 관계에 있다. 소유에서 배제된 프롤레타리아는 역사 변증법의 주체가 될 것이다. 왜냐하면, 소유에서 배제된 것과 마찬가지로 프롤레타리

---

56) 자끄 엘륄, 『혁명에서 반항으로』*De la Révolution aux révoltes*, (Calmann-L vy, 1972) ; 2판 : La Table Ronde (coll. La Petite Vermeillon, 2011).
57) 여기서 마르크스는 무엇보다 1789–1792년의 프랑스 혁명을 가리킨다.

아는 사회에서 배제되어 있기 때문이다. 따라서 그들의 상황은 비인간적이다. 결국, 자신의 상황을 의식하는 프롤레타리아는 프롤레타리아라는 이름을 자기에게서 지우고자 한다. 이것은 부르주아 계급을 해체하려는 의지의 표현이 아니다.

이러한 조건의 한도에서만 사적 소유의 이면이 있을 뿐이며, 프롤레타리아가 사라진다면, 그들은 동시에 사적 소유도 없앨 것이다. 프롤레타리아는 사적 소유가 아닌 자신들의 조건상황에 반항하는 것이다. 마르크스에게는 사적 소유와 밀착된 도덕적 판단이 없다. 자신의 조건 변화를 위해 프롤레타리아는 반드시 사적 소유를 폐지해야 한다.

이러한 해석과 동시에 마르크스는 변증법적 운동의 새로운 방향 제시로 나아간다.

4.2.5. 마르크스에 따른 변증법의 방향

이러한 분석은 전통적 정식과 매우 다른 방식의 변증법적 운동을 공식화하는 쪽으로 마르크스를 이끌어간다. 더 이상 '정thèse−반antithèse−합synthèse'의 연쇄가 아니며, '긍정affirmation−부정négation−부정의 부정négation de la négation'의 연쇄이다.

그러므로 만일 우리가 묘사된 변증법적 운동을 취한다면, 세 번째 용어는 '합'이 아닌 '부정의 부정'이다.

분명히 이 마지막 지점부정의 부정에서 프루동과 마르크스가 결별한다.

프루동에게 변증법적 운동은 하나의 합습을 향해 가야한다. 어떻게 보면 이것은 고전적 도식을 따르는 것이다.

여기서 쟁점이 되는 것을 지적 차원에서 일어나는 경주로 생각할 필요는 없다. 변증법에 대한 생각과 소유 문제에 관해 마르크스는 프루동과의 정치적 불일치를 확인할 것이다. 프루동은 프롤레타리아에게 소유를 주는 것으로 '합'에 이를 것이라 평가하면서, 소유에 대해 만인이 접근할 수 있게 하고자 한다.

프루동에게, 사회의 부정적 현상은 사회적 관점에서 비판 받을 만한 것이다. 또한 주어진 구체적 상황 속에서 발전하는 긍정적 측면을 허용하도록 상황의 부정적 측면을 제거하는 일이 중요하다. 예를 들어, 자본주의는 신용 기관들을 만들었다. 이 신용 기관들은 소유주들에게 특혜를 준다. 왜냐하면, 그들은 부유층에게만 돈을 빌려주기 때문이다. 따라서 이러한 작동 기제는 소유주의 부를 확장한다. 프루동의 시각에서, '합'의 단계는 신용을 발전시키는 것과 더불어 모든 사람, 특별히 노동자에게 신용이 개방되는 것을 포함한다. 신용 덕에 노동자는 소유주가 될 수 있다.

그와 마찬가지로, 결국 사적 소유란 도둑질일 뿐이다. 왜냐하면, 그것은 소수에게 제한되어 있기 때문이다. 그 한계를 제거해야 하고 개인 소유를 보편화해야 한다. 프루동은 이러한 방식으로 '합'의 측면을 생각한다. 프루동의 견해에 반하여 우리는 집단소유로 방향을 설정하지 않는다.

마르크스는 부정적인 면의 손실에 대해 긍정적인 면을 발전시키고자 하는 것은 망상이라고 말한다. 이것은 '부정의 부정'의 실제적 단계가 아니다. 부정은 증가하지 감소하지 않는다. 변증법 속에서 진보하려면 부정을 확장해야 하며, 그것을 비판적 단계까지이 때에는 소유의 제거 끌고 가야 한다. 소유 일반화는 반反변증법적이며 **역사**를 멈추는 일로 회귀하는 것이다. 더 넓은 지평에서 볼 때, 노동자 조건의 개선이 문제가 아니다. 마르크스는 이러한 목적에 만족하는 조합들에 대해 적대적이다. 노동자의 조건은 악화일로를 걸을 것이 분명하다. 견디기 힘든 상황에까지 몰릴 때, 프롤레타리아는 자신의 조건과 그 외의 것들을 부정할 것이고, 제거할 것이다. 우리가 프롤레타리아의 상황을 개량하는 한, 그들은 그 상황을 제거해 버리려는 생각을 하지 않는다.58)

사회적 원한이 바로 **역사** 안에 있는 인간의 변증법 그 자체이다. 마르크스에게 미래 체제는 프롤레타리아의 상황 개선이 아닌, 그 상황에 대한 부정 위에 세워진다. 마르크스는 도래할 사회주의에 대한 역사적 단계를 특징지을 수 있는 유일한 단계에 대한 설명을 결코 늘어놓지 않을 것이다.

4.3. 역사의 운명?

4.3.1. 쟁점

변증법적 운동은 기계적이고, 자동적인 것처럼 보인다. 따라서 **역사**는 일종의 숙명에 지배 받는 것처럼 보인다.

그러나 일부 마르크스의 문서는 반드시 그렇지 않음을 말한다. **역사** 속에 인간의 개입은 결정적일 수 있다. **역사**는 홀로 형성되지 않는다. **역사**의 운동을 가능하게 하고자 마르크스는 인간의 개입에 호소한다. 그는 다음과 같이 쓴다.

*"인간이 여러 환경에 따라 만들어진다면, 인간적으로 그 환경들을 만들어야 한다." 『신성 가족』

여기에는 자기 자리에서 활동하는 인간에게 제안된 일종의 도덕적 의

---

58) 일부 경제학자들(로베르 부아예(Robert Boyer), 장-필립 투퓌(Jean-Philippe Touffut))은 마르크스에게서 "표면에 드러난 강제적 관계에서 일종의 평화적 협력으로 급여 관계를 이행하려는" 자본주의 체제 발전 가능성에 대한 암시를 발견했다고 생각한다. 이들의 견해는 모호하지 않도록 문서들에 관한 엄격한 분석을 통한 것이라기보다 오히려 재-해석한 것처럼 여겨진다.

무가 존재한다. 이 구절과 함께 우리는 하나의 주의주의主意主義적이고 윤리적인 관점에 있다.

『포이에르바하에 대한 테제』에서 마르크스는 다음과 같이 쓴다.

*"환경들과 교육의 변화에 대한 유물론적 이론은 인간에 의해 환경들이 변형되고, 교육자도 교육되어야 한다는 것을 망각하고 있다."

마지막으로 그는 『정치경제학 비판을 위하여』에서 다음과 같이 주장한다.

*"인간들은 자신의 고유한 역사를 만든다. 그러나 인간들은 자신들에 의해 선택된 조건 속에서 역사를 추상적으로 만들지 않는다. 인간은 과거에서 주어지고 유산으로 전해진 조건들 속에서 역사를 직접 만든다."

인간들은 과거 유산의 틀 내부에서 활동한다. 그래도 역시 인간의 역할에 대한 마르크스의 긍정과 인간이 **역사**의 변증법적 운동을 부여한다는 설명 사이에 모순이 존재한다. 즉, **역사**의 변증법적 운동은 필연적이어서 인간이 역사에 전념하는 일이 없게 되거나, 그렇지 않으면 인간이 자신의 고유한 **역사**를 만들지만 변증법적 운동 도식에 따라 그것을 만든다고 결코 보증하지 못한다. 인간의 행동을 초월하는 힘을 전제하는 역사 발전의 유일한 형식이 존재해야만 하는가?

바로 이러한 물음에서 마르크스에게서 연원한 두 개의 큰 학파가 발생한다.

사회주의자들이나 개량주의자들은 변증법적 운동과 그것의 필연적 특성을 심각하게 고려했다. 혁명은 인간적 개입 없이 홀로 실행되고, 거기에서만 예비 되는 것이 타당하다.

공산주의자들은 인간의 역할을 중요하게 고려했다. 그들은 인간 그 자신이 혁명을 촉발해야 한다고 생각한다. 이것은 레닌주의 사상학파의 견해이다.

마르크스는 무수하게 재연된 이 모순에 한 가지 대답을 발견했다. 그의 작업에 대한 노력에 따라, 몇 가지 답변의 요소를 제안했다.

그로부터 우리는 네 가지 요소를 발견할 수 있을 것 같다.

마르크스는 하부구조에 다양하게 주어진 것들은 다양한 방식으로 결합될 수 있으며, 인간의 개입이 이 결합에 영향을 미친다고 생각한다. 1860년경, 한 편지에서 마르크스는 **역사**의 어느 한 지점에서 기술적이고 경제적인 요소들은 무수한 결합의 유형을 가능하게 하며, 이 다양하고 가능성 있는 결합들 가운데서도 최종 선택은 인간이 한다고 말한다. 그는 나폴레옹 권력과 결합된 산업 단계가 의무적으로 존재할 필요가 없었다는 사례를 인용한다. 인간은 그러한 경제적 요소에 우위를 부여할 수 있다.

『자본론』에서 마르크스는 반대 방향으로 돌아가 revenir en arrière 인간의 선택과 행동 가능성들을 축소시킨다. 주어진 한 단계에서, 가능한 결합들 중 하나가 특권화 되며, 역사의 의미 속으로 들어간다. 그리고 인간은 바로 이것을 선택해야 한다.

더군다나 인간은 언제나 역사의 주어진 어느 한 순간에서 행동하고 동시대, 곧 제한된 시간 속에서 결정한다. 짤막한 사건들에서 오래 지속되는 운동을 구별해야 한다. 역사 변증법의 활동은 크고 지속적인 선 위에 있다. 그 선은 특정 사실만 기록하는 것이 아닌 기나긴 지속에 대한 것이다. 여기에 운명적인 선 하나가 있다. 어떻게 보면 인간은 그 선 위에 수 놓아지는 것이다.

세 번째 요소로, 인간은 **역사** 속에서 결코 우연히 행동하지 말아야 한다. 인간이 변증법적 유물론의 해석을 인식한다면, 주어진 상황 속에 가능한 해법이 무수하다는 것을 볼 수 있다. 인간이 변증법적 분석을 적용한다면, 다른 것보다 개연성 있는 해법이 있으며 바로 그것을 선택해야 한다는 것을 알 수 있다. 변증법적 위기의 순간에 인간은 수용, 거부, 다소의 폭력적 반환, 더 빠르게 혹은 덜 빠르게 반환하는 것과 같은 무수한 해법들과 마주한다. 무엇이 **역사**의 방향인가를 이해한 마르크스주의적 인간은 사회 요소들을 분석하며, **역사**가 필연적으로 그 방향으로 갈 것이라고 생각한다. 그 사람은 **역사**의 방향에 따라 자신에게 부과된 해결책을 선택할 것이다. 마르크스에게 인간은 위기 속에서 가장 빠르고, 가장 효율적이며, 고통을 최소화하는 길을 선택해야만 한다. 도래하는 혁명은 상대적으로 덜 중요한 사건이어야 했다. 왜냐하면, 매우 소수의 자본가들이 남아 있을 것이기 때문이다.

마지막으로, 마르크스는 **역사**의 변증법적 운동이 실패한다는 점을 배제하지 않았다. 이에 관해 우리는 마르크스의 작업 후반부에 작성된 일부 문서 속에서 그 흔적을 발견한다. 인간이 다소간 장구한 시간을 위해 **역사**의 과정을 빗나가게 하는 것은 가능하다. 그러나 우리는 결국 야만 예를 들어 5세기에서 9세기에 이르는에 이르게 된다. 바로 이러한 태도가 트로츠키에게 그 유명한 "사회주의냐 야만이냐"라는 정식을 불러 일으켰다.

4.3.2. 마르크스 사상에 대한 현대적 해석

마르크스 사상에서 루이 알튀세르, 안토니오 그람쉬, 마오쩌둥毛澤東은 중요 인물이다.

이들의 현대적 해석들은 마르크스의 일부 문서들에서 출발했다.

– 「정치경제학 비판 서설」*Introduction à la critique de l'économie politique* 59)

– 후반부 문서들과 마르크스 사후에 출판된 문서들.

반면, 엥겔스의 문서들은 다음과 같이 말한다.

*"역사 유물론의 개념에 따르면, 역사의 최종 층위instance에서 결정 요소는 물질적 삶의 생산과 재생산이다. 마르크스도 나엥겔스도 결코 과도하게 주장하지 않았다. 그리고 누군가 이것을 경제적 요소가 유일한 결정 요소라고 말하는 것으로 왜곡한다면, 그는 우리의 주장을 무의미하고, 추상적이며, 불합리한 구문으로 바꿔 버린 것이다. 경제적 상황이 밑바탕에 있다. 그러나 상부구조의 다양한 부분, 지배 계급에 의해 세워진 구성물, 법적 형식과 심지어 참가자들의 뇌리 속에 있는 이 모든 투쟁의 반영정치이론, 법이론, 철학, 종교적 개념과 그들의 궁극적 발전까지도 역사 투쟁 과정에 대해 영향력을 행사하며, 역사 투쟁의 무수한 경우 속에서 우위를 점하는 방법으로 그 형태를 결정 한다."엥겔스

일반적으로 사회 안에 존재하는 모순생산력/생산 관계들, 지배 계급/피지배 계급은 혁명 가능한 상황이나 혹은 일반적 상황을 규정하는 것으로 충분하다.

모순은 혁명이 당연시되는 어떤 상황을 규정하는 일에 충분하지만, 어떤 혁명적 상황이나 단절을 직접적으로 야기하는 일에는 불충분하다. 상황은 인간의 결단과 의지에 의해서만 혁명적이다. 이 의지 역시 그 자체로 충분하지 않다. 모순은 혁명적 단절에 대해 하나의 단일체로 통합된

---

59) [역주]「정치경제학 비판 서설」은 1857년 마르크스가 『자본론』의 초고 형식으로 작성한 글이다. 그의 사후, 1857년에서 1858년까지 작성된 수고들을 카우츠키가 모아 독일 사민당 기관지 「신세대」에 기고한 것을 시작으로 1939년, 1941년 구소련 공산당 중앙위원회 부설 "마르크스–엥겔스–레닌 연구소"에 의해 편집되어 소위 '그룬트리세'(Grundrisse)로 불리는 『정치경제학 비판 요강』이라는 제목으로 출간될 때, 그 안에 포함되었다. 독일에서 편찬한 '마르크스–엥겔스 전집'(MEW) 제42권[19쪽–46쪽]에 있으며, 프랑스 플레이아드판 전집 제1권[231쪽–266쪽]에 있다.

다양한 역사적 배경사회적, 이데올로기적, 정치적, 기타 여러 지평에서의 축적에 의해서만 활동한다. 상황에 대한 분석은 매우 복합적이다. 예를 들어 우리는 이러한 복합성과 혁명적 상황군사적, 경제적, 이데올로기적, 기타 여러 지평에서을 연구하고자 세부적으로 작성된 소련 지도를 매일1917년에서 1919년까지 설명했던 레닌의 분석 의지를 떠올려 볼 수 있다.

이러한 역사적 배경들이 일치될 때, 모순은 다음과 같은 이중적 역할을 맡는다. 한편으로, 그것은 변증법의 전체 요인을 구성한다. 다른 한편으로, 그것은 변증법적 단계에 자신의 특수성을 부여한다. 즉, 하나의 변증법적 단계는 결코 다른 단계들과 유사하지 않다.

역사의 과정에서 모순은 결코 동일한 것으로 재생산되지 않는다. 모순은 역사의 소여所與와 불가분의 관계에 있다. 이와 유사하게 **역사**의 각 단계에서 변증법적 상황은 도래하는 상황에 대해서 결정적이며 이전 것들을 추가한 새로운 요인들의 집합체에 따라 결정된다. 중층결정이라는 표현은 현실적 상황을 규정하고, 모순이 활동적으로 생성되는 것을 실천하는 새로운 요인들을 가리킨다.

내게 현실 사회의 중층결정 요인은 기술technique이다.60)

모순들은 불평등 발전예를 들어 『정치경제학 비판을 위하여』에서 분석된 현상을 인식할 수 있다.

어떤 한 사회를 생각할 때, 우리는 그 안에 있는 무수한 모순을 확인할

---

60) 「누벨 옵세르바퇴르」 1982년 7월 17일자 기사에서 자끄 엘륄이 장-클로드 기유보와 진행한 인터뷰 내용을 보라. "베르나르 샤르보노(Bernard Charbonneau)-그리고 우리가 속한 「에스프리」(Esprit)와 같은 집단과 대립된 관점에 있는-와 시대에 대하여 제기된 질문은 다음과 같다. 곧, 마르크스가 오늘 살아 되돌아온다면, 우리 사회의 특징적인 것으로 어떤 현상을 들겠는가? 우리는 더 이상 자본도 자본주의도 아니라 기술 발전이며, 기술적 성장 현상이라고 설득했을 것이다. 그 점에 대해서 우리는 우리 작업에 집중했다."

수 있을 것이다. 이러한 모순들 가운데, 어떤 것들은 다른 것들에 비해 더욱더 중요하다. 어떤 순간에, 모순들 가운데 하나가 다른 요소들을 지배할 것이다. 1850년 이래로 마르크스주의자들에게 사회의 중심 모순은 동일[61] 했으나, 가장 중요한 모순으로 여겨지는 이 사적소유는 오늘날에는 더 이상 중심 모순이 아닐 것이다.

마르크스에게 그러한 모순이 규정요소로 출현하는 것이나 다른 것 하나가 비생산적으로 변하는 것은 우연이 아니다. 어느 단계에서, 현실의 어떤 특정 구조가 이러한 모순이 필연적 지배요소가 되게 한다. 이 주제에 관해 알튀세르는 "지배적 요소들과 접합된 하나의 구조 단위를 가진 전체적 복합체"로 사회를 정의한다. 하나의 사회 구조가 존재한다. 모든 요소는 서로 다른 것과 연관되어 활동한다. 그러나 이러한 구조들 가운데 하나가 다른 것들을 지배한다.

생산 관계들과 생산력 사이의 관계들이 만들어지는 방식은 다음과 같은 사실을 보여준다. 곧, 생산 관계들은 단순하게 나타나는 현상이 아니며 하부구조의 존재 조건들을 담당한다. 이 구조 안에서 인간은 자유를 보존한다. 관계는 단일한 방향으로 존재하지 않는다. 곧, 인간의 의지는 관계들과 모순들의 복합성 속에서 활동한다. "사회 없이 생산은 어디에도 존재하지 않는다."엥겔스

모순의 이러한 집합체는 단순하게 이론적이거나 이데올로기적이지 않다. 모순은 어떠한 현실에 응답한다. 그리고 결정적 역할을 하는 모순은 현실의 갈등, 즉 구체적인 자리 속에 놓인 실제적 대립에 참여하도록 인간을 추진하며 몰아간다. 사회의 어떤 구체적 지점에서 인간들의 대립은 다른 지역보다 더 극심해질 것이다. 여기에는 반드시 인간의 결정과 개입이 있다. 대립하는 장소나 형태는 다양할 수 있다. 우리는 보편타당한

---

61) [역주] 사적소유

전략과 전술 평가를 실행할 수 없다. 어떤 전략적 장소에 갈등이 응축된다는 것은 지배 모순의 이동déplacement을 수반한다. 사회의 어느 한 공간에서 혁명적 갈등이 분출할 때, 이것은 지배 모순의 이동을 이끌어낼 수 있다. 모순이 역사 발전의 동력이지만, 그것은 이동할 것이다. 마오쩌둥은 대립 모순과 비대립 모순 사이를 구별한다. 모든 모순이 싸움을 야기하지는 않는다. 이는 모순들이 사회주의 사회에 유지되는 것을 받아들이게 한다. 그러나 그 모순들은 대립적이지 않다. 또한 이것은 혁명 이후의 역사 추구를 가능하게 한다. 이러한 이론화 작업은 문화 혁명과 같은 중국의 혁명 운동들에 활력을 준 마오쩌둥의 의지에 대한 동의를 가능하게 한다. 그러나 이러한 이론적 정교함은 마오쩌둥에게 나온 것이지 마르크스에게 나온 것이 아니다. 사실상 이것은 더 이상 마르크스주의는 아니다.

변증법은 하나의 도식이 되는 것을 멈춘다. 예를 들어, 자본/노동 모순은 결코 단순하거나 추상적인 모순이 아니다. 변증법은 항상 문명, 문화의 지역적 특성들에 의해 명확해진다. 따라서 상이한 사회들 속에 동일한 형태의 변증법의 운동이 존재할 수 없다. 거기에는 명확하게 보이는 것들이 존재한다. 모순의 이러한 명시화는 형태들과 상부구조들의 접합체에서 부여된다. 그리고 이러한 접합체가 모순의 중층결정을 견인하는 특수한 상부구조들이다. 중층결정은 긍정적일 수도 있고, 부정적일 수도 있다. 알튀세르의 용어를 따라 말하자면, 상부구조들의 집합체가 역사적 "억압"을 야기하면서 모순을 중층결정할 때, 중층결정은 부정적이다. 그것은 모순 활동을 저해한다.

중층결정이 혁명적 단절로 이끌어갈 때, 그것은 긍정적이다. 그러한 도식을 따라 성숙 이후에야 혁명이 존재할 수 있다고 판단한 칼 카우츠키Karl Kautsky의 "객관적" 분석들에 반대하여, 레닌은 1917년 혁명긍정적 중층결정이 가능했다고 판단했다.

마르크스에게 **역사**에 대한 결정론적이고 기계론적인 개념은 존재하지 않는다. 그람쉬에 따르면, 마르크스 사상을 숙명론적으로 해석하는 일은 사회주의 운동들1880년-1910년 시기 속에 만들어진 일종의 신비에서 비롯된다. 왜냐하면, 사회주의자들은 제반 선거에서 당선을 위해 싸우거나, 더 보편적으로 말해, 정치 지형에서 추방당했기 때문이다. 실패에 직면하여, **역사**는 우리의 방향으로 가고 있고, 사회주의가 반드시 성공할 것이라고 말하는 지속적인 하나의 심리적 보상이 있었다. 우리는 마르크스에게 남아 있는 것에 대한 경제적 영향 혹은 기술의 어떤 규칙성이 존재한다고 말할 수 없다. 이와 반대로, 마르크스는 정치경제가 나머지 영역들을 규정하는 발전론적 시각에 입각해 있는 경제주의를 공격한다.

역사 변증법 구성을 위해, 마르크스는 헤겔식 **관념** 변증법을 경제 변증법으로 대체하는데 그치지 않았다. 마르크스는 변증법 속에서 그것의 용어들 뿐 아니라, 이 용어들 간의 관계도 바꿨다. **관념** 변증법은 일반적이고 이론적 요소들에 영향을 미친다. 마르크스는 추상적이거나 이론적인 정치경제를 말하지 않는다. 우리가 생산관계와 생산력을 말할 때, 그것은 추상적이다. 어떤 면에서, 우리 역시 헤겔의 **관념** 변증법 속에 있다. 이러한 관념론적 개념에서 벗어나려면, 범주들을 역사적 현상들로 생각해야 한다. 변증법적 발전은 생산력 발전의 구체적 정도에 따라 평가되어야 한다. 또한 그 생산력이 발전한 장소, 시점에서 생산 관계들에 대한 실제적 묘사에 따라 평가되어야 한다. 마르크스는 구체적인 역사의 내용들과 대면하는 변증법을 통해 형이상학적 변증법을 대체하고, 이를 통해 용어들을 변형시킨다.

또한 마르크스는 용어들 사이의 관계를 바꾼다. 곧, 긍정적인 것과 부정적인 것은 존재하지 않지만, 상대적 자율성을 가진 무수한 상부구조들

과 경제와 연결되어 있지 않은 효율성, 특별한 어느 효율성 사이에 변증
법적 활동이 존재한다.

우리는 최종 층위에서 활동하는 요소를 미리 결정할 수 없다. 특정한
역사적 결합이 그 요소를 결정할 것이다. 마르크스는 **역사**의 형성이란
현실, 미래, 과거의 요소들의 총체적 집합에 의한 것이라고 생각한다. 그
는 정치적 상황은 항상 잔존물들에 의해 부분적으로 결정된다는 점을 고
려했다. 혁명 이후에도 지속되는 이전 사회의 잔존물들은 중층결정의 요
소들 가운데 하나이다. 예를 들어 1789년 혁명 이후인 19세기의 프랑스
에도 토지 귀족제가 할 수 있는 역할이 남아 있었다. 혁명은 사회와 인간
의 급진적 변화를 일으키지 않는다. 이데올로기들이 탄생했던 상황이 사
라졌음에도 불구하고, 이데올로기들은 존속한다. 이러한 생각은 마르크
스보다 그람쉬에게서 더 잘 드러난다.

여러 상황들과 우연들로 뭉쳐있는 하나의 총체적 집합을 가로지르며,
"최종 층위에서의 결정"인 경제적 운동은 항상 "우연의 압제를 가로지르
며 필연의 길을 개척하는"엥겔스것으로 종결된다.

그 문제에 대한 답변은 없다. 왜냐하면, 우리는 "기계론"이나 "**역사**의
운명"의 용어들에 관하여 이해하지 못하기 때문이다. 분명히, 마르크스
에게 **역사**의 운동은 단순하지 않다. 그러나 마르크스가 말하는 **역사**에
대해 단순한 해석에 머물러있는 이들에 맞서 투쟁하는 그람쉬나 알튀세
르와 같은 마르크스주의 작가들도 다음과 같은 딜레마에 분명한 답을
제시하지 못하기는 마찬가지이다.

- 인간이 **역사**를 만드는가? 그렇다면 그때, 운동은 분명히 변증법적
  이지 않다.
- **역사**는 변증법적이며 인간이 할 일은 결코 존재하지 않는다.

알튀세르는 이러한 문제 제기를 마르크스주의 관점에 대한 오류라고

말한다. 왜냐하면, 그것은 우리가 의식적으로 어떤 의지를 갖고서 인간 개인의 실존實存을 믿는다는 것을 전제하기 때문이다. 그럼에도, 개별자의 의식된 의지나 개별자의 실존은 존재하지 않는다. 변증법 안에 있는 인간은 개인이 아닌 유類적 존재로서en tant qu'être générique 자신의 역사를 만든다.

그러나 자신의 생애 마지막에 이르러, 마르크스는 이 문제로 되돌아왔다. 결국 알튀세르에게 마르크스는, 진짜 마르크스주의자가 아닌 셈이다.

나로서는 이러한 관점을 수용할 수 없다. 우리에게 방해가 되기 때문에 마르크스의 일부 문서들을 제거하는 것은 모든 해석들에 대한 문을 개방한다.

4.4. 역사의 전개

기본 자료는 『자본론』이다.

마르크스는 생산 관계들의 5가지 모델에 부합하는 5가지 단계로 인간 역사를 우리에게 설명한다.

- 원시 공산제.
- 노예제 사회.
- 봉건주의 체제.
- 자본주의 체제.
- 사회주의 시대.

이 인간 역사의 5단계는 생산력이 아닌 생산 관계들로 특성화된다. 마르크스 문서들에 대한 더 정제된 분석은 이 5단계의 사회 유형의 연쇄가 필연적이지 않았다는 것을 보여준다. 우리는 아시아적 생산양식과 같은 어느 특정한 단계를 생각할 수 있다. 아시아적 생산양식에서 봉건주의 사회나 자본주의 체제를 거치지 않고도 사회주의로 이행하는 것을 상상할 수 있다.

4.4.1. 원시 공산제

기술 수단들의 취약함은 인간을 고독하게 하고 개별적으로 일하도록 하지 않는다. 분업화되지 않은 공동 노동이 존재한다. 즉, 모든 사람이 모든 것을 만든다. 인간은 무수히 자기를 위협하는 여러 집단 속에서만 자기 보호를 찾을 뿐이다. 그 집단들은 강력하게 연합되어 있다. 자연과 그들의 관계는 직접적이며 그들의 사유 체계에 부합한다.

사실상, 생산 수단들의 집단 소유가 존재하는 것이다. 여기에는 인간에 의한 인간 착취나, 사회 계급도 존재하지 않는다.

그러나 인간 집단이 자연의 힘들에서 분명하게 드러나고 자신을 지키게 됨에 따라, 그 집단은 몇 가지 노동 분할을 만들어 낸다. 예를 들어 초기에는 부싯돌을 다듬어 만드는 노동 등이 이러저러한 기교에 따라 이루어진다. 그 단계에서, 교환이 발생하고 따라서 축적의 가능성이 생겨난다. 어느 한 사람의 일일 노동이 다른 한 사람의 일일 노동과 반드시 일치하는 것이 아니다.

결국, 시대가 바뀐다.

4.4.2. 노예제 사회

노예제 사회는 강화된 노동 분할특히 목축과 농업의 분리이 수반된 기본적 생산 기술에 의해 특징지어 진다. 이러한 노동 분할이 강화될수록, 부의 축적 가능성이 높아진다. 또한 이것은 어떤 시점에서 한 사람은 부를 축적하는 반면, 다른 한 사람은 더 이상 어떤 것도 교환하지 못한다는 것을 의미한다. 자신의 노동력을 결코 다시 소유하지 못할 사람들은 부를 가장 많이 축적한 사람들에게 그 노동력을 줄 것이다. 즉, 그들은 노예가 된다.

노예 노동을 강제하는 이 사람들은 자신의 축적 과정을 가속화한다. 특히 엥겔스가 이러한 축적 과정을 기술했다. 결과적으로 부자들은 점차 그 수가 적어질 것이고 노예들이 다수를 형성할 것이다. 실제로 **역사**에 대한 이러한 시각은 완전히 오류라는 점을 명확하게 하는 것이 좋다. 즉, 노예들이 다수를 구성하는 곳은 어디에도 없다. 엥겔스의 물음은 그 당시에 생산 관계들과 세계에 대한 인간의 관계들을 인식하고자 제기된 것이다. 따라서 생산 관계들은 다음과 같은 두 가지 다른 요소에 영향을 미치는 사적 소유주의 존재에 의해 특징지어 진다.

– 생산 원료 수단.

– 노동자들 자체.

노동력은 인간의 생명 그 자체이다. 노예제 사회에서 우리는 노동력과 개인 사이를 구별할 수 없다. 한 개인이 자기 노동력을 소외시키는 그 순간, 그는 자신의 인간됨을 소외시키는 것이다. 생산 수단들과 노동력의 사적소유와 더불어, 우리는 생산 도구들의 집중을 목격하게 되며 노동의 그 특성을 바꾸게 된다. 곧, 강제 노동이 된다. 하부구조와 상부구조, 소유주에 의해 조직된 세계와 그 조직을 어쩔 수 없이 참고 있는 세계 사이에 반목이 자리 잡는다.

더욱더 심오한 현상 하나가 인간 존재 자체에 다다른다. 바로 육체노동과 지적 활동의 분리이다. 사유하는 일에 호출되고 육체 노동하기를 멈춘 자들은 더 이상 현실과의 접촉, ‘프락시스’를 갖지 않는다. 그의 사유는 현실적인 것에서 분리된다. 따라서 그의 의식은 ‘프락시스’ 의식과 다른 것을 상상한다. 지성적 의식은 항상 자신이 참 의식이며, 자기의식이 그 자체로 현실적인 것을 표상한다고 주장하는 곳으로 인간을 몰아가는 의식, 진보하는 의식이라고 생각한다.

의식이 현실적인 것에서 분리되면 분리될수록, 더욱 자기 자신을 유일한 실재인 것처럼 생각하게 된다. 그때부터 인간은 '프락시스'를 통해 현실적인 것과 더 이상 접촉하지 않을 뿐 아니라, 그 자체로 현실적인 것의 본성에 대해 오해하며, 스스로를 기만하게 된다. 이것이 "허위의식" conscience fausse 현상이다. 인간은 점차 현실 인식 능력을 잃어가며, 인간과 세계 사이에 분리가 일어난다. 허위의식 속에 사는 인간은 다음과 같은 이중적 과정에 들어가 있다.

- **안정적 제도 설립** : 인간은 지적 구성에 의해 실제적인 것을 소유한다고 주장한다.
- **정당화용用 이데올로기 제작** : 그러나 인간은 허위의식을 갖고서 자신의 의식이 참이라는 것을 증명하는 이데올로기적 집합철학, 종교 등을 만드는 쪽으로 자신을 끌어가는, 그러한 방식을 용인할 수 없다.

인간과 세계 사이의 이러한 단절에 대한 묘사는 잃어버린 낙원을 회상하는 기독교적 묘사보다 더 강력하다.

4.4.3. 봉건주의 체제

노예제 사회 내부에는 생산 수단들의 성장을 견인하는 몇 가지 기술적 진보가 나타난다. 그러나 이것은 개인적 생산 차원에 머물러 있다. 이것은 원시 공산제 사회에서 노예제 사회로의 이행을 특징지었던 운동을 전복시키는 운동이다. 따라서 무수한 생산 수단들은 노예주에 의존하지 않고 증가하는 수많은 노동자들에 의해 점유될 가능성이 있는 시설을 출현시킨다. 노동의 전문화가 추구되고 자유 수공업이 발전한다. 그러한 기능의 발전이란 노예제 상태와 비교 불가하다. 이 부분에서 우리는 마르크스가 대립되는 노예와 수공업을 동일한 원인에업무들의 전문화 귀속시킨다는 점에 주목한다.

농업적 환경에서는 기술 발전이 거의 없고 농민들은 주인에게 의존한 채로 있다. 그러나 주인은 노예들에 의해 이루어지는 노동이 농민들에 의한 노동보다 더 빈약한 노동이었다는 점을 알고 있다. 더욱더 잘 생산하려면, 노동자는 노동에 대한 흥미를 가져야 한다. 즉, 중요한 것은 노동자가 자신의 고유한 생산에 참여하는 것이다. 농업적 환경에 적용된 이러한 결론은 수공업에서 발생하는 것을 관찰한 부분에 의존한다. 우리는 이러한 노예들의 부분적 해방, 즉 일부 노동력 해방을 확인할 수 있다.

이것은 노예제가 농노제로 변형된 것을 말한다. 주인은 더 이상 농노serf의 인격 전체에 대한 소유주가 아니다. 그는 정치적 권력으로 만족한다.

이 체제는 다음의 세 가지 요인의 결합에 의해 특징지어 진다.

– 노예 출신의 자유 농노 탄생.

– 다른 노예들의 농노화.

– 주인이 영주seigneur가 되고, 정치·경제권을 소지.

영주는 땅, 특히 생산 도구에 대해 특빌 권력을 유지한다.

농업 활동은 영주의 정치적 힘과 연결된다. 수공업 생산은 상대적으로 독립적이지만, 주변적인 것이며 사회 속에 실제적 자리를 두지 못했다. 기술적 성장은 영주의 후견에서 벗어난 수공업 영역에서 거의 절대적으로 지속되고 실행된다. 영주의 권력은 일차적으로 정치권력이다. 즉, 영주는 실제로 수공업자들에 비해 경제적 권리보다 정치적 권리를 더 많이 가진다. 기술 수단들은 점차 정교해지고 생산성을 갖춘다. 한 사람의 수공업자가 홀로 노동할 가능성은 점차 줄어든다. 수공업의 현저한 감소가 나타난다. 이와 평행하게 수공업 생산 도구들과 상업의 발달을 얻도록 하는 자본 집중 현상이 존재한다. 이러한 경제 발전에 상응하여 부르주아들의 사회적 범주가 등장한다. 이들의 경제력은 정치 지평을 향한 진출로를 모색할 것이며 영주들의 권력과 마찰을 빚을 것이다.

체제 내부에서 자본주의 체제가 출현한다.

4.4.4. 자본주의 체제

어떤 발전 단계에 도달한 상업적 수공업 체제는 자신이 배치하는 제한된 노동의 가능성들로는 더 이상 만족하지 못한다. 기술 도구는 또 다른 노동자들을 요구한다. 기술 진보에 의해 수공업 체제는 지나가게 된다. 수공업자는 영주 지배 아래 있는 무수한 노동자에게 호소해야만 한다. 수공업자들의 관심과 영주들의 관심 사이에 대립이 존재한다. 수공업을 향해 가면서, 농노는 자신의 조건을 잃고 노동자가 된다. 이는 노예제로 다시 전락하는 것이 아니다. 왜냐하면, 기술 부속기기는 노예제에서 요구되지 않았던 더욱 숙련된 노동자, 지성, 인간적 발전을 필요로 하기 때문이다. 수공업자들의 권위 아래로 넘어온 농노들은 자유인이 된다. 노동하는 인간에 대한 소유는 사라진다. 영주의 정치 지배도 더 이상 없다. 법적 지평에서 이 단계는 하나의 진보로 나타날 수 있었다. 그러나 노동력, 그것은 인간의 삶 전체이다. 진보적 해방은 허위의식의 성장일 뿐이다. 생산자인 인간은 항상 생산 수단들을 박탈당한다. 인간은 생존을 위해 소외시킨 자기 노동력의 소유자이다.

기술적인 것은 발전을 지속한다. 기술적 성장은 체제 속에 모순들을 생산한다.

모순의 첫 번째는 다음과 같다. 곧, 기술 개선으로 말미암아 생산은 증가하고 가격은 하락한다. 약간의 이익으로 상품들을 생산하는 소수 경쟁 기업들은 사라진다. 기업의 전全 범주에서 일어나는 파손이 소수의 소유주들을 강타한다. 그들은 프롤레타리아가 되며 더 이상 완성품을 구매할 어떠한 자원도 갖고 있지 않다. 어떤 소유주도 자신의 소비를 증가시킬 수 없다. 따라서 초과생산에 따른 위기가 반드시 온다. 자본주의 사회가 자신의 생산을 발전시킬수록, 그 사회의 소비 가능성은 점차 제한된다.

마르크스는 모순의 다른 근원을 구별한다. 프롤레타리아의 증가는 점차 많은 수의 노동자를 고용하는 기업들의 성장을 수반한다. 인구 집중이 생산 수단들의 집중을 가져온다. 자본주의 기업의 특징은 바로 협동 방식으로 집단 노동을 수행하도록 노동자들을 학습시켰던 것이다. 각각의 노동자는 "집단 노동"의 한 요소가 된다. 노동자들의 노동을 조직화하는 일은 노동 단계를 넘어서는 하나의 기구를 함축한다. 노동을 조직화하는 일은 노동자들의 삶과 노동 계급을 조직하는 일이다. 노동자들의 이러한 사회화는 생산 수단들에 대한 엄격한 사적 점유를 긍정하는 것과 더불어 모순 상황으로 들어간다.

우리는 한편에서 성장과 노동자 계급의 조직화를 보고, 다른 한편에서 자본의 성장과 그것이 소수의 손에 집중되는 것을 목격한다. 자본주의는 자신의 고유한 형식 내에서 발전함과 동시에 자기 죽음을 준비한다. 우리는 새로운 단계의 여명黎明기에 있다.

이 네 가지 단계는 모든 사회에서 필연적으로 재생산된다. 어떠한 단계도 피할 수 없는 필연적 단계들이다. 각각의 단계는 다음 단계를 위해 반드시 필요하다.

*"사적 소유의 모든 결과물을 위해 중상주의mercantilisme는 전복되어야할 필요가 있었다. 따라서 자본주의의 실제적 특성을 증명하도록 소유 이론은 순수 경험주의의 길과 결별하고 학문적 특성을 취할 필요가 있었다…."「자본론」

각 단계는 그 단계를 넘어가는 일이 가능하려면 완성된 발전 상태에 도달했어야 한다.

4.4.5. 역사 전개의 고전 도식에 대한 대안

오랜 시간동안 그리고 최근까지, 위에서 기술된 4가지 측면들의 이러한 연속성은 서구 사회에 대한 기술만이 아닌, **역사**에 대한 일반 철학으로서 해석된다. 이 4단계는 문명사와 인간사 속에 필연적인 사슬로 나타난다. 그러나 게오르기 플레하노프는 마르크스주의자들 사이에 축적된 이견이 분출되어 서로 다투던 시기인 1910년 이래로 조화를 이루지 못하는 목소리들에 관해 말했다. 그는 당대 마르크스주의자들에게 별로 다루어지지 않은 문서이며 마르크스가 니콜라스 미하일로프스키Nicolas Mikhaïlovski에게 보냈고, 사후에 편집된 문서인『정치경제학 비판을 위하여』에 입각해 있었다. 플레하노프는 4단계의 연속성은 오직 서구에서 만들어진 것에 대한 설명이었을 뿐이라고 주장했다. 인용된 편지에서 마르크스는 엥겔스와 자신의 노동은 서유럽에서 자본주의 발생에 대해 설명하기를 원했다고 주장했다. 쟁점은 사회의 전체적 행보를 설명하고자 연구했던 "역사─철학적" 이론이 아니다. 중요한 것은 유럽 자본주의에 역행하는 설명이며, 또한 시대를 거슬러 올라가며 여러 설명들 사이에 있는 연쇄적 관계를 설명하는 일이다.

더욱이 마르크스는 그가 기술하는 과정 역시 의무적인 하나의 과정이라고 말한다. 특히『자본론』에서 마르크스는 어느 한 단계를 회피하고 도약할 수 없다는 것을 주장한다.62)

플레하노프는 사물들을 다음과 같이 해석한다. 그는 서유럽에서 나온 이러한 사건들이 시작된 순간부터, 다양한 단계들의 연쇄는 필연적이라

---

62) 이 책 I장, 4.4.4. "자본주의 체제" 111쪽에 인용된『자본론』의 내용을 보라.

고 해석한다. 숙명적이지 않은 것은 원시 공산제 사회에서 노예제 사회로의 이행이다. 하나의 역사적 과정이 시작되면, 우리는 그 과정을 바꾸는 것이나 하나의 단계를 건너뛰는 것을 희망할 수 없다. 따라서 그 자체로 놓고 보면, 노예제 사회는 불가피한 것은 아니었다.

이러한 해석은 완전히 사라졌고, 과거 레닌의 스승이었던 플레하노프는 모든 이데올로기적 책임에서 멀어지게 되었다.63) 제2차 세계대전 이후, 저개발 국가들이 사회주의로 직행하고자 – 쿠바의 모습에서 – 했을때, 새로운 질문이 제기되었다. 이때, 공산주의 운동은 1900년대 플레하노프의 해석을 호출하였다.

이는 시대와 사건들에 따라 마르크스를 해석하는 작업 주변에 존재하는 시각차를 보여주는 중요한 사례이다.

사회 계급의 영역에서, 또한 마르크스 사상의 해석에 관련된 중요하고 미묘한 차이들이 존재하는데, 그 해석은 **역사** 발전에 대한 이러한 물음에 관한 것이다.

『정치경제학 비판을 위하여』에서 마르크스는 계급투쟁 판별이 분명하지 않으며, 우리가 사회적 계급들 사이에 있는 갈등들의 부재를 확인하는 "정체" 시기가 존재한다는 것을 말한다. 예를 들어 로마제국 말기4세기에서 6세기까지이다. 지배 계급은 지배 역할 뿐 아니라, 오히려 퇴행적 역할도 맡는다. 즉 그 계급은 정치, 경제 등의 어떠한 발전도 일으키지 않는다.

게다가 마르크스는 계급투쟁은 피착취 계급의 이익에 대한 지배 계급

---

63) [역주] 게오르기 발렌티노비치 플레하노프 (1856–1918). 러시아의 마르크스주의 혁명 이론가이자 러시아 사민주의 운동 지도자이다. 혁명적 전위와 지식인의 역할을 강조했던 볼셰비키의 주장과 달리 국민적 대중 정당으로 혁명의 가닥을 잡은 멘셰비키의 입장을 지지했다. 또한 플레하노프는 역사 발전은 역사의 내재적, 자연적 법칙에 따라 단계를 거치면서 진행된다는 '객관주의'를 주장한다. 지나치리만큼 법칙성에 대해 강조한 그의 사상은 레닌 사상과 대립각을 이루었다.

의 실패로 표현되는 것이 아니라, 대립되는 두 계급의 파괴를 통해 이루어진다는 점을 거론한다. 그는 이러한 주장을 비잔틴에서의 갈등과 8세기 이탈리아 상황을 통해 그려낸다. 그러면서 실제 권력을 탈취하는 하나의 사회 계급은 아니지만, 점차 사회 계급으로 구성될 어떤 새로운 사회적 집단이 출현한다. 이 점에서 마르크스는 관료를 거론한다. 19세기에 관료는 사회 계급을 형성하지 않았다. 그러나 그들의 발전이 지속된다면, 그들은 권력을 장악하고 하나의 계급 형성에 이를 것이다. 마르크스와 토크빌만이 19세기 이래로 관료의 잠재성들을 간파했다.

4.4.6. 특수 사례 : 아시아적 생산양식

1960년 독일어판, 1966년 프랑스어판으로 편집되고, 모리스 고들리에Maurice Godelier와 앙리 르페브르Henri Lefebre의 부분적 연구 대상이 되었던 1859년의 한 수고는 다른 상황과 발전 가능성들을 기록한다. 그것은 마르크스가 "아시아적 생산양식"이라고 부르는 것이며, 기록된 발전 과정에 비추어 볼 때 비非정형적atypique인 사회 구성이다.

몇몇 사회는 4단계에 전혀 일치되지 않는 발전 양상을 보인다. 그 사회들은 자본주의로 나아갈 수 있고, 혹은 이전의 자본주의적 단계 없이 직접 사회주의로 나갈 수 있다.

그러한 사회는 토지 소유가 곧 공동체 전체의 소유라는 구조로 특징지어진다. 우리는 원시 공산제 사회에 근접한 셈이다. 각각의 인간이 공동체에 소속되어 있다는 것은 그들이 토지에서 소득을 얻기 위한 조건 자체이다. 이것은 일종의 공유이다. 따라서 노예제로의 발전이 막혀있고, 집단 노동에 머물러 있다.

이 체제에서는 정기적으로 동일한 경제적 잉여가 나타날 수 있다. 그러나 공동체의 생산은 시장에 맞춰져 있지 않다. 비록 일부 노동 분할이 나타나지만, 교환은 존재하지 않고, 공동의 것으로 두며 공동체 내에서 재화들을 분배한다.

우리는 새로운 유형의 지배가 출현하는 것을 목도하게 된다. 그것은 타자노예 상황의 노동력이나 자신의 이익 교환에서 부를 획득한 어느 한 개인의 지배가 아니라, 공동체 내에서 이루어지는 활동 요청에 의거하는 한 사람의 지배이다. 이러한 현상은 공동체가 집단적 노동을 집단 전체의 수준으로 조직해야 할 필요성과 대면했을 때 나타난다.

나일강 유역과 메소포타미아의 관개 사업이 이 현상의 두 가지 사례이다. 이러한 유형의 사회에서 사람들을 위한 토지와 경작물의 사용은 전체 공동체와 공동체를 다스리는 정치권력의 중개에 의해 일어난다. 이집트에서 그 문제는 공동체 집단의 발전과 더불어 제기되었다. 나일강 유역 이외에도, 전통적인 경작지이자 매년 홍수로 인해 범람하는 땅을 경작할 필요가 있었다. 이것은 중앙 조직을 필요로 하는 거대한 노동력을 요구한다. 이러한 활동을 조직하는 주요한 인물들은 관리들로 점철될 것이다. 마르크스는 이미 이러한 유형의 조직을 노예제, 봉건제 혹은 자본주의적 단계를 거치지 않은 하나의 국가라고 부른다.

그러므로 이러한 유형은 사적소유 체제로 나타나지 않고도 구성 가능한 하나의 국가를 향한 발전évolution을 보여줄 수 있다. 달리 말해서, 이러한 조직의 양태에서는 국가가 직접 농민 착취를 감행한다.

관리들은 공동체 권력의 표현일 뿐이다. 엄밀히 말해 사회 계급도 계급투쟁도 없다. 즉 모순도 없고, 역사 발전에 대한 기대도 없다. 따라서 사회는 변하지 않는다. 자율적 혹은 세습적 채용으로 관리들이 특권 집단화 된다면 그 사회는 발전할 수 있다. 노동과 노동 조직에 의해 허용된 생산 잉여물도 사적 점유의 기회를 줄 수 있다. 이를테면, 새로운 경작지를 관료들에게만 분배하는 일 같은 것이다. 따라서 전체 공동체 구조와 관료 계급 사이에 하나의 모순이 출현한다. 이 모순은 노예제 사회를 거치지 않고 봉건주의로 나아갈 수 있으며, 다른 두 단계를 뛰어 넘어감으로 상품 자본주의를 볼 수 있다.

4.4.7. 사회주의 시기

이 사회주의 사회는 마르크스에 의해 설명된 것이 아니다.

이것이 설명될 수 없는 것은 변증법이 단순한 지적 작동기제가 아니기 때문이다. 이것은 **역사**의 현실이며, 따라서 무수한 요소의 상호작용을 통한 복합적 산물이다. 사회주의 사회는 **역사**의 변증법적 운동의 산물이다. 이 운동이 단순한 하나의 사유였다면, 우리는 그것을 상상할 수 있을 것이지만, 변증법은 현실성 그 자체이다. 결합 가능한 것들의 다양성으로 말미암아, 사회주의 사회를 향한 결합을 정확하게 예견하는 일은 어렵다. 이러한 사회의 출현은 인간의 독립적 행동을 가정한다. 따라서 어떠한 설명도 가능하지 않다. 소련, 중국 혹은 쿠바도 사회주의 사회의 모델이 될 수 없다. 상황에 미리 주어진 것들의 변증법적 결합 가능성만큼 역사적으로 가능한 모델들이 존재한다.

그럼에도, 우리는 서유럽에서 자본주의 사회를 취하고, 그것이 발전하는 변증법적 운동을 추적할 수 있으며, 결국 짧은 기간수십 년에 걸쳐 개괄적으로 묘사된 변증법적 운동을 연장해 나갈 수 있다. 부정의 부정이 존재하는 한, 우리는 부정되어야 할 것과 재검토되어야 할 것을 알 수 있다.

인간 소외는 사라질 것이다. 자본주의 사회에서 인간 소외의 원인은 노동이 하나의 상품처럼 여겨지는 것에 있다. 사회주의 사회에서 노동은 더 이상 하나의 상품으로 여겨지지 않을 것이다. 생산 도구들을 사적으로 소유한 결과로 나타난 소외는 반드시 사라져야 한다.

이를 통해 우리는 결과적으로 착취와 계급투쟁의 종말을 도출할 수 있을 것이다. 이러한 사태에서, 우리는 인간과 인간의 화해에 이를 것이다. 각자가 자신의 '프락시스'를 되찾고 동시에 인간은 세계와 자연과 화해될 것이기 때문에, 허위의식은 사라질 것이다.

*"세계는 자기 내부의 부요함이 피어날 자유로운 힘들의 활동 장소가 될 것이며, 조직되지 않은 인간의 몸이 될 것이다."

인간은 더 이상 타자와의 갈등 속에 있지 않을 것이다. 또한 정치적 지배 형식들과 국가는 사라져야만 한다. 그러므로 국가 소멸 혹은 국가 소멸 과정에 대한 물음이 제기된다. 우리가 효용과 필요를 더 잘 이해하는 단계들에 대하여 오래 이어지는 지식들, 특별히 과학적이고 기술적인 지식들을 전적으로 보존하고 통합하면서, 일종의 원시 공동체엥겔스에 의해 발전될 측면에 이를 것이다.

이것이 서유럽 자본주의에 주어진 것들에서 우리가 정식화할 수 있는 가설들이다. 그러나 역사 변증법의 오류 가능성을 증명할 수 있을 모델의 실현을 위해 혁명적 과정을 시작하는 것이 쟁점은 아니다. 역사 변증법 운동은 하나의 의지의 결과가 아닌 여러 요인의 산물이 되어야 한다.

예를 들어 푸리에[64] 가 위험을 무릅쓰고 한 전망들과 반대로, 마르크스는 어떤 이데올로기적 설명이 아닌 변증법적 고찰을 제안하려고 한다.

사회주의 시대에 대한 이러한 전망은 중요한 관찰이라고 말할 만하다.

마르크스는 이전 시기에 두 계급의 대립에 관해 강하게 주장했다. 사

---

64) [역주] 프랑수아 마리 샤를 푸리에(François Marie Charle Fourier, 1772-1837). 프랑스의 사회주의자. 마르크스와 엥겔스에 의해 소위 '공상적 사회주의자' 로 불리는 인물이다. 집단소유를 통한 공동 조합 제도이자 생활 공동체인 팔랑스테르(phalanstère)를 구상하기도 했다.

회주의 시대 속에, 그는 거기서 인간의 통합과 자연의 통합을 취할 것이다. 그러나 더 이상의 모순이 존재하지 않는다면, 변증법도 더 이상 존재하지 않을 것이며 따라서 **역사**도 더 이상 존재하지 않을 것이다… 무슨 일이 일어나는가?

마르크스는 "인류는 자신의 전역사前歷史를 인식했을 뿐이며, 자신의 **역사**를 인식하기 시작할 것이다"라고 말했다. 이것은 결코 변하지 않는다. 우리는 변증법적 운동이 지속되며 모순들이 소멸하여 사라진 **역사**를 생각할 뿐이다. 따라서 사회주의 단계는 최종 단계가 아니다. 사회주의는 하나의 상대적 단계일 뿐이다. 인간이 자신의 본질을 회복할 것이라는 것과 자연과 더불어 인간이 하나가 되는 것을 발견한다는 것은 사실적이지 않다.

이 주제에 관하여, 베른슈타인은 중요한 것은 사회주의가 아니며, 사회주의에 이르려는 운동이라고 주장한다. 그의 견해는 당대 여러 마르크스주의 사상가들65) 에 의해 비난을 받는다.66)

---

65) [역주] 대표적으로 칼 카우츠키와 로자 룩셈부르크.
66) 자끄 엘륄의 강좌인 『마르크스의 후계자』(대장간, 출간예정)를 보라.

Ⅱ. 마르크스의 경제 사상

1. 서 론

마르크스의 경제 분석은 당대 정치경제학을 목표로 할 뿐이다.

마르크스는 자유주의 경제학자들의 정치경제학의 가치를 알고 있다. 그러나 마르크스는 두 기지 관점에서 자유주의 경제학자들의 정치경제학의 불충분성을 고찰한다.

첫째로, 경제 현상 분석에 있어, 자유주의 경제학자들은 어떤 “변수”와 인간에 대한 추상을 제작하는 일에 경도되었다.

둘째로, 경제학은 경제 법칙들을 진술하지만, “왜” 그런가에 관해 말하지 않는다. 또한 경제학은 그에 대한 설명도 제시하지 않는다. 고전 경제학자들은 그것을 “정태靜態적” 학문으로 여겼다.

마르크스가 도출해 낸 분석은 아래 제시될 내용의 어떠한 측면도 무시하지 않는다.

첫째로, 고전주의자들은 단순한 규정들과 더불어 단순 개념들을 주장했다. 마르크스는 동일한 개념들에 대한 분석을 가장 멀리한다.

둘째로, 고전주의자들은 모든 개념들을 분리시켜 연구 대상을 제작했고 생산, 화폐 등, 그에 대한 “맥없는” 분석을 시도했다. 이에 반해 마르크스는 이 개념들을 상호 관계 속에 놓았고, 그것의 독립성과 각 개념들의 상호 연동連動 방식을 연구한다. 이러한 방식은 마르크스의 역사적이고 변증법적 개념들에 상응하는 것이다. 동시에 이것은 마르크스를 파악하고 이해하는 데 가장 어려운 부분이기도 하다.

마르크스에게 경제학의 대상은 사적 소유 체제 틀 내부의 노동 분석과 연관된다.

그의 위대한 경제학 관련 저서는 5권이다.

첫째, 『1844년 경제학-철학 수고』*Manuscrits de 1844* 우리가 이미 분석한 것이며, 어떤 작가들은 철학적 저작으로 더 많이 분류한다.

둘째, 『임금 노동과 자본』*Travail salarié et capital* 1849.

셋째, 1857-1858년경에 작성되어 주로 "그룬트리세"*Grundrisse*라는 이름으로 인용되는 『정치경제학 비판 요강』*Fondements de la critique de l'économique politique*.

넷째, 『정치경제학 비판을 위하여』*Contribution à la critique de l'économie politique* 1859.

마지막으로, 『자본론』*Le Capital*이다. 이 저서의 출판은 1867년에 시작되었다. 1권은 마르크스가 완성하였고, 역시 마르크스가 저술한 2권은 그의 사후에 출판되었다. 3권은 마르크스가 남긴 단편들에서 엥겔스가 구성한 것이며 1885년 출판되었다.

따라서 우리는 『자본론』에서 마르크스에 의해 도출된 논증과의 분명한 연계 지점들을 재추적할 수 있다.

1권에서 마르크스는 자본의 생산 과정을 연구한다. '부는 어디서 오는가?' 마르크스는 노동이 가치를 측정하며, 그것이 자본에 선행했다고 보는 경제학자들의 답변들과 거리를 둔다. 또한 그는 노동은 노동을 공급하는 자본을 부요하게 만들지 않는다는 것을 확증했다. 자본주의 체제에서 노동은 다른 것들과 마찬가지로 하나의 상업적 행위이며, 이러한 노동력은 자신이 소비하지 않는 가치보다 더 많은 가치를 생산한다.

따라서 자본가의 부는 소유주와 노동자 사이에 있는 교환의 일반적 결과이다.

2권에서 마르크스는 자본의 순환 과정을 분석한다. 내적으로 기업, 외적으로 기업들 간의 관계 혹은 소비자와 연계

마르크스는 이 도식에 세 가지 특징을 부여한다.

첫째, 자본주의적 축적은 멈추지 않는다.

둘째, 자본의 집중은 변함없다.

셋째, 내적 순환과 외적 순환 사이에 모순이 존재한다.

자본주의자들은 자본의 최대 사용 가능성을 연구한다. 가장 큰 효율성을 갖고 기능하려면, 자본주의는 몇 가지 규칙과 법에 복종해야만 하고, 아나키즘 운동들을 상쇄시키려면 몇 가지 관점에 따라야 한다. 특별히 은행 체계와 신용은 그러한 연대連帶의 일면을 보여준다.

3권은 자본주의적 생산의 통일 과정을 그린다.

마르크스는 자본주의 사회에 있는 집단에서 잉여가치를plus-value 평가하고자 한다. 그는 '이윤율 저하 경향 법칙' la loi de la baisse tendancielle du taux de profit을 설명한다. 이러한 전반적인 평가 가운데, 마르크스는 자본가와 노동자, 상인과 관리라는 또 다른 관계들을 이해하도록 한다.

마르크스의 경제 사상은 네 가지의 전반적 고찰에 따라 자리를 잡는다.

우리는 다음과 같이 생각하는 경향이 있다. 곧, 마르크스 사상에서 정치경제가 일종의 주도권을 가졌고, 마르크스가 정치경제를 연구했다는 것은 마르크스 자신이 정치경제학이 근본적이라 여겼기 때문이었을 것이라는 생각이다. 그러나 이것은 정확하지 않다. 마르크스에게 정치경제학은 하나의 상대적 가치를 가질 뿐이다. 만일 그가 이러한 측면에 대한 강조점을 도출했다면, 그것은 정치경제학을 전문적 관심사로 생각하고 경제 활동을 부차적으로 생각했던 19세기 지성인 집단에 대한 반응일 것이다. 이러한 주장에 관해 엥겔스는 다음과 같이 매우 분명하게 설명했다.

*때때로 사람들이 **역사**의 경제적 측면에서 기인하는 것보다 더 중요하지 않은 것에 밀착되어 있는 사실에 관한 책임을 짊어지고 있는 사람은 바로 마르크스와 나엥겔스다. 우리는 우리의 적수들에 대면하여, 결정 요소, 즉 최종 층위에 있는 것은 생산이라는 점을 강조했어야만 했다. 우리는 항상 시간, 장소, 기타 요인들에 정당성을 되돌려주는 상황을 찾지 않을지도 모른다.

현실 사회에서, 경제는 더 이상 규정적 요소가 아닐 것이다.67)

어찌되었든, 마르크스와 엥겔스는 자신들의 연구가 더욱 완벽하지 않으며, 시대 상황에 영향을 받았던 것으로 생각하는 것처럼 보인다. 정치경제는 더욱 넓은 체계의 요소들 가운데 하나이며 다른 요소들에 비해 더 많은 중요성을 부여해야 할 것이다.

경제 분석에서 마르크스는 불변적이고 무한한 경제를 그리는 고전주의자들이 다루지 않는 시간을 도입한다. 마르크스의 생각에 경제 법칙은 시종일관 일반적일 수도 없고, 추상적일 수도 없으며, 불안정할 수도 없다. 우리가 어떤 경제적 발전의 시기에서 다른 시기로 이행할 때, 정치경제는 또 다른 법칙들의 지배를 받는다. 따라서 우리는 자본주의 체제 연구에서 도출해내는 경제 법칙들을 고대 혹은 중세 정치경제에 적용할 수 없다.

#엥겔스에 따르면, "경제 법칙은 항상 동일한 법칙인 물리 법칙이나 화학 법칙과 비교할 수 없다. 경제 법칙은 생물학 법칙에 가깝다. 동일한 생물학적 현상은 다른 분야예를 들어 호흡 작용를 통과하면서 다양해진다. 동일한 경제 현상은 때때로 자본주의 경제 집단이나 봉건적 경제 집단에서 고려될 다양한 법칙에 종속된다."

---

67) 우리는 이러한 사유에 대한 무수한 언급을 엘륄의 저작들, 인터뷰와 물론 최근 저서에서도 발견한다. 그가 생각하기에, 물론 이것은 현대 사회 기능의 중심에 놓여 있는 기술과 "기술 체계"이다.

제반 구조 안에 있는 사회 유기적 기관들은 서로서로 다르다. 구조들이 변환될 때 법칙들도 상이해진다. 인간은 인간 삶의 조건들을 뒤따라가지 않는다. 마르크스는 이러한 의미에서 매우 멀리 벗어난다. 그는 한 사회의 인구 법칙은 해당 사회의 경제 구조에 종속되고, 따라서 우리가 사회적 단계를 바꿀 때, 인구 법칙이 변화한다고 말한다. 결국, 마르크스는 유일하고 영구적 경제 법칙이란 경제 체제의 탄생, 발전, 성취의 변증법적 법칙이라고 말하는데 이른다.

이런 관점에서 볼 때, 동일하게 출현하는 어떤 현상은 그것이 세계의 다양한 구조 안에 들어갈 때, 매우 다양한 형태로 현실 속에 존재하게 된다. 예를 들어, 소련에서 이윤은 사라지지 않으나, 소비에트 사회에서는 사라진다고 말할 것이다. 이익을 얻는 곳은 국가다. 이윤이 존재한다는 것은 외견상 동일한 현상이지만, 다양한 경제 법칙에 종속되는 다양한 경제 체제 속에서, 이윤은 자본주의 사회와 동일한 비판에 놓일 수 없다.

마르크스가 실행한 경제 분석은 특별히 당대 정치경제학이 지지하고, 특히 사적 소유에 의해 특성화된 정치경제에 관심을 두는 분석이다. 그는 일반적 정치경제학이나 이상적 정치경제학을 소개하는 것을 원하지 않았다. 마르크스는 어떤 것이 가장 가능성 있는 발전이 될 것인지에 대한 가치 평가와 정치적으로 선택할 수 있는 가능한 가장 좋은 방식을 찾고자 한다. 정치경제학은 하나의 선택과 결정에 대한 방향을 제시한다. 마르크스는 우리가 "참여하는" 정치경제학이라 말할 수 있을 정치경제학에 심혈을 기울인다.

때때로 마르크스는 물질적 소유의 중요성보다 더 큰 중요성을 이러저러한 경제적 사건에 부여한다. 왜냐하면, 마르크스는 이러한 사건을 경제의 변증법적 발전 속에서 확대되어야 하는 것으로 여기기 때문이다.

달리 말해, 변증법적 분석으로 마르크스는 자신에게 강제된 것처럼 나타나는 일련의 경제 현상을 축소시킬 것이다. 그는 변증법적 사유의 틀에서 당대 경제 분석을 새롭게 자리매김 한다.

마르크스는 경제 체제에 대한 연구가 완벽하고 철저한 형태를 갖추도록 노력을 기울인다. 이는 우리가 보통 그의 수기에서 "마르크스주의 경제"라고 부르는 두 가지 혹은 세 가지 지점보다 더 방대한 것이다. 마르크스는 모든 경제 현상에 대한 분석으로 나아갔다. 그는 경제적 현상에 대한 부분적 시각만 가졌던 당대의 경제학자들을 뛰어 넘어 더 멀리 나아간다.

2. 마르크스의 정치경제 제반 관점

2.1. 경제학

2.1.1. 자유주의 경제학자들의 정치경제에 대한 가치를 인정하는 마르크스

마르크스는 자유주의 경제학자들의 정치경제에 대한 가치를 인식한다. 그는 훌륭한 학문 방법으로 자유주의 경제학을 수용하며, 여러 부분에서 자유주의 경제학자들이 내놓은 결과들이 정확했음을 인정한다.

경제학은 인간에 대한 가장 중요 지점을 만드는 것들 중 하나이다. 이 학문은 어떤 상황에 대한 분석으로서는 정확하지만, 학문적 사실 확인으로서는 유리하지 않다. "경제학은 그 자신을 의식하게 된 경제이다." 본의 아니게 이것은 경제의 자본주의적 구조에 관해 드러내 주는 일종의 "부르주아" 학문이다. 자유주의 경제학자들은 단지 부의 문제들과 부의 배치 문제를 연구할 뿐이다. 그렇지만, 이러한 한계는 과학적으로 분석하는 경제학자들의 지적 결점에서 나오는 것이 아니다. 이 사회의 경제

활동은 실제로 부富라는 단 하나의 목표만을 가진다. 경제학은 당대 경제의 현실을 반영한다.68)

　　정치경제학에 대해 이러한 정의를 내리며, 자유주의 경제학자들은 부르주아 경제의 목표를 드러냈다. 부, 부의 생산 정치경제는 경제생활의 실제적 운동을 설명한다.

　　*"경제학은 근대 산업의 산물이다. 그러나 다른 한편으로, 그것은 이 산업 발전을 경축하는 것이고 그로부터 의식 능력을 만드는 것이다."

　　이러한 조건들에서, 마르크스는 고전 경제학자들이 실행한 경제 현상들에 관한 분석을 순수하고 단순하게 적용했다.

2.1.2. 마르크스의 문제 : 자유주의 정치경제학의 불충분성

　　마르크스의 시각에서 볼 때, 자유주의 정치경제학은 두 가지 점에서 불충분하다.

　　한편으로, 자유주의 정치경제학을 원하고 그것이 과학적이라는 범위 안에서, 이 경제학은 제반 학문처럼 활동했다. 즉 어떤 현상을 순수 상태에서 관찰하고자, 자유주의 경제학은 관찰을 흩어버릴 수 있을 다양한 요소를 도외시했다. 그렇다면, 우리가 제거한 "다양한 것"이란 무엇인가? 그것은 바로 생산자와 소비자의 성격을 인위적으로 환원시킨 인간이다. 경제학은 한 인간을 결코 인간으로서 고려하지 않았다. 이를테면, 인간은 하나의 노동자이다.

　　#"마르크스는 '리카르도와 스튜어트 밀의 놀라운 진보는 아담 스미스와

---

68) 경제 "잠재성"에 대한 엘륄의 사전 고찰들에 관해 다음 자료를 보라. 이 책 Ⅱ장, 2.2.1. "노동" 130쪽.

장-바티스트 세[69]의 바탕에서 일어난 것이다. 그 이유는 인간 실존이 상품들의 필연적 생산에 무관심하거나 유해하기 때문이라고 선언하기 때문이다'라고 말한다."

이 자유주의자들은 자신들의 체계 가장자리까지 가 버렸다. 고전주의적 정치경제학과 동일한 재료들과 전제들을 취할 때, 우리는 더 이상 고전주의 경제가 도출했던 것을 도출해낼 수 없었다.

따라서 마르크스는 인간을 제거하기 때문에 자유주의 정치경제는 불충분하다고 말한다. 결국, 항상 방법들과 더불어 무엇이 표면상 이 경제적 사유의 영향인가를 보아야 한다. 더 나아가려면, 경제적 순환 속에서 인간으로서의 인간을 복원하는 데 이르러야 한다. 우리는 마르크스가 답변하려는 질문들 가운데 하나에 이르렀다. 그 질문은 다음과 같다. 경제체제 속에 있는 인간은 어떤 조건들 가운데 인간 존재로서 복원될 수 있는가? 곧, 자본주의 세계에서 인간에 대해 이러한 환원을 유발한 요소들은 무엇인가?[70]

다른 한편, 마르크스는 이 경제학이 어떤 표면적 영역에 머무는데, 그 이유는 경제학자들이 경제 법칙들의 이유에 관한 질문을 제기하지 않기 때문이라고 생각한다.

---

*"정치경제학은 사적 소유라는 사실에서 출발한다. 그것은 우리에게 사적

69) [역주] 장-바티스트 세(Jean-Baptiste Say, 1767-1832). 프랑스의 경제학자. 자유주의 관점으로 경제 이론을 정식화하였으며, 자유 무역, 경쟁, 규제 철폐 등을 주장했다. 시장 전체를 두고 볼 때, 공급에 따라 자연스럽게 수요가 발생하기 때문에, 유효수요의 부족으로 인한 공급과잉이 발생하지 않아 시장은 항상 균형 상태를 유지한다(이른바 '세의 법칙' loi de Say)고 주장했다.

70) 기술로 말미암은 세계의 인간성 상실 문제는 엘륄 저서의 중심 주제이다. 1981년 엘륄은 빠뜨릭 샤스뜨네에게 다음과 같이 표현했다(1981년 9월 13일, 「르몽드」지에 실린 대담). "제가 제기했던 질문은 기술 도구들이 (지적, 도덕적 측면에서) 인간의 긍정적 발전을 가능하게 하는지를 알고자했던 것입니다. 오늘날 우리가 보는 것은 도처에 존재하는 개인, 인격에 대한 부정입니다."

소유 그 자체를 설명하지 않는다. 정치경제학이 설명하는 것은 법칙들의 가치를 가진 일반적이고 추상적인 공식들 가운데 있는 경제의 물질적 과정이다. 정치경제학은 자신의 고유 법칙을 이해하지 못한다."

고전주의 경제학자들은 경제학을 통계학, 동일하게 반복되는 현상 연구로 여겼다. 그러나 우리는 유한한 시간 속에서 정치경제를 생각할 수 있을 뿐이다. 따라서 마르크스는 자유주의 경제학만큼 정확하지만, 인간과 **역사**를 고려할만한 하나의 학문에 어떻게 다다를 수 있을지를 알고자 물음을 제기한다. 이러한 추상에 대하여 전진하지 않고서 어떻게 과학적일 수 있는가? 고전적 정치경제에서, 인간의 제거를 부추겼던 것을 연구해야 한다. 우리가 시대의 경제학이 자본주의 현실성을 드러냈던 것을 본 것처럼, 경제학이 인간을 배제한다는 사실은 학적 활동인가 아니면 현실에 대한 비의지적 반영인가?

사실, 우리가 인간을 제거했던 것은 경제적 현실 그 자체 단계에서 잘 일어나는 것이다. 따라서 1800년과 1860년 사이에 무엇이 '경제적 인간'에 인간을 환원시킨 요소들이었는가를 연구해야 한다. 이러한 요소들에 대한 의식을 갖기에 앞서, 정치경제 내에서 인간의 자리를 재발견해야 한다.

마르크스에게 이것은 19세기 과학적 정치경제학의 조건이다.

2.2. 경제학의 대상

경제학은 부의 창출에 대한 연구를 그 대상으로 한다. 마르크스는 "경제학의 가치는 경제생활의 원리가 노동이라는 것을 아는 것과 경제생활의 형성이 사적 소유라는 것을 아는데 있다"라고 강조한다. 경제적 현실을 이해하려면, 노동과 소유가 이러한 체제에서 존재하는 것을 해명해야 하고 이 둘의 관계를 이해해야 한다.

2.2.1. 노동

마르크스는 19세기 상황에서 노동의 본질무엇이 노동인가과 무엇이 노동이 되는가를 구별하고, 대조한다.71) 노동이란 무엇인가? 고전 경제학은 노동은 부의 원천이라고 말한다. 마르크스에게 이런 공식은 매우 불만족스러운 것처럼 보인다. 마르크스가 보기에 사물들은 더 복잡하게 구성되어 있다. 즉, 고전 경제학자들은 어떤 경제적 가치를 갖지 않은 노동이 존재하는 것을 생각하지 않았다. 마르크스는 노동에 앞서 나아갔던 경제학자들보다 더 진중하게 노동을 사고한다. 그리고 그는 인간의 삶과 노동을 분리할 수 없다고 본다.

본래 마르크스가 우리에게 우선적으로 말하려는 바는 노동은 인간 인격의 표현이라는 것이다. 그는 인간이 자신의 노동을 통해 대상을 생산

---

71) "노동"은 잡지 「신앙과 삶」1980년 4호의 주제이다. 이 잡지의 편집장이었던 자끄 엘륄은 노동에 대한 질문에 집중한 특별호의 서론과 결론에 해당하는 두 논문을 쓴다. 첫 번째 논문인 「성서에서 비-노동의 역사로」(De la Bible à l' histoire du non-travail)는 다음과 같은 몇 가지 역사적 관점을 보여준다. 그 관점은 "생명의 미세 기관"과 소비와 재생산의 정확한 비율에 토대를 두고 있는 경이로운 경제적 평형, 최대한의 경제적 노력에 의해 그 특징을 이루고 있는 전통 사회들과 대립되는 것이다. 그러한 전통 사회에서 "노동은 가벼운 것"이었다. 그러나 오늘날 산업 사회는 "그 기원에서부터 결여의 창조자"이며, 외면적으로 풍성해 보이지만, 결국 직접적 혹은 미래적 궁핍을 만드는 일에 이르게 된다. 다소 목가적이고, 과도한 것처럼 보이는 그 시각은 이미 알려진 엘륄의 주제들과 전반적으로 일치된다. 그리고 노동에 어떠한 도덕적 가치도 부여되지 않았던 인간의 삶에 대한 전통적 생각과 반대로, 우리 사회가 노동에 전적으로 헌신된 최초의 사회라는 생각에 이의를 제기하는 것은 어렵다. 마지막 논문인 「우리는 누구를 위하여, 무엇을 위하여 일하는가?」(Pour qui, pour quoi travaillons-nous?)는 노동에 대한 마르크스주의 분석에 따라 더욱 창조적인 개방성을 주장한다. 명시적으로 『요한계시록-움직이는 건축물』(대장간, 출간예정)과 『머리 둘 곳 없던 예수-대도시에 대한 성서적 의미』(황종대 역, 대장간, 2013)에 대한 그의 주석으로 되돌아가면서, 자끄 엘륄은 자신의 저작 전반에서 그것을 드러내고, 마르크스에 의해 일부 언표言表된 특징들을 재차 제거해 나가며 종말론적 시각에서 노동을 재정립한다. 결국, 바빌론에게 유효한 저주는 "노동이 완전히 특성을 바꿨고, 거기에는 더 이상 인간의 행복한 활동에 대한 자연적 표현이 존재하지 않으며, 노동은 권력, 지배, 부패, 유혹의 방법이 되었다"라는 사실에서 근본적 정당성을 확보한다. 신의 시각에서 볼 때, 인간의 손으로 만든 작품을 신성화하며, 불가피한 방향으로 인간을 몰아가는 이러한 노동은 언제나 기술 긍정적 가치 전부를 상실한 것이며, 비난받는 것이 당연하다.

할 때만, 참으로 자신이 존재한다고 설명한다. 그리고 생산된 대상은 인간의 개인성을 설명한다. 그것은 "인간의 대상적, 물질적 연장"이다. 이것은 인간에 대한 인간 개별 실존의 확신이자 타자들에 대한 매개이다.

또한 노동은 직접적인 생계 수단이다. 왜냐하면, 노동은 인간들의 무수한 욕구를 만족시키기 때문이다. 자본주의 세계에서, 노동은 생계의 간접 수단이다 인간은 자기 생활을 직접 돌보기 위해 사용가치를 생산하며 활동한다.

교환을 위한 물품들의 생산과 더불어, 우리는 개인 실존에 대한 확신과 마주하고 인류와 타자인격과 함께 우리는 노동 과정에 연계될 수 있다를 매개하게 된다. 노동은 인간들 사이에 실제적 연대를 만들고, 타인들과 더불어 이루어지는 노동과의 관계에 의해 인간 각자의 삶에 의미를 부여한다.

*"나의 생산품을 상대가 사용함으로 인해, 나는 다음과 같은 정신적 기쁨을 직접적으로 느낄 수 있을 것이다. 곧, 나의 노동을 통해 인간의 욕구를 만족시키고, 인간 본성을 실현하며, 다른 사람이 필요로 하는 물건을 공급하는 것에 대한 기쁨이다. 또한 나는 '너'와 '인류'를 매개하는 역할을 한다는 의식을 갖게 될 것이며, '너' 상대는 나를 상대방 자신의 고유한 존재를 채워주는 자이자 필요 부분으로 인식하고 느끼게 될 것이다. 또한 나는 상대방의 사랑 속에서와 마찬가지로 그의 정신 안에도 수용된다는 것을 의식하게 될 것이다. 나는 나의 개별적 출현이 '네' 상대 삶의 출현을 창조한다는 기쁨을 누릴 것이다. 달리 말해, 나의 개인적 행동으로 나의 참된 본성, 인간적 사회성을 실현하고 긍정하는 기쁨을 누릴 것이다". 『1844년 경제학—철학 수고』 72)

---

72) [역주] 엘륄은 마르크스의 저서를 그대로 인용하지 않고, 자신의 표현으로 구문을 재진술했다. 그러나 역자의 판단에 엘륄의 표현이 구어체에 가까운 관계로 문어체로 나타냈을 시 명료함과 생생함이 살아나지 않는다. 따라서 마르크스가 직접 기록한 부분을 엘륄과 대조하여 번역했음을 밝혀둔다. 참고. Karl MARX, *Œuvres II* (*Économie*), Paris, Éditions Gallimard [Bibliothèque de la pléiade], 1968, p. 33.

마르크스는 다음과 같은 상황에서 출발한다.

– 내가 어떤 물건을 생산하면 상대방은 그것을 사용한다.

– 나는 인간의 욕구를 충족시켰던 것에 만족한다.

– 나는 인간의 본질을 대상화했다. 왜냐하면, 나는 인간이 사용했던 어떤 물건을 만들었기 때문이다. 나의 주체적 활동의 결과가 인간의 대상적 욕구에 대한 대답이 되었다. 따라서 나는 인간 본질을 대상화했다. 그렇게 함으로써, **"너**상대방**에게 있어 나는 너 자신과 인류 사이의 매개자였다."** 생산은 동일자 자신을 표현하며 다른 사람에게 사용된다. 그러므로 그것은 어떤 관계를 만드는 것이다.

그 분석을 뒤바꾸면 다음과 같다.

#"너는 이 상품이 필요했고, 또한 나를 필요로 했다. 너에게 나는 무수한 다른 사람들 중 하나일 뿐이지만, 나는 매개자였다. 그러므로 나는 너에 의해 네 존재의 완성으로, 너 자신이 필요로 하는 부분으로 알려지고 느껴지게 된다. 너는 나의 욕구를 가졌기 때문에 나를 지나칠 수 없었다.
나는 없어서는 안 되는 존재가 되었다. 그렇다면, 나를 위한 결과는 무엇인가? 너의 사유와 행위 가운데 얻은 확신을 나로 알게 하라. 내 개인의 삶을 표명함으로, 나는 내 삶의 기능성을 되돌려 받았다. 따라서 너는 사회적 본질이 되어 나타났던 나의 인간적 본질을 확인했다."

나에게 재화를 생산하도록 하는 것은 '프락시스'였다. 이 재화를 사용하여, 상대너는 나와의 관계, 인류와의 관계로 들어가게 된다. 내가 생산한 것을 상대가 사용한다는 틀에서 볼 때, 나는 상대방의 삶에 필요하며, 상대 존재의 완성에 기여한다. 결과적으로, 평범한 방식으로 획득할 수 있는 소비재이지만, 소비자와 생산자 사이에 존재하는 선은 상대방의 사유와 사랑 속에 내가 실존한다는 것을 형성한다. 여기에 인간적 연대의 토대가 존재한다. 타자에 대한 사유와 사랑 속에서 내가 실존한다는 것을 아는 그 순간부터, 나는 내 존재 자체의 현실성 안에서 확실한 것으로 판명된다. 인간의 본질과 나의 사회적 본질은 바로 '우리' 라는 관계 속에서 설명된다.

나엘륄의 작업은 내가 동물과 얼마나 다르고, 인간 본질로 어떻게 나타나는가를 객관적 방법으로 드러내는 것이다. 인간에서 인간으로 또한 인간에서 인류로 가는 직접적 관계는 존재하지 않는다. 단지 '프락시스' 를 통한 간접적 관계만이 존재할 따름이다.

그러나 이것은 자본주의 사회에 전혀 존재하지 않는 것이다. 자본주의 사회에서 노동의 본질, 목적, 존재는 달리 형성된다. 노동, 이를테면 방금 마르크스가 설명한 노동은 부의 원천으로서 노동을 결정하는, 정치경제를 지칭하는 노동이 아니다. 노동은 우리가 고찰했던 여러 특징 가운데 어떤 것도 보여주지 않으며, 사유 재산에 종속되기 때문에 소외되어 있다. 마르크스에게 노동이란 바로 소외된 노동이다.

이제 노동은 인간의 욕구 만족을 목적으로 하지 않고, 최우선으로 사회적 욕구, 즉 추상적이고 일반화되는 어떤 것을 그 목적으로 한다. 게다가, 이러한 노동만이 유일한 가치 생산자이며, 부의 창조자이다. 따라서 더 이상 노동의 인간적 의미가 갖는 중요성은 없다. 노동의 대상에 대해서는 무관심하며, 전적으로 관심을 두는 것은 생산량과 우리가 생산할 것들 사이에 과연 교환 가치가 있는가이다.

일차적으로 대상들은 소비 대상이 아니다. 그것들은 상품이다. 경제가 더 발전할수록, 노동은 더욱 왜곡된다. 만일 그렇다면, 노동과 소비자 사이에 사적 소유라는 새로운 개념이 개입되었기 때문일 것이다.

생산자와 소비자는 둘 다 익명의 누군가가 된다. 이 둘 사이에 어떠한 관계도 존재하지 않는다. 자본주의는 노동의 현실을 파괴하는 하나의 경제 구조이다. 노동은 사적 소유와 연결되기 때문에 소외된다. 노동의 목적은 더 이상 나 자신을 두르고 있는 인간들에게 인간적으로 사용되는 물건들을 생산하는 것이 아니다. 노동은 사적 소유 체제 안으로 들어가는 물건들을 생산한다. 즉, 상품들을 생산한다. 경제가 진보할수록 노동의 대상은 인간의 욕구에 따라 결정되지 않고, 사회적 욕구에 따라 결정된다. 우리는 실제로 인간이 원하는 것에 관해 고려하는 것이 아니라 사회적 욕구의 기능인간 욕구의 차이으로 가장 쉽게 구매할 수 있는 것에 관해 고려한다.

그러므로 노동은 완전히 추상화되고 자신의 존재이유에 역행하게 되었다.

그러나 이 지점에서 하나의 문제가 제기된다. 마르크스가 노동의 본질을 정의할 때, 우리는 우리 자신이 역사적 분석의 현실에 놓여 있는지 알 수 없다. 곧, 원시 사회에서의 노동은 바로 위에서 말한 것과 같이 존재할 것이다. 이처럼 우리는 마르크스가 다음과 같이 말하는 틀에서 노동을 이해할 수 있다. 즉 노동은 이전 시대에 전제된 것이나 노동 자신의 본질과 달라졌고, 우리는 좋은 야생bon sauvage 신화를 다시 발견한다는 것이다. 만일 그렇지 않다면, 마르크스기 노동의 본질에 관해 말할 때, 그는 우리에게 "존재의 의무"에 이르려하는 대상을 소개하지 않았을 것이다. 이와 같이 노동은 "존재했어야" 한다. 혹 그렇지 않으면, "노동은 자신이 존재해야만 하는 것에 현실적으로 대립된다".

그러나 사정이 어떻든지, 일반적으로 노동은 부를 만드는 하나의 수단이다. 노동은 사용가치의 생산을 멈춘다. 그러나 단순하게 상품들을 생산한다. 그리고 이러한 상황은 부르주아 자본주의 속에서 매우 높은 위치를 점하게 된다.

노동에 대한 추상이 실천 진리가 된다.

여기서 우리는 우리가 이미 보았던 것을 다시 발견한다. 곧 경제학은 노동에 추상적 현실을 만들었고, 노동은 어떤 것과도 상관없이 부의 생산자가 될 뿐이다. 이것은 그 유명한 국민총생산(PNB) 73) 과 같다. 즉, 당신은 무엇이든지 생산한다. 폭탄이나 핑크색 젤라나 그것은 비슷하다고 말하는 국민총생산 속에 모든 것이 들어간다

그리고 우리는 부르주아 사회가 다음과 같이 기술된 사회에 잘 적응된 경제를 만들었기 때문에 이론가들이 현실을 말하도록 해야 한다는 것을 본다. 즉, 고전주의 경제학자들에게 존재하지 않았던 것은 부르주아 사회의 구체적 현실 그 자체가 되는 경제적 관점을 고찰하도록 하는 개념이었다.

또한 이것은 매우 중요하다. 왜냐하면, 우리가 경제적 연구, 계량 경제학 économétrie 등으로 더 나아가려 할수록, 모든 것이 더욱 추상화되기 때문이다. 만일 마르크스가 옳다면, 우리가 살고 있는 것은 점차 추상화되고, 우리는 칠판이 아닌 실재와 하나의 순수 수학적 세계에 들어와 있다고 말할 수 있을 것이다. 이것은 정확히 마르크스 사상과 연결된다.74)

2.2.2. 사적 소유

여기서 우리는 법적 관점에서 나오는 사적 소유를 정의하지도 않을 것이고, 사적 소유의 역사를 기술하지도 않을 것이다. 우리는 어떻게 이런

---

73) [역주] 프랑스어 Produit National Brut의 약자이다. 영어의 Gross National Product(GNP)에 해당한다.

74) 우리는 엘륄의 "마르크스 사상"에 대한 강좌가 마지막으로 이루어진 해가 1979년이었다는 것을 말해둔다. 당시 우리는 "신 경제"나 가상 세계에 관해 말하지 않았고, 더욱이 미래에 광범위하게 나타나게 될 정보 경제는 극소수의 연구 대상에 지나지 않았다.

사적 소유가 경제의 형식으로 존재하는가를 볼 것이다.

이러한 정식을 설명하려면, 우선 마르크스가 구분한 객관적 사적 소유
와 주관적 사적 소유를 설명해야 한다.

사적 소유는 객관화대상화에서 출발했다. 그것은 인간의 행위가 어떻
든 간에, 인간에게서 독립적으로 존재하는 대상들에 의해 지탱된다. 이
러한 사적 소유는 지상에서 하나의 모델을 발견한다.

이 객관화된 사적 소유에는 어떠한 중요성도 없다. 사적 소유가 대상
들 위에 지탱되는 한그리고 이러한 이유로 사적 소유가 객관적으로 평가되는 한, 아
무것도 소유하지 않은 자들은 가난하지만, 그들은 소외되지 않았다.

주관적 사적 소유는 일차적 경제 활동이 상품들을 만들지 않았으나,
사용할 사람들의 수手작업을 넘어서는 인위적기계적 상품들이 탄생하는
순간부터 존재한다. 그러므로 수유는 산업 재화들인 노동 생산물에 의
해 지지된다. 노동 점유가 존재하는 영역에서 사적 소유는 인간 소외와
부의 재생산이라는 자기 역할을 충분히 수행한다. 인간의 생산품이 되는
산업 생산품, 사적 소유는 그것이 상인의 매개를 통해 생산하는 주체를
포함한다는이것은 마르크스가 얼마나 사적 소유를 "주관적"으로 평가하는지를 보여준
다 범위에서 볼 때 주관적이다. **"소유의 주관적 경제는 노동이다."**

그러므로 경제학은 노동이 사적 소유의 원리라는 것을 당연히 받아들
인다. 현재의 모든 사적 소유의 본질은 노동이다. 이 지점에서, 소유는
인간 자체에 대한 지배권을 확립하고자 한다. 우리가 소유하는 것은 언

제나 인간에 대한 것이다. 사적 소유는 노동 생산물이 하나의 상품이라는 점을 내포한다. 이것은 항상 이러한 사적 소유를 지탱하는 상품 위에 존재한다. 그러나 상품은 노동 생산물로 남아 있다. 노동은 우리가 첫 번째 선으로 규정했던 것으로 머물러 있다. 상품은 소유에 인간의 삶을 함축한다.

노동자의 인격을 전유해야만 한다. 이러한 의미에서 다음과 같은 정식이 설명된다.

*"사적 소유는 소외된 인간의 삶과 자신의 움직임이 모든 인간 소외를 포함한다는 것을 설명한다."「정치경제학 비판 초록」

마르크스에게, 사적 소유의 운동은 생산-소비 기제이다. 인간은 단지 생산자와 소비자로 환원된다.

유산자와 무산자 사이의 대립은 그 자체로 무의미하다. 이러한 대립은 유산자와 무산자 단계보다 더 심오한 단계에서 파악되어야 한다. 우리는 그 대립을 자본과 노동의 대립, 노동 공급자와 자본 소지자 간의 대립으로 이해해야만 하며, 사적 소유의 주관적 본질, 즉 소유를 배제하는 노동으로 이해해야 한다. 그리고 이 수수께끼 같은 구절 중 한 구절에서 마르크스는 다음과 같이 명시적으로 쓴다.

*"노동은 소유를 배제하는 소유의 주관적 본질이며, 자본은 노동을 배제하는 객관적 노동이다."

"노동, 사적 소유의 주관적 본질": 만일 우리가 첫 번째 지점에서 규정한 실제적 노동을 포함하고, 노동이 인간에서 인간으로 가는 매개이며,

인간 본질로서 노동을 진지하게 수용한다면, 우리는 사적 소유를 제거할 의무가 있다. 노동이 소유를 배제한다는 의미에서 볼 때, 이 노동은 사적 소유의 배제이자, 사적 소유와의 근본적 대립이다. 노동 없이, 사적 소유는 존재하지 않지만, 더욱 깊은 의미에서 볼 때, 노동은 사적 소유를 부정한다.

노동이 사적 소유의 본질이 될 때, 노동이 자신의 생산 분야에 이익을 주지 않는다고 말하곤 한다. 달리 말하면, 노동은 소유 바깥에 위치한다.

거꾸로 말해, "자본은 배제된 노동이며, 대상화된 노동이다." 자본은 특별히 노동 생산물로 만들어졌으며, 현재 대상화혹은 객관화되어 있다. 왜냐하면, 생산자—소비자 관계가 사라졌기 때문이다. 이 자본은 노동의 배제로서 기능한다. 자본은 자기 존속을 위해 참 노동을 배제하고, 그것이 존재해야 하는 것과 다르게 참 노동을 거짓 노동으로 바꾼다.75)

자본과 노동 사이의 바로 이 갈등이 사적 소유 체제이다.

*"극단적인 것에까지 압력이 가해진 이러한 대립의 형식인 소유 체제는 모순에 대한 해법으로 이끌어가는 활력 있는 형태 속에 존재한다."

이것이 의미하는 바, 이러한 갈등 상황은 지속될 수 없으며 그 상황이 극단적 지점에 이를 때 우리는 갈등에서 벗어나게 된다.

*"직접 감각할 수 있는 물질을 사적으로 소유하는 것은 소외된 인간 삶을 감각적으로 나타낼 수 있다는 물리적 표현이다."

---

75) 여기서 엘륄은 자신이 더 앞으로 나아가 두 가지 대안적 설명 사이에서 한 부분을 분명하게 취한다. 곧, 그가 자본주의 경제에서 노동에 관해 말할 때, 마르크스는 특별히 역사적 분석에서 자유로운지, 그리고 마르크스는 노동의 존재 이유에 대한 본질 개념을 겨냥하는지를 제시한다.

사적 소유의 운동은 모든 인간 소외를 포함하고 설명한다. 왜냐하면, 사적 소유는 단지 하나의 객관적 현상이 아니기 때문이다. 사적 소유는 주관적 인간 현상만큼 매우 중요하다.

만일, 우리가 있는 그대로 무산자와 유산자 사이의 대립을 생각한다면, 그 대립이 노동과 자본, 노동 공급자와 자본 소유자 사이의 대립으로 이해되지 않는 이상, 결코 어떠한 흥미도 가져다주지 못할 것이다.

노동이 없다면, 사적 소유도 없다. 깊은 의미에서 노동은 사적 소유를 부정한다.

역으로 말해보자. 자본은 하나의 객관화된대상화된 노동이지만, 이 자본은 노동의 배제로서만 존재한다. 우리는 사적 소유에서 나온 완전한 변증법적 모순에까지 밀려 난 노동-자본 대립과 마주한다.

*"경제적 관점에서 볼 때, 사적 소유는 자신의 해결 지점까지 사적 소유를 힘껏 밀고 있는 모순 그 자체에 의한 하나의 활력 넘치는 형태이다."

사적 소유의 본질 자체인 노동과 자본 사이의 이 관계는 우리에게 자본주의적인 것을 폭로한다. 자본주의는 추상적 자본과 자유 노동력이 마주보는 것이다.

자본주의 기제機制, 혹은 작동방식는 그 둘 사이의 교환에서 실현된다. 자본과 노동 사이의 이 교환이 자본주의 창조점이다. 노동은 그 자체로 하나의 사용 가치이지만, 자본은 결코 교환 가치 이외 다른 것이 아니다. 자본에 대한 노동의 종속 혹은 소외는 다음과 같은 결과를 야기한다. 곧 자본주의 법칙 위에서 노동을 나열함으로, 자본은 노동에 교환 가치를 만든다. "마르크스는 **자본, 그것은 노동의 교환 가치다**"라고 말한다.

우리가 자본과 노동 간의 이 교환을 고려한다면, 우리는 교환이 두 국면으로 전개되며, 형식적이고 연속적일 뿐 아니라 질적으로도 다르다는 점을 확인할 수 있다.

- 첫 번째 국면에서, 노동자는 어떤 교환 가치, 교환 가치 결정 금액에 대해 자신의 상품, 노동을 교환한다. 노동자는 사용가치가 있을 뿐이지만, 가격이 매겨진 자신의 상품을 내놓으며, 자본이 그를 양도하여 결정한 금액을 받는다.
- 두 번째 국면에서, 자본가는 노동, 가치 부여 행위와 가치 생산 활동을 받는다. 자본가는 생산력과 자본을 확대하는 재생산 능력을 얻는다.

이 두 국면은 질적으로 다르다. 하나는 사용 가치에서 교환 가치로의 환원이 존재하며, 다른 하나는 가치 축적을 위한 가치 생산력의 사용이 있다. 이 두 측면은 서로 다른 순간에 활용되는 것처럼 매우 다르다. 첫 번째 과정이것은 마르크스가 자주 사용하는 용어다은 두 번째 과정 실행 때 이루어진다. 다른 모든 생산 양식에서 자본주의 체제를 구별하는 일은 다음과 같다.

- 임금제란 자기 노동력을 판매하는 자유인들의 존재를 전제한다는 사실
- 그리고 어떤 사람들은 노동 생산물이 아닌 노동력을 살 것이라는 사실이다.

이것이 완벽한 자본주의의 특수성이다. 자유로운 인간 실존과 그들의 노동력 구매라는 이 두 요소의 결합이 없을 때 자본주의는 존재하지 않는다. 이 점은 더욱더 진척되어 나가며, 명확해지고 발전되었다.76)

---

76) 이 책 II장, 2.4. "마르크스가 보는 자본주의의 기원들" 144쪽을 보라.

2.3. 경제 현상의 통일성

마르크스는 외관상 진부해 보이는 방식으로 경제의 네 가지 영역을 구별한다. 그것은 생산, 분배, 교환, 소비이다.

'생산'에서, 사회의 구성원들은 인간적 욕구에 따라 자연의 산물들을 적응시킨다. 자연적 요소들이 주체화됨과 동시에 인간은 생산에서 객관화된다. 자연이 준 요소와 인간이 생산한 요소 사이에 상호 관계가 존재한다.

사회 속에서 '분배'는 전반적 방식을 규정하고, 개인이 전체 생산에 참여하는 비율을 결정한다. 여기서 마르크스는 고전적 정의와 다른 의미로 분배를 정의한다. 그에게 분배란 전체 생산물을 재분배하는 것을 뜻한다. 이 재분배는 권위적 방식과 사회적 법칙들에 따라 실행될 뿐 아니라, 일반 규칙들, 즉 사회가 그것에 따라 기능을 발휘하고 자유주의자들이 완벽하게 분석했던 일반 규칙들에 따라 실행된다. 이 규칙들은 생산과 소비 사이의 연결을 보장한다. 이것에 따라, 각 개인은 총생산품의 일부 비율을 받게 된다.

그것은 바로 각자가 받지만, 대상들물건들로 받지 않는 가치를 가졌고, 화폐 기호화된 생산품이다. 바로 '교환'이 가치에 대한 자신의 몫에 반하여 개인이 욕망하는 실제적이고 구체적인 상품을 획득하도록 한다. 각 개인은 교환으로 자신이 원하는 상품을 얻는다. 따라서 재분배는 개별적 욕구에 따라 실행되며, 극도로 불확실하다. 그리고 재분배는 욕구들에 달려 있다. 그러나 동시에 재분배는 사회적 운명, 상황적 운명 등에 종속되어 있다. 어떤 측면에서 이러한 교환은 생산을 규정한다. 왜냐하면, 개인들이 그러한 교환이나 범주, 대상의 성질을 요구하기 때문이다.

마지막으로, '소비'에서 생산품들은 개인 점유, 욕구 만족, 향유 등의 대상이 된다. 경제 순환의 큰 분리를 언급한 이후, 거기에 고전적 의미와 약간 다른 의미를 부여하면서, 마르크스는 특히 경제 체제의 통일성에 관해 주장한다. 요컨대, 경제 체제가 전반적으로 생산에 가져다주는 것을 증명하려고 통일성을 강조한다. 마르크스는 세 가지 정체성을 정의한다.

2.3.1. 생산과 소비의 관계

생산은 소비적이며, 생산적 소비라고 말할 수 있다. 마르크스는 이런 공식을 "직접적 동일성"identité immédiate이라고 불렀다.

- 각각의 생산은 타자에게 매개 구실을 한다. 달리 말하면, 소비의 매개 없이 생산의 성장은 없으며, 생산의 매개 없는 소비의 가능성도 존재하지 않는다.
- 소비는 생산품으로 현실화하면서 생산 활동을 완성한다. 그 이유는 소비가 이용 재화를 생산품으로 바꿀 뿐만 아니라 이 생산품을 흡수하기 때문이다. 소비가 생산의 최종 활동이다. 그러므로 소비는 생산 활동의 구성 요소이다.

생산은 주관적이고 객관적인 평면 위에서 직접적으로 소비한다.

생산을 통해 개인은 자신들의 능력을 발전시키지만, 동시에 그것을 종속시킨다. 개인은 자신의 생활력을 소비한다. 우리가 말하는 소비란 항상 대상상품에 대한 소비이다. 그러나 마르크스가 자신의 경제적 성찰 속에서 실현시키고자 계획한 이 방향 전환을 항상 마음에 간직해두어야 한다. 방향 전환이란 고전 경제학을 개조할 뿐만 아니라 경제체제 집단 속에 인간을 재차 끌어들이는 것을 말한다.

더욱이 인간은 생산하면서 자신이 사용하는 생산 수단들을 소비한다.

만일 생산이 상호적 소비라면, 소비는 또한 직접적 생산이다. 마르크스는 하나의 재화는 소비에서 단지 하나의 생산품이 되기 때문에 소비가 생산을 만든다고 말하면서 한 단계 더 나아간다. 재화 하나가 생산자와 다른 누군가에 의해 소비되지 않는 한, 생산자는 사용 가치를 갖지만, 그것은 순수하게 주관적인 사용 가치일 뿐이다. 오직 재화가 소비되는 그 순간부터 우리는 그 재화를 하나의 상품으로 간주할 수 있다.

　게다가 소비가 이루어질 때, 항상 새로운 생산물에 대한 욕구 창출이 일어난다. 이미 학습한 대로, 우리는 마르크스에게 인간 존재의 특별함이란 바로 존재자étant라는 것을 재차 확인한다. 인간 존재의 특별함이란 자신의 욕구에 이미 만족했으나, 자기 탑을 채울 새로운 욕구들의 출현을 느끼는 것을 말한다. 생산은 소비에 자신의 재료를 공급하지만, 또한 거기에 자신의 특별한 특성도 제공한다. 즉 우리는 생산된 것만 소비한다. 따라서 마르크스는 생산과 소비 각자는 직접 서로의 반대가 된다고 말할 수 있다. 즉 생산이 곧 소비**이고**, 소비가 곧 생산**이다.**

2.3.2. 생산과 분배의 관계

　생산물과 생산자는 직접적 관계에 있어야 한다. 그러나 사회가 복잡해지고, 노동 분화가 있을 때, 더불어 우리가 자본주의 체제 내에 존재할 때, 생산물과 생산자의 관계는 우발적이다.

　분배는 전적으로 사회적 관계들의 구조에 따라 결정되며, 생산 양식에서와 마찬가지로 생산 대상 안에 있는 생산 구조에 따라 결정되는 사회적 관계 그 자체에 의해 결정된다.

　생산에 참여하는 한 개인의 방법이 분배에 참여하는 개인 자신의 특수한 형태를 규정한다.

　마르크스는 복잡한 사회에서 생산물들의 분배에 앞서, 우선적으로 분배는 생산 도구들의 분배이며, 생산 분야들에 존재하는 사회 구성원에 대한 분배임을 망각하지 말 것을 강조한다.

분배 가능성은 생산의 역사적 배경이 된다.

2.3.3. 교환과 생산의 관계

활동들의 교환은 생산 내부 그 자체에 있고, 상품들의 교환은 가치 일반에 새로운 생산 순환을 가능하게 하는 어떠한 가치를 실현한다. 그러므로 우리가 분석에서 연결 짓지 않았던 네 가지 요소는 동일하지만, 각각의 요소는 통일체 내 한 부분이며, 통일체 내의 다양성을 표상한다. 네 가지 요소 중에서 하나는 다른 것들에 따라 결정되며, 그것은 바로 생산이다. 생산에서부터 각각의 경제 과정은 재출발한다.

위에서 언급한 생산이 분배와 소비를 규정하고, 소비와 분배 구조 그 자체가 생산 양식에 의해 규정된다는 것은 단지 일반적 규칙이라고 말할 수 없다.

2.4. 마르크스가 보는 자본주의의 기원

중요한 것은 마르크스가 자본주의의 기원 혹은 탄생을 어떻게 설명하는가이다.

마르크스에게서 반드시 다루어야 하는 2가지 요소가 있는데, 첫째로, 시장에는 자유로운 노동자, 즉 생산 체계에 통합되지 않고, 거기에 매이지 않는 자유로운 노동자가 존재해야 한다. 둘째로, 생산 수단들의 자유가 존재해야만 한다.

첫 번째 조건은 노동자들이 자유롭다는 것이다.

마르크스의 용어를 사용해서 말하자면, 우선 인간과 땅의 관계 분리, 혹은 다른 말로 관계 근절이 필요하다. 인간은 어떠한 땅과도 연결되지 않아야 한다. 그것은 문화적 선이나 경제적 선을 따라 연결되지 않는다.

인간과 노동 도구들 간의 관계 해체가 있어야만 한다. 자기에 대해, 그리고 자기를 위해, 인간이 노동 도구들을 소유하는 한, 인간은 우리가 말하는 자유노동자가 아니다. 그는 자신의 노동 도구들과 연관된다.

노동자가 생산과정에서 자신의 생존에 필요한 소비 도구들을 소유하는 것보다 더 많이 소유하는 것은 불가능하다. 노동자는 하나의 상품으로 귀착되는 노동 제반 과정에서 자신의 생존을 가능하게 하는 어떠한 저축금économies이나 부도 소유하지 말아야 한다. 생산품의 가치 창출 과정이 지속되는 동안, 노동자는 완전히 자신의 급여에만 의존해야 한다.

자유노동자는 이러한 조건들 바깥에 있지 않다. 우리는 "자유로운"이라는 말, 곧 자신의 인격적이고 유일한 실존으로 환원되는 이 말에 주어져야 하는 어떤 의미를 잘 보고 있다.77)

마지막으로, 노동자 자신이 생산 조건들의 일부분을 만드는 관계들이 해체되어야 한다. 노동자가 노예화될 때, 그는 더 이상 노동자가 아니며, 생산의 객관적 조건 일부분을 만드는 상황에 놓이게 된다.

요약하면, 노동자는 부르주아 권력에 기생하지 말아야 하며, 저축금이나 소비의 개인적 수단들이 없어야 하고, 생산 수단을 소유하지도 말아야 한다. 또한 노동자는 생산 과정에서 정치적 혹은 법적 선에 의해 동화되지 말아야 한다. 위 조건들78)이 효과를 발휘할 때, 우리는 자신의 노동

---

77) 이 모든 부분에서 엘륄은 "프롤레타리아"라는 고전적 용어를 단 1회도 사용하지 않는다.

78) 마르크스의 뒤를 이어, 무수한 경제 사가는 특별히 노동 조직화의 법적 혹은 사회적 구조들의 해체 현상(자발적이고, 조직화된)을 조명하며 자본주의 출현 조건들의 분석을 심화한다. 예를 들어, 칼 폴라니(Karl Polanyi)는 1944년 출판된 저서인 『거대한 전환』 *La Grande Transformation* (프랑스어 역본은 갈리마르 출판사에서 인문학 서적 시리즈로 1983년에 출판됨)에서 다음과 같이 말한다. "삶의 다른 활동들에서 노동을 분리하고 시장의 법칙에 복종시키는 일은 존재의 모든 형태를 파괴하는 것이며 다양하고, 세분화되어 있고, 개인적 조직 유형에 의해 그것이 대체되는 것이다. 이러한 해체 계획(편집자 강조)은 계약 자유의 원리를 적용함에 따라 매우 강력하게 제공되었다. 실제로 이 계획은 가족, 이웃, 직업, 종교에 기초하여 세워진 비계약적 조직들은 그것이 개인의 안정감을 요구했고, 결국 개인의 자유를 제한했기 때문에 청산되어야만 한다고 말하는 자리로 회귀했다." 또한 다음의 저서들을 참고하라. 자끄 엘륄, 『제도의 역사』(대장간, 출간 예정)와 최근에 출간된 Steven L. KAPLAN, *La Fin des corporations* (Fayard, 2000).

력을 판매하는 자유노동자를 확보하게 될 것이다.

이러한 자유노동의 변화와 병행하여, 우리는 소유의 변화를 목도한다.

자유노동자의 출현은 부의 원천으로 간주되는 토지 소유의 종말을 함축한다.

중농주의자의 개념에 따라 토지 소유가 부의 원천인 한, 노동자는 땅에 매이며, 생산 과정 속으로 통합된다. 자유노동자는 토지 소유가 더 이상 부의 생산 근원이 아니라고 여긴다.

동시에 그것은 노동 도구들을 개인이 점유하는 것의 종말을 뜻하기도 한다. 수공업이 사라지고, 한 개인이 생산 수단들을 점유하는 것은 더 이상 불가능하다. 이것은 하나의 집단이나 재력이 될 것이다.

이것은 결국 토지나 도구 점유에 관련되어 있던 생활필수품 소유에서 멀어지는 것이다.

농부는 연간 자신이 생산한 물품에 대해 계산해야 하며, 따라서 자신이 먹을 식량과 이듬 해 농사를 위한 비축물이 있어야 한다. 급여제 세계에서 상황은 전적으로 다르다. 급여생활자는 일당을 받는다.^{마르크스 시대에 이것은 매우 빈번한 일이었다} 그에게는 내일을 위한 생활비가 없다. 따라서 이것은 전적으로 상이한 소비재 소유 양식이다.

또한 이것은 사적 소유 자체의 변화이다.

그러므로 우리는 이중적으로 결합된 과정과 마주한다. 바로 자유노동자 출현과 생산 수단 해방이다. 왜냐하면, 이들은 위의 생산 수단들을 점유할 생산자가 아니기 때문이다.

바로 이러한 이중적 과정에서, 화폐 자본은 시장에서 자유노동과 자유로운 생산 수단, 즉 자본의 '존재 조건 자체'를 발견한다.

그러므로 자본 그 자체의 출현이 이루어진다.

자본주의가 존재하기 위한 돈의 축적이 존재한다는 설명은 사실상 불충분하다. 돈이 자본이 되려면 역사적 조건들이 필요하며, 노동이 자본을 생산하려면 노동은 임금노동이 되어야 한다.

마르크스는 자본주의에 귀착되는 노동과 자본 사이의 관계 형성에 4가지 기본 조건이 존재한다고 생각한다.

- 하나는 노동력, 주체적 노동력은 객관적 현실과 분리되어야만 한다는 것이다. 이것은 이미 "자유"노동자에 대한 분석에서 형성된 생각이다.
- 다른 하나는 우리는 물질화된 노동에서 결코 나오지 않는 추상적, 경제적 가치를 가졌다는 것이다. 사용가치의 축적은 노동력 보존을 목표로 만들어지는 상품들을 생산하는데 필요한 조건들을 공급할 목적 뿐 아니라, 초과 노동 곧, 항시 과도하게 노동하는 상황을 동화시키기 위해 중요한 것으로 취급되어야 한다. 이는 자본 재생산을 위한 필수이기 때문이다.
- 또한 가치에 토대를 둔 자유 교환 관계이며, 누구도 지배 혹은 복종의 관계가 되지 말아야 한다. 환언하면, 화폐 형태의 매개수단이 있어야만 한다. 우리는 타인의 노동을 독점할 수 없으며 교환, 화폐 매개가 중재 역할을 한다.
- 마지막으로, 독립 가치로서 노동의 객관적 조건들의 발전과 가치 형태를 취하는 것은 결과적으로 사용가치 창출이나 욕구 만족이라는 목적을 위해서일 뿐 아니라, 경제적 가치의 자동 인상, 즉 가치 재생산, 자본 무한 재창출이라는 목적을 위한 것이기도 하다.

따라서 마르크스는 자본주의 출현을 위해 역사적으로 존재했던 조건들을 **설명한다.**

그러나 우리는 그가 **설명하지** 않았다는 것에 유감을 표할 수 있다. 그는 확인하고 있으나, 우리는 이것이 왜 이처럼 일어났는가를 어디서도 찾아 볼 수 없다.

그는 이전 단계에서 자본주의적 단계로 이행하는 어떠한 역사적 필연
성도 드러내지 않는다. 마르크스가 특히 『정치경제학 비판 요강』에서 자
본주의는 단 한번 존재했을 뿐이라고 수차례 반복해서 말하기 때문에,
그가 이것을 완전히 식별했다고 말하기는 어렵다.

달리 말하면, 이러한 자본주의의 출현은 **역사** 법칙이 아닌 특이한 과
정이다. 자본주의 출현을 위한 금융자산이 존재한다고 말하는 것, 심지
어 이러한 부의 축적이 존재한다고 말하는 것 모두 불충분하다. 마르크
스는 우리가 고대 로마, 비잔틴, 여느 다른 역사적 시기에도 자본주의를
말할 수 없다고 재차 말한다. 즉 자본주의에 상응하는 단 하나의 시기와
단 하나의 장소가 있다면, 16세기를 기점으로 하는 유럽이다.

> 마르크스는 수많은 마르크스주의자보다 훨씬 명확하고 신중하다. 왜냐하
> 면, 이제껏 그들은 번번이 낭만적 자본주의에 관하여 말하고자 했기 때문이
> 다….

자본주의 출현을 위해서는 매우 분명하고 엄격한 조건들이 필요하다.
다른 조건들 속에서는 자본주의가 아닌, 또 다른 체제와 마주하게 될 것
이다.

따라서 마르크스의 관심은 원인이 아니라 단지 사건들의 전개에 있다.

이러한 비판적 관찰에서 우리는 마르크스가 자본주의의 기원 그 자체
를 발견하고자 했던 것이 아니라 산업 자본주의 기원을 알고자 연구했
고, 19세기 유럽에 존재했던 자본주의에 문제 제기를 했을 뿐이라고 대
답했다.

마르크스는 설명의 두 요소를 제공한다. 우선 다음과 같은 절대적으로

결정적인 두 가지 결과와 맞물려 농촌 소유에 대한 공용징수가 필요하다.

- 시장에 대해 자유롭고, 소유권 없는 노동자의 생산 : 소작농의 소유가 공용징수 될 때, 농촌에서는 더 이상 수요가 없기 때문에 노동력을 제공하려면 반드시 도시로 와야 한다. 보통 이 부분에 대해 고정관념처럼 제시되는 설명은 농촌 인구를 이동시키는 산업의 실제적 요청이 있었다는 것이다. 반대로, 마르크스는 공용징수가 먼저였다고 주장한다. 즉, 먼저 농민 집단에 대한 공용징수가 있었고, 그들이 산업에 의해 고용될 수 있었던 도시들로의 방향 선회가 그 다음이라는 것이다.

- 농민에 대한 공용징수는 농촌 소작농의 해체를 의미하며, 생필품 경제의 소멸을 견인한다. 이 생필품 경제 체제 안에 있는 한, 자본주의가 발생할 가능성이 없다는 것은 자명하다. 반면, 만일 우리가 생필품 경제 체제를 해체한다면, 농민은 시장에서 구매하는 것으로 충분히 살아갈 수 있을 것이다. 따라서 그때가 하나의 시장, 하나의 고객이 만들어지는 때이다. 농민은 자급자족 체제가 소멸한 결과로 산업과 상업 생산물의 소비자로 환원된다. 그럼에도, 농민은 자신이 만들었던 생산물들이 아닌, 급여를 통해 물건들을 구매할 수 있다. 따라서 농민은 급여를 추구해야 한다.

또한 농촌 경제 파괴에 대한 목표와 의지가 존재했다는 점도 필수였다. 마르크스는 이러한 파괴가 수탈, 고율세 부과, 농촌 사회를 박살내는 국가 개입이라는 명백한 사례들을 제시하는 '폭력'의 산물이라고 주장한다.

마르크스의 분석에서 빠진 것은 동기motivation이다. 산업이 노동력을 원했다고 말할 수 있는 것은 그 작동방식이 이미 시작되었기 때문이다. 마찬가지로, 우리가 공용징수를 거대 소유 혹은 거대 자산을 구매하고자 했던 부르주아의 사건이었다고 말한다면, 거기에는 농촌 생산물을 집적하려는 경제적 관심이 있었을 것이다. 그러나 이것은 시장에 앞서 존재해야만 했을 것이다. 그럼에도, 이 시장이 존재한다면, 그것은 시장을 만들었던 공용징수는 아닐 것이다.[79]

2.4.1. 산업 자본의 발생

마르크스에게, 두 가지 요소의 수렴점이 존재하며, 이 수렴점은 다음과 같은 특성을 지닌다.

이미 13세기와 14세기에 우리는 산업화 형태의 자본 축적이 아닌 고리대금 자본과 상업 자본의 축적을 확인할 수 있다.

특히 자본주의의 이 두 가지 형식이 나타날 때, 제3의 형식인 산업 자본주의가 가능하게 된다.

고리대업 혹은 상업적 기원에서 시작하여, 이 자본들은 산업에 매우 집착하게 될 것이나, 마르크스는 어떻게 앞선 두 형식에서 제3의 형식인 산업 자본주의로 이행되는지 설명하지 않는다.

매우 단순한 가내수공 물품이나 농업 생산물들에 영향을 미치는 유익한 상업적 활동을 하는 이 자본주의자들은 왜 위의 물품들로 만족하지 못하는가?

---

79) 마르크스가 기술의 영향을 등한시 했을지라도, 그는 자본주의 경제 구성 과정에서 이러한 기술의 영향에 무수한 역사가가 궁극적으로 동의하는 자리를 부여하지 않는다. 『거대한 전환』에서 폴라니는 자본주의의 출현을 설명하는 기본적 요소에 대한 것과, 복잡하고, 거대하고, 고비용 산업 배치의 실행을 다음과 같이 강조한다. 곧, "마르크스가 쓰는 것은 기계로서 기계의 도래가 아니라 기계 발명과 복잡한 배치 그리고 결과적으로 생산품과 더불어 상인 판매업자와의 관계를 완전히 바꾸었던 특별 배치 발명의 도래였다", 또한 이에 덧붙여 "농촌이면서 상업적인 한 사회가 특화된 기계사용을 도입할 때, 이것은 독특한 효과들을 내야만 한다."

여기서 마르크스는 내엘륄가 제시하는 의미와 충돌한다. 이것은 당시 마르크스가 기술 발전에 관해 고려하지 않았다는 사실에 대한 내 해석이다. 금융 자본가 혹은 상업 자본가들이 다른 곳에 자신의 돈을 두도록 유도하는 동력은 기술 발전 가능성이다. 마르크스는 이것에 관해 언급하지 않는다. 그러나 마르크스 사상 선상에서 이러한 요소와 기술 발전을 고려하는 것은 매우 쉬운 일이다.[80]

두 번째 요소, 아메리카의 발견으로 말미암은 값비싼 철의 다량 출현은 자본 축적의 두 번째 기여 요소이다.

그러나 거기에서 새로운 난점이 드러난다. 마르크스는 축적 체계가 산업 자본주의의 특징이라고 길게 논한다. 그러나 그가 기술적 의미에 대한 용어를 취하여 자본 축적에 관해 말할 때, 그는 이 용어를 산업 자본으로 이해한다. 이 현상을 자본주의의 기원에 두는 것은 불가능하다. 왜냐하면, 축적은 이미 자본주의 체제의 특징이기 때문이다. 마르크스는 요소들이 기존 체제에서 구성된다는 점을 증명하였고, 그 요소들을 기원적인 것과 연관 짓는다. 동일 요소가 체계의 기원과 이 체계의 기능 구성을 동시에 할 수 없다.

산업 자본주의의 이러한 발전은 국가의 개입으로 실현되었다. 왜냐하면, 사회를 경제적 자유 법칙들, 특별히 18세기 중엽에서 19세기 중엽 사이에 급속도로 실행된 법칙들의 역할에 따라 날카롭게 대립되는 프롤레타리아와 부르주아라는 두 계급으로 분리하는 일이 불가능했기 때문이다.

국가의 이러한 개입에 관하여 언급하며, 마르크스는 다음과 같이 쓴다.

---

80) 마르크스는 기술의 중요성을 무시하지 않는다. 일반적인 생산 수단들을 언급하며(『자본론』), 그는 산업 자본주의 기원의 여러 요소 가운데 하나를 명시적으로 생산 수단들에서 만들지 않고 "생산 수단에 기술을 부여한 거대한 특성"을 거론한다.

*"힘은 노동으로 형성되는 모든 기존 사회의 산파이다. 힘이 하나의 경제적 작인이다."

바로 "사회에 집중된 힘"이 봉건주의 경제 질서에서 자본주의 경제 질서로의 이행을 부추긴다.

이러한 주장은 힘의 현상과 정치권력에서의 독립을 함축한다.

이와 동일하게 민족적 틀 내부에서 작동하는 국가는 세계 시장 창출을 용이하게 하기 위한 개입을 진행할 것이다.

산업 자본주의는 시장이 국제화되고, 세계화되는 단계에서 출발하는 상업 자본주의로 변형될 것이다. 그 단계에서, 자본주의 체제는 산업 자본주의capitalisme industriel에서 상업 자본주의capitalisme commercial로, 또한 상업 자본주의에서 산업 자본주의로의 항구적인 이행과 더불어 반드시 제도화된다.

2.5. 『자본론』에 대한 대략적 묘사

마르크스의 모든 정치경제학 연구는 1년 이내에 진행된 것이다. 우리는 마르크스 저작 전체에서 경제를 재배치하기 위한 근본적인 지점들만 설명할 것이다. 그러므로 마르크스 저작의 전체 구조, 전체적인 선을 알아야만 한다.

내가 『1844년 경제학−철학 수고』에 대해, 우리는 마르크스의 경제적 목적에서만 그의 철학을 사유할 수 있다고 말했던 것과 마찬가지로, 『자본론』도 마르크스 철학을 가로질러서 읽을 수 있다. 이는 매우 기본적이며, 마르크스에게서 철학자와 경제학자를 분리할 수 없다고 말한 알튀세르의 언급은 일리가 있다.

마르크스 철학 대상의 동일화, 즉 그가 철학을 할 때 말하는 동일화는 명시적으로 그리고 분명히 그의 경제적 목적에 의존한다. 그의 **역사** 개념 역시 경제적 목표와 연계된다.

역으로 말하면, 『자본론』의 대상 동일화는 마르크스 철학 인식을 내포한다. 왜냐하면, 이러한 철학에 의해 우리는 마르크스의 정치경제 대상과 다른 경제학자의 정치경제 대상 사이에 존재하는 특별한 차이가 무엇인지 보여줄 수 있기 때문이다.

일반적으로 실행되는 방법 중 마르크스의 정치경제학을 그의 철학과 독립시켜 공부하는 일은 여러 방법론 가운데 가장 좋지 않다. 그 이유는 이런 방법론은 마르크스가 사회, 인간, **역사** 등의 전반적 개념들을 여타의 경제학자들의 개념들과 동일하게 사용하는 폐쇄된 상태에 머문다고 가정하기 때문이다.

만일 우리가 그 차이, 전문적 용어를 사용해서 말해, 마르크스의 경제 사상과 다른 경제학자들의 사상적 차이를 이해하고자 하고 마르크스 연구의 특수성을 이해하고자 한다면, 경제적 영역에 머무를 수 없고 그의 철학의 특수성을 참조한다는 조건에서만 가능하다.

한 가지는 추상적 현상과 시간 속에서 진화하지 않는 어떤 현상을 분석하고, 변증법적 과정으로 진입하지 않는 어떠한 현상을 분석하는 고전 경제학자를 연구하는 것이다. 다른 한 가지는 변증법적 과정의 틀 가운데, 시간 속에서 진화하는 구체적이고 같은 현상을 연구하는 것이다. 우리는 마르크스의 철학을 참조할 때만 그의 경제학을 이해할 수 있다.

『자본론』은 세 개의 책으로 구성된다.

1권은 "자본 생산 과정"*Le processus de production du capital* 마르크스에 의해 출간

『마르크스 전집 1권 : 경제학 편』플레이아드 총서81)

2권은 "자본 순환 과정"*Le processus de circulation du capital* 분명 전체를 마르크스가 기록했을 것이고 그의 사후 얼마 지나지 않아 출간됨『마르크스 전집 2권 : 경제학 편』플레이아드 총서

3권은 "자본주의 생산 전체 과정"*Le processus d'ensemble de la production capitaliste* 마르크스가 작성한 출판 예비 원고를 엥겔스가 출판함『마르크스 전집 2권 : 경제학 편』플레이아드 총서

§ 1권: 자본 생산 과정 설명

마르크스는 당대의 정치경제학 속에서, 핵심적이나 고전적인 질문을 제기한다. 곧, 부에 관한 질문이다. 일부 사람의 부에 대한 사태 확인에서 출발하며, 부가 다른 누군가의 빈곤의 결과인지 또한 전 지구적으로 부의 성장이 있었는지 묻는다.

마르크스는 중농주의자부는 대지의 특별한 생산 결과이다, 자유주의자산업 활동에서 사용된 자본의 생산, 상품 가격에 대한 과세, 사회주의자노동자의 손실에 대한 주인의 기만적 행위와 같은 당대 경제학자들이 제공한 결과들을 분석한다.

마르크스는 특별히 자신에게 매우 주관적인 것처럼 나타나는 자유주의적 설명을 거부하면서, 위의 세 가지 설명을 제거한다. 만일 자본가가 상품에 대해 무엇인가를 공제했다면, 부의 창출은 없었을 것이다. 또한 마르크스는 주인이 노동자들에게 도둑질 한다는 생각과 같은 전통 사회주의자의 설명과 거리를 둔다.

그에 따르면, 부는 새로운 가치 창출에서만 나올 수 있다. 보충하면,

---

81) [역주] 막시밀리앙 뤼벨이 편집하여 출판한 프랑스어판(Bibliothèque de la Pléiade) 마르크스 전집은 총 4권으로 이루어져 있다. 그 중 1–2권은 경제학(두 권 도합 총 4112쪽), 3권은 철학(총 1976쪽), 4권은 정치학(총 1829쪽)에 해당한다.

부란 모든 사회가 풍족해지는 새로운 가치 창출에서 형성되는 것이다. 따라서 가치가 무엇이며, 그것은 어디에서 오는가를 묻는 것에서 시작해야 한다. 이러한 상황에서 마르크스는 자신의 노동 가치 이론을 정립한다. 결국, 노동이 가치의 본질이다.

마르크스 당대에 이것은 완전히 혁명적인 것은 아니었다. 이미 다른 사람들이 이 부분에 관해 언급했으나, 마르크스와 동일한 결과가 나오지 않았다. 또한 특별히 마르크스가 주장했던 것만큼의 결과도 나타나지 않았다.

가치는 결코 노동이 가치로 변화되는 것에 따라 인식될 수 없다. 모든 상품은 하나의 가치를 지니며, 이를 알려면, 상품들을 서로 비교해야 한다. 모든 상품에는 공동의 실재가 필요하다. 그것은 모든 상품은 노동의 산물이며, 노동은 상품의 가치 척도라는 것이다.

그러나 우리는 자본주의 작동 방식에서 노동은 그것을 공급하는 이 방식을 풍요롭게 하지 않는다는 것을 실감한다. 거기에 바로 자본주의의 특수성이 있다. 즉 노동이 자본에 이익을 준다. 이러한 특수성은 자본주의 조직의 구조 자체에서 나타나는 것이다. 자본주의 조직에서 노동은 그 가치에 따라 자본가에 의해 구매되는 상품이 된다. 그러나 자본가가 자신이 구매한 노동을 사용할 때, 이 노동은 구매된 노동 가치보다 더 많은 가치를 생산한다.

노동 가치의 척도는 노동력 생산을 위한 먹거리, 주거 등 통합된 노동이며 자신의 생계와 갱신을 보장하도록 통합된 노동이다. 왜냐하면, 여기에는 또한 노동력의 약화가 존재하기 때문이다

인간은 에너지를 되돌려 주는 것보다 더 많이 소비하는 증기기관의 반대 지점에 있다. 만일 노동자가 자신의 노동력 재생산을 위해, 그리고 자신을 위해 일한다면, 그는 6시간만 노동하려고 할 것이다. 그러나 6시간

의 노동시간 막바지에도 노동자는 자신의 노동력을 다 소진하지 않는다. 반면, 소유주가 구매한 것은 노동력이지 노동 시간이 아니다. 따라서 소유주에 의해 주어진 가치와 노동자에 의해 생산된 가치 사이에 차이가 존재한다. 바로 이것이 '잉여가치'이다.

지불된 가치와 회수된 가치 사이에 있는 차이는 자본가의 손에 남게 된다. 여기에는 어떤 명확한 행위가 존재하지 않는다. 자본이 풍성해지는 것은 자본에 의해 허락되는 희생들에 대한 보상도 아니며, 도둑질이나 횡령도 아니다. 이는 소유주와 노동자 사이의 과거 계약에서 나오는 필연적 결과이다.

마르크스가 이 과거 계약에서 도출하는 자본으로 부유해진다는 결론은 자본가의 활동에 대한 보상도 아니고, 부르주아 계급이 노동자 계급에게 저지른 도둑질도 아닐 것이다.

실제로, 자본의 풍성함은 순전히 소유주와 노동자 사이의 정규적 계약의 결과이다. 이 계약은 어느 상품에서나 볼 수 있는 계약과 동일하다. 그러나 계약의 작동 기제는 그 자체로 소유주를 위한 특혜를 낳는다.

이익과 노동 착취는 경영자의 선의지에 의해 혹은 자본주의 체제 내부 개선에 의해 금지될 수 없다. 노동이 하나의 상품이 되는 것을 멈추거나, 소유주의 이익으로 생각되지 않거나, 달리 말해 우리가 자본주의 체제의 토대 자체에 재차 문제를 제기한다면, 이익과 착취는 반드시 제거될 것이다. 이것이 사회주의 사회에 대한 전망이다.

§ 2권: 자본의 순환 과정에 대한 집중적 설명

자본은 항상 동일하지 않은 크기를 갖고 있다. 자본은 차원이나 형식의 관점에 있는 것도 아니다. 즉, 자본은 돈이 될 수 있다. 또한 자본은 어떻게 투자되는가의 문제이다.

마르크스는 자본의 순환을 두 종류로 구별한다.

- 우선 기업 내부에 있는 내적 순환이다. 우리는 돈을 가졌고, 노동력
과 원재료들을 구매한다. 그리고 우리는 이 원재료를 상품으로 변형
시키고 판매하여 수익을 얻는다. 그리고 다시 이러한 순환이 시작된
다….

- 다음으로 외적 순환이다. 돈으로 상품 변형의 단계에서 상품을 구매
한다. 우리는 꼭 맞는 두 가지 순환을 본다.

하나에서 다른 것으로의 이행 속에서 자본의 부가 만들어진다. 그러나
노동자에 의해 출자된 잉여가치는 자본가가 자본으로 투자했던 가치보
다 많은 가치를 자본가에게 준다. 이 가치는 상품들이며, 상품을 돈으로
바꾸는 일은 투자했던 돈보다 많은 액수를 회사에 되돌려준다.

a) 마르크스는 이 도식에 세 가지 특징을 부여한다.

첫 번째 특징 - 우리는 멈추지 않는 자본주의적 축적과 대면하고, 자
본은 증가하며 집중하는 법을 안다.

자본주의 체제에서 하나의 자본은 안정된 상태로 머물 수 없다. 자본
은 강력하게 발전되고, 성장되어야만 한다. 그렇지 않으면, 자본은 소멸
한다.

자신의 자본과 연루된 자본가의 모든 활동은 자본 갱신renouvellement du
capital 뿐 아니라 가치 보충분supplément de valeur까지도 생산한다. 첫 번째 순
환에서, 자본가는 자본의 증가분을 발견한다. 두 번째 순환에 자본가는
자본 증가분을 재투자할 것이고 결과적으로 자본의 무한 증식이 나타날
것이다.

마르크스 자신은 이를 통해 모든 자본가의 개인적 상황을 기술하고자 하지 않는다고 명확히 말한다. 그가 기술하는 것은 전 지구적 상황, 자본의 전체적 운동이며, 때때로 어떤 자본가가 파산하는 것을 방해하지 않을 것이다.

게다가, 이러한 순환은 자본의 집중화를 부추긴다. 즉 자본들이 많이 증가할수록 다량의 자본을 소유한 자가 자신에게 2차 자본을 끌어온다. 우리는 유리한 입장에 있는 자본가들에 비해 불리한 입장에 있는 자본가들이 제거되는 경향을 목도한다.

두 번째 특징 – 내적 순환과 외적 순환 사이에 있는 모순. 산업 단계에 있는 생산 체제와 상업 단계에 있는 분배 체제 사이의 모순

마르크스는 자본주의 세계 속에 산업 생산이 두드러지게 조직화되어 있다고 말한다. 이와 반대로, 우리가 분배를 설명할 때, 우리는 그 세계의 비논리, 혼돈과 무질서한 특성들에 의해 타격을 입는다. 시장은 절대로 양해해 주지 않는다. 우리는 그것을 알 수 없다. 또한 자본주의 세계의 가장 중요한 문제 가운데 하나는 필연적으로 산업 시장 불균형을 이끌어 낼 산업 기업을 활동하도록 하는 데 있다.

내적 순환은 각 기업의 생명에 따라 결정된다. 자본가들은 자본에 대한 최대 효율성을 이끌어냈다. 어느 누구도 경제적 효율성의 관점에서 출발하는 자본가들보다 자본을 더 잘 사용할 수 없다. 사회주의는 경제적 효율성의 관점에서 자본주의보다 더 상위에 있지 못한다. 자본주의는 가능한 부의 최대치를 생산하게 할 것이며, 따라서 사회주의가 출현할 수 있다. 그러나 자본주의 앞에 출현하지 않는다. 사회주의는 하나의 질적 혁명을 실행한다. 즉 사회주의는 더 나은 것의 실행이지 더 많은 것의 실행이 아니다.

그러나 이와 대조적으로, 기업들 사이에 있는 관계와 외적 순환 속에서, 우리는 무질서하고 비논리적인 시장과 마주하게 된다. 이것은 내적 순환과 외적 순환의 일치에 이르려하는 자본주의의 가장 큰 난점이다.

세 번째 특징 – 산업 기업에서 실행된 자본은 결코 돈으로만 구성되지 않는다. 그것은 기계, 일차 원료, 상품, 돈의 복잡한 집합이다. 자본의 몇몇 요소는 순환하며, 나머지는 고정된 채로 남아 있고 자본의 전체적 운동에 참여하지 않는다. 마르크스는 자본의 다양한 가능 형태에 관해 완성된 분석으로 나아가며, 특히 하나의 형태에서 다른 형태로 변형되는 조건들에 대한 분석을 진행한다.

b) 이 도식에서 자본주의는 몇 가지 작동 규칙과 법칙을 따라야 한다.

자본주의는 자본을 자신이 그것을 원하는 것처럼 자유롭게 취급할 수 없다. 자본은 경쟁 상황에 있다. 그리고 자본은 실제 자신에게 어떠한 주도권도 남아 있지 않은 경제적 채무의 그물망에 걸려 있다. 자본은 논리적으로 해결할 수 없는 문제, 기업의 가장 효율적인 조직과 시장의 비논리 사이에 관련된 문제들을 해결해야 한다.

순환의 일반적 도식은 기초적이다. 즉 자본가는 원재료와 노동을 구매하고자 자신의 화폐 자본capital-argent 일부를 사용한다. 따라서 이 단계에 화폐 자본은 활동 자본capital-actif으로 변형된다. 이 활동 자본은 상품들로 변형되며, 상품들은 기업에서 나오고 시장에 영향을 미친다. 상품들은 시장에서 화폐 자본으로 변형된다.

기업 내부와 외부의 한 가운데서 일어나는 이 순환은 지속되어야 한다. 이는 몇 가지 법들의 형성을 부른다. 자본가는 충분한 자본 수익을 얻기를 바란다면, 이 법들에 순응해야 한다.

- 무엇보다, 자본가는 자신의 기업에서 제작하기 가장 쉬운 것이 무엇 인지에 대한 불확실함의 부담을 지게 된다. 노동자는 꼭 필요한 자 본의 봉사자이다.

- 자본가는 자기 자본 흐름의 단절 유무에 관하여 지속적으로 감시해 야 한다. 그렇지 않으면 더 이상의 가치 창출은 없을 것이다. 결국, 자본가는 가장 빠르게 자신의 재고품을 처분하고, 원재료를 새롭게 바꾸어야 한다. 달리 말하면, 자본가는 불확실함의 폭을 감소시키도 록 순환 과정을 멈추지 않고 가속화해야 한다. 이는 레닌의 제국주 의 분석의 기원이다.

게다가, 자본가는 순전히 주관적이고 제멋대로인 평판들에 집중해야 한다. 달리 말해, 자본가는 사회에서 필요로 하는 욕구들을 알아야 한다. 그는 사람들이 원하는 것들을 생산해야 한다.

결국, 그 누구도 사회가 원하는 사용 가치가 무엇인지 모른다. 만일 우 리가 사회가 원하지 않고, 누구도 소비하지 않는 재화들을 생산한다면, 그 결과는 즉시 기업의 소멸, 죽음으로 나타난다. 바꾸어 말해, 만일 욕 구들이 상품 생산에 의해 충족되지 않는다면, 경제 활동은 자본주의적 축적이 중단되는 지점으로 환원될 것이다.

마르크스에게, 이러한 상황들은 상상할 수 없는 것이다. 그리고 결국 자신들의 돌발 사태 발생을 막는 신용의 작동 기제라는 하나의 체계를 설치하는 것이 필요했다.

c) 무질서한 운동을 상쇄시키도록, 하나의 특정한 연합체가 신용, 은행 체계에 의해 세워진다.

자본가들은 이러한 불확실함에 대한 대책을 찾고자 했고, 그들은 신용이라는 방법으로 해결책을 제시한다. 마르크스에게, 신용은 반드시 필요한 자본주의의 조건이자, 자본가 계급의 연대 결과이다. 은행 자본은 자본가들에게서 나온다. 즉 몇몇 사람의 자본 덕분에, 은행들은 다른 사람들에게 신용을 행사한다.

그러므로 마르크스는 두 가지 국면에서 신용의 기능을 다음과 같이 분석한다.

- 신용은 관계를 만드는 하나의 방법이며, 자본 생존의 두 형식인 돈과 상품, 자본 생존의 두 단계인 생산과 시장 사이에 하나의 다리를 놓는 방법이다.

- 또 신용의 또 다른 기능은 개인 자본의 무질서하고 산발적인 다양한 움직임 사이에 가교를 놓는 것이다. 왜냐하면, 모든 자본가가 만들어야 하는 노동과 타산은 각각의 기업가에 의해 반복되기 때문이다.

자유주의 경제학자들의 주장에도 불구하고, 결국 마르크스는 자본주의는 자유롭고, 개인적인 양태에서 절대로 작동할 수 없다고 말한다. 자유롭고 경쟁적인 자본주의 체제에서, 모든 자본가는 서로 연대한다. 즉 경쟁 관계임에도, 또한 그것을 모른다고 할지라도, 그들은 서로서로 신용을 공급하면서 연대한다. 왜냐하면, 모든 자본가 개인의 관심 너머에 자본주의 구조가 존재하고, 이것에 대한 자본가의 인식 유무와 상관없이, 모든 자본가는 그 체제를 유지하도록 활동하기 때문이다. 그리고 이 체제는 신용의 작동 기제이며, 자본가 연대를 세우는 자본 순환을 표준화하려면 필수적이다.

§ 3권: 자본주의 생산 전 과정에 대한 설명

위의 두 권의 책에서는 이론적이고 개인화된 활동에 대해 기록했다. 그러나 마르크스의 시각에서, 이전에 학습된 모든 개념은 자본주의 경제를 완벽하게 그려내는 전全 지구적 체제 내에서 대체되어야만 한다.

개별 자본가가 개인적 관계 속에서 노동자 착취에 의해 실현할 수 있는 잉여가치는 이윤이 된다. 그것은 바로 우리가 더 이상 하나의 자본주의 기업을 생각하지 않고, 자본주의 체제 전체를 생각할 때, 그 체제 전체가 전 지구적인 작동 방식에 들어 있을 때 가능하다.

통상 이윤에 관해 말할 때, 우리는 소유주가 얻는 이익 정도로 생각한다. 마르크스의 특징적인 어휘에서 볼 때, 그것은 일종의 개별적 단계에 있는 현상이 아니라 집단적이고 온 지구적 단계에 있는 현상으로 생각해야 한다.

이윤은 기업과 기업이 서로 다르며 또한 이 기업, 저 기업이 몰두하는 생산 유형에 따라 다르다. 예를 들어, 어떤 기업은 약간의 원료를 필요로 하되 많은 노동력을 필요로 하는 생산 유형을 가질 수 있다. 거대한 고정 자산을 가진 다른 기업들에서, 필연적인 감가상각amortissement이 실행될 때, 이윤이 매우 느리게 창출될 것이라는 점에 반해, 이러한 기업들바로 위에서 예시로 제시한 기업에서 우리는 하나의 직접적 이윤을 보게 된다. 마찬가지로, 어떤 기업들에서는 생산 과정이 매우 빠르며, 모든 자본 순환이 급속도로 실행되자마자, 자본가는 자신의 돈을 통해 자본을 더욱 신속하게 발견하고 자신의 잉여가치를 재빠르게 현금화한다.

중요한 점은 절대적 가치로 부를 인식하는 것보다 이윤율과 필요 자본 수량 획득, 자본주의 사회 전체를 위해 필요 자본 수량에 의해 분할된 잉여가치들의 합계로 부를 인식하는 것이 더 빈번하다는 데 있다.

마르크스는 중간 이윤을 평가하기 어렵다는 점에 대해 주장한다. 이것은 상대적으로 오늘날에는 쉬운 일이지만, 마르크스 당대에는 현실적으로 불가능했다.

이것은 마르크스 당대의 경제적 현상에 대해 가장 특징적이고, 특별한 요소들을 선택하는 마르크스의 상징적 요소이다. 즉, 그가 중간 이윤을 계산하려고 어떤 산업 분야를 선택할 때, 궁극적으로 그것은 특징을 제일 잘 보여주는 것으로 판명되었다.82) 어림잡아 볼 때, 그는 중간 이윤에 대한 어떤 역사적 움직임과 중간 이윤이 하락하는 쪽으로 나가는 흐름을 발견하는 데 이르렀다고 볼 수 있다.

이를 통해, 마르크스는 '이윤율 저하 경향 법칙'을 정식화했다. 즉, 자본주의가 진화할수록 자본주의가 실행하는 활동들은 중요한 자본 투자를 내포한다. 그 부분에서, 노동에 대한 자본 투자는 감소한다. 이윤은 절대적 가치로 증가할 것이지만, 자본 일치를 위한 이익은 점차 감소할 것이다. 이윤율 감소의 이러한 일반 경향은 체계가 더 이상 기능할 수 없는 순간까지 지속될 것이다. 왜냐하면, 자본가들이 더 이상 자본 투자에 흥미를 갖지 않을 것이기 때문이다.

이러한 전반적 분석에서 마르크스는 자본가와 노동자라는 상이한 인물들을 도입한다.

가치와 부를 창출하는 유일한 근원은 잉여가치이고, 부를 형성하는 다른 어떤 활동도 존재하지 않기 때문에, 부르주아 계급에 속한 각자는 이윤으로 전환되는 이러한 잉여가치의 일부분을 취하게 된다.

따라서 마르크스는 중농주의자들의 태도와 비견될만한 견해를 채택한다. 중농주의자들이 말하는 부는 가치 창출을 이루는 자연에서만 나

---

82) 방적 공장들에 대한 관계 구절은 『자본론』 III권 9장을 보라.

오므로 모든 사람이 이러한 가치를 재분배함으로써 부유하게 될 수 있다. 이와 똑같은 고찰을 잉여가치와 이윤에서 정확하게 이끌어 내는 마르크스에게 가치는 노동자들에 의해 창조된 것이며, 모든 사회에 퍼져 있다. 부르주아 계급에 속한 사람은 노동자들이 만든 잉여가치의 일부분을 받는다. 사회에서 부자가 되는 모든 이는 부르주아 계급에 속한다. 한편으로, 우리는 노동을 하고 잉여가치의 일부분이 아니지만, 노동력의 보상인 급여를 받는 노동자 계급을 지녔다. 노동자 계급은 자신의 노동으로 잉여가치를 생산한다. 다른 한편으로, 상인들의 수입따라서 상업적 이득이 쟁점화 될 것이다, 관리들의 급여, 이전 자본이나 농업 수익 이자분 토지 대여 이 핵심인 모든 수입, 이 모든 수입은 반드시 재분배된 잉여가치의 한 부분이다. 물론, 부르주아 계급의 다양한 범주 가운데 있는 이러한 재분배는 독립된 사회적 행동에 따라 이루어지는 것이 아니다. 부르주아 계급의 재화와 서비스에 대한 수많은 교환 이후, 그 계급 내부에 있는 모두는 노동자에 의해 여분으로 생긴 가치에 대해 자신의 지분을 받는다. 기업가는 시장에서 자기 상품들을 자신에게 판매하지 않을 것이며, 시장을 가장 잘 아는 더욱더 효율성 있는 중개자에 의해 자기 상품들이 통과되도록 해야 한다. 그 중개자가 바로 상인이다. 상인은 기업가에게 서비스를 제공한다. 이 서비스는 다음과 같은 정당한 자기 가치로 지불된다. 기업가는 자기의 상품이 지닌 가치에 비해 낮은 가격으로 상품을 상인에게 판매하면서 그의 서비스에 대한 급여를 지불한다. 즉 그는 이윤의 일부를 포기하면서 서비스 비용을 지불한다.

다음으로 상인은 자신의 가격으로 소비자에게 상품을 판매한다. 이것이 기업가가 그에게 양도했던 최소 가격과 상업 이윤을 나타내는 실제 가격 사이에 있는 차이다.

게다가 부르주아 계급 전체에게 서비스를 판매하는 관료들의 급여는 국가에 의해 공제되고, 국가가 되돌려주는 잉여가치의 한 부분이다.

그러므로 모든 계약에 대한 분석에 의해, 마르크스는 어떻게 모든 사람이 잉여가치를 얻는지 제시한다. 그러나 우리가 "모든 사람"이라고 말할 때, 해당되는 것은 바로 부르주아 계급 구성원이다.

사회는 항상 두 계급으로 나뉘어 존속한다.

– 가치 창출자 : 잉여가치를 만드는 노동자.

– 가치 소비자 : 잉여가치를 얻는 다른 모든 사람.

따라서 모든 사람이 공평하게 이윤의 일부를 받는다. 그리고 우리가 부의 재분배를 거론할 때 종종 갖게 되는 생각과 반대로 그 체제 안에는 어떠한 불의도 존재하지 않는다. 마르크스에 의해 묘사된 그 경제는 하나의 증기 기관처럼 작동한다. 즉, 기계 기능 체제 속에 정의나 불의의 개념들이 해야 할 부분이 많다는 것은 무엇을 의미하는가?

『자본론』 Ⅲ권은 미완성된 본으로 남아 있다.

『자본론』의 전반적 소개에 대한 결론을 내리며, 우리는 다음과 같은 점에 중요한 가치를 부여할 수 있다. 마르크스의 경제학 저서에는 당대 혹은 이전 시대의 고전 경제학자들을 뒤따르는 요소들이 존재한다. 더불어 마르크스가 새롭게 고안해 낸 것도 있다. 그러한 경우에, 마르크스는 종종 자기 자신이 그것들을 발명해 냈다고 언급한다. 때때로 그는 어떠한 개념들에 다른 경제학자들이 부여한 개념들과 다른 내용을 부여했다.

따라서 『자본론』에는 마르크스 이전에 사용되고 발전된 개념들과 전통적 요소들이 많이 있다. 결국, 그 개념들에는 18세기 말의 사회 계급 개념과 계급투쟁 개념이 있다. 게다가, 노동이 가치의 기원이라는 선언, 곧 홉스에게 최초로 등장하고 튀르고Turgot에 의해 두드러지게 발전된 노동가치론은 평범한 것이었다. 토지 매매에 관한 것은 리카르도가 이미 길게 분석했다. 그리고 이윤도 마찬가지였다.

그에 반해, 마르크스에게는 그가 새로 발견했다고 말하는 것과 우리가 6가지 지점에서 실제로 재추적할 수 있는 새로운 점이 존재한다.

- 우선 노동은 교환 가치 혹은 사용 가치로 설명되는 것에 따라 이중적 특성을 지닌다. 한편으로, 이용 가치들을 만드는 노동의 구체적 양태로서 "유용한" 노동을 고려해야 한다. 그리고 마르크스의 자본주의 체제 분석의 틀에서 이 측면은 어떠한 흥미로움도 주지 못한다. 반대로, 추상적 노동은 상품 가치, 교환 가치를 창출하기 위한 노동력의 소비이다. 또한 자본주의에서 중요한 것은 교환이다. 마르크스에 따르면, 경제 현상은 교환 가치가 있을 때만 존재한다. 마르크스는 이 노동을 추상적이라고 규정한다. 왜냐하면, 이러한 때에 노동 산물은 생산을 하고, 교환 체계로 들어가는 노동 산물 외부로 추방되기 때문이다.

- 다음으로, "즉자적" 잉여가치잉여가치 그 자체에 대한 분석이다. 이와 같이 그 분석을 형언하는 이는 바로 마르크스다. 이것은 마르크스의 가장 독창적 요소들 가운데 하나이다.

- 화폐 발생 : 실제로 완전히 극복된 분석이지만, 마르크스는 매우 큰 자신감을 갖고 있었다. 실제, 그가 기록했을 당시인 1857년에 이것은 매우 새로운 것이었다.

- 자본의 구성 : 이것 또한 완전히 새로운 분석이다. 경제학자들이 자본capital-argent을 유일하게 돈이라는 형태로만 생각하는 것에 반하여 자본을 통해 취해진 다른 형태들에 대한 분석이다.

- 자본주의적 축적의 일반적 법칙.

- 이윤율의 경향적 저하 법칙.

그러나 내가 볼 때, 본질상 가장 신선하면서 근본적인 것은 마르크스가 이 요소들 전체에 대한 종합을 실행했다는 것이다. 즉, 마르크스 이전에 어느 누구도 자본주의 체제 기능에 대해 전체적으로, 전반적으로 기술하지 않았다.

3. 가치와 가격들

가치에 대한 이론은 마르크스 사상에서 절대적으로 기본적이고, 본질적이며, 결정적인 것이다. 실제로 우리가 가치 이론에 전적으로 기초를 두고, 잉여가치와 이윤을 설명하는 가치 이론을 받아들일 때, 경제 이론은 완전한 연속성을 갖는다.

또한 이러한 본질적 특성 때문에 가치 이론은 많은 논쟁을 불러 일으켰다. 우리가 그것을 마르크스와 연관된 분위기에서 취할 때, 가치 이론은 이론의 여지가 없을 만큼 매우 정교하다.

마르크스는 노동 가치 이론을 발명하지 않았다. 그것은 고전 경제학자들에게서 받은 생각이다. 그리고 그는 초기 저작인『1844년 경제학-철학 수고』에서 고전 경제학자들의 이러한 생각에 반대한다. 마르크스는 다음과 같이 쓴다.

*"경제학자들은 모든 것은 노동과 함께 구매되고, 모든 가치는 노동에 그 기원을 두며, 자본은 단지 축적된 노동일 따름이라고 우리에게 말하지만, 어떤 것도 노동 가격보다 우발적이지 않다. 게다가 어떤 것도 더 이상 큰 변화에 종속되지 않는다. 그것은 억제가 불가능한 기준이다."

마르크스는『자본론』을 쓴 1857년83) 에, 자신의 태도를 완전히 바꿨다.

---

83) [역주] 1857년 가을부터 작성했던『자본론』의 초고를 말한다.『자본론』Ⅰ 권은 1867년 출

3.1. 가치 이론

억제에 대한 근본적 생각이란 결국 마르크스는 노동이 가치를 창출하며, 가치의 근원이라고 결코 말하지 않았다는 것이다. 그는 노동이 가치의 본질이었다고 말한다.

마르크스가 탐구하는 것은 실제 존재하는 가치들에 재차 덧붙여진 가치들의 기원에 대한 것이다.

그러나 어떤 사물에 가치가 있을 때, 우리가 이 가치에 완전히 부여할 수 있는 유일한 본질은 그 사물 속에 변형되어 존재하는 노동의 가치이다.

마르크스는 효용성을 통해 가치를 설명하는 이론과 희소성을 통해 가치를 설명하라고 주장하는 당대의 발전된 이론들에 대한 비판으로 시작한다.

물론, 효용성은 가치의 필수 조건이다. 그러나 하나의 사물이 효용성이 있다면, 그것의 가치는 거기에 체화된 노동에서 온다.

어떠한 방법으로도 효용성은 대상간의 교환 가치를 결코 설명할 수 없다. 왜냐하면, 두 대상들 사이에 교환이 존재하려면, 양자 간 통약通約가능성commensurabilité이 있는 공통의 어떤 것이 존재해야 하기 때문이다. 또한 이 둘은 서로 동일하지 않아야 한다. 둘의 교환에 이익이 없을 것이기 때문이다. 그러나 만일 가치는 효용성에서 나오고 가치의 영역이 효용성의 영역과 동일하다면, 우리는 효용성을 가진 둘 사이에 공통 영역이 존재하지 않는다는 것을 확인할 수 있다. 효용성은 공통적이지 않기 때문이며, 만일 공통된다면 교환이 존재하지 않을 것이기 때문이다. 이 두 가지 요소, 통약가능성과 다양한 효용성 사이에 있는 결합이 교환 가치를 형성한다.

판된다.

게다가, 마르크스는 희소성 현상과 재화 가치 결정 사이에 있는 근본적 모순을 논한다. 그는 우리가 재화의 가치 그 자체와 고유한 재화의 가치를 발견하고자 연구하며, 재화의 가치는 희소성에서 시작한다고 설명한다.

그러므로 하나의 객관적 조건을 발견하고, 그것을 재화가 희소하다는 주관적 시각 위에 세운다. 즉, 실제 하나의 재화 그 자체는 결코 희소성을 갖지 않는다. 그 재화를 욕망하는 누군가에게만 희소성이 있을 뿐이다. 마르크스는 하나의 재화가 실제 희소가치를 가질 필요는 없으며, 우리가 그것을 희소하다고 믿는 것으로 충분하다고 강조함으로 더 멀리 나아간다.

따라서 희소성은 완전히 주관적 현상이다. 이 시각에서 비추어 볼 때, 실제로 재화는 어떠한 객관적 가치도 갖지 않는 반면, 그것에 대하여 우리가 어떤 가치를 부여하는 것, 바로 희소성에 대한 감정이 작동하는 것이다.

사실 희소성 이론을 설명해주는 것은 가격이지, 가치가 아니다. 희소성 가치에 대한 생각의 바탕에는 전 지구적 가치 창출이나 국가의 부에 대한 것이 전혀 존재하지 않는다. 거기서 부는 품귀현상raréfaction을 통해 가치를 창출할 수 없다.

> 그러나 희소성은 가격에 영향을 미친다. 그것은 개인적 부를 설명해 줄 수 있으나, 오히려 제반 사회를 가난에 이르게 했다. 한 차례 더, 마르크스의 전반적 분석은 개인주의적 유형의 분석과 대립된다.

전통적 설명들을 허물면서, 마르크스는 자신의 고유한 분석을 제시했다.

교환이 있고 동시에 두 개의 상품에 측정 가능한 공통 가치가 존재하도록, 우리는 모든 상품 속에 공통적인 것, 즉 노동이 존재한다는 것을 고려해야 한다. 결국, 노동만이 모든 상품을 측정할 수 있는 실체이다. 그리고 마르크스는 다음과 같은 유명한 구절을 기록했다.

　*"모든 상품의 가치를 만드는 것은 구체화된 인간 노동이다."

이러한 상황에서, 우리는 인간 전체 차원에서 노동을 생각해야 한다. 노동 시간은 그 자체로 볼 때, 어떤 행위의 주관적 형태로 존재할 뿐이다.

이 노동이 상품으로 교환되는 틀에서, 이전에 있었던 것과 질적으로 다르게 규정되고, 다른 것으로 변하게 된다.84) 왜냐하면, 결과적으로 노동은 자신이 가치에서 생산한 상품이 되기 때문이다. 예를 들어 그것은 노동 분할에 따르는 것과 같은, 하나의 특별한 노동이다.

살아있는 노동은 교환 가치를 만드는 필수 노동 시간이나 상품들, 노동이 대상화되어 버린 몇 가지 생산품에 상응하지 않는다. 노동의 내용들 간에 단절이 있다. 그 내용들은 곧, 노동이 교환 가치들을 창출하는 순간과 노동이 하나의 상품으로 변화되면서 교환 가치들의 범위로 들어가는 순간에서 나온다.

마르크스에게 개별적 사용 목적으로 생산되는 대상이나 재화에 대해 평가하는 일은 문제되지 않는다. 그가 문제 삼는 것은 오직 상품들이다. 인간이 노동을 할 때, 인간은 상품화되지 않는 무수한 재화를 생산한다. 이러한 유형의 활동은 마르크스 분석 바깥에 있다. 왜냐하면, 그것은 자본주의 체제 밖에 있기 때문이다. 자본주의 구조는 시장의 교환들을 통

---

84) 마르크스의 노동에 대한 장구한 발전에 관해서 이 책 Ⅱ장, 2.2.1. "노동" 130쪽을 보라.

해서 규정된다.

이 진술에 두 가지 의미를 다음과 같이 재차 제시해야 한다.

– 평범한 한 사물이 상품이 되려면 생산은 이미 존재하는 사회적 욕구에 응해야 한다. 그러나 이러한 생산의 가치는 그 자체로 존재하지 않고, 욕구에 대해 이론상으로 존재할 뿐이다. 마르크스는 가치에 대한 형이상학적 시각 일체를 거부한다.

– 또한 대상에 변형되어 포함된 노동은 사회에 의해 사용된 노동 총합의 한 부분이다. 동시에 이러한 의미에서, 단지 자신의 고유한 욕구 만족을 위해서만 일하는 한 개인은 가치를 생산하지 않는다. 즉, 가치가 존재하려면 노동은 사회 전체 노동의 한 부분이어야 하고, 노동 분할의 법칙 아래 있어야 한다.

하나의 대상이 상품으로 변형된다는 사실은 노동이 사회적으로 요구된 노동이며, 사회적 욕구들을 만족시키기 위한 노동 전체 총합의 일부분이라는 것을 함축한다. 따라서 노동은 사회적 노동을 공급한다. 이러한 조건에서 우리는 상품/노동의 관계를 생각할 수 있다.

하나의 상품은 그것을 생산하고자 사용된 수많은 시간 형태에 따라, 계측計測 노동le travail mesuré의 포함 농도많고 적음에 따라, 그 가치 경중을 평가할 것이다. 마르크스의 비판들은 주로 이 부분에 머물러 있고, 몇 차례 이러한 규정이 합리적이지 않다는 것을 표현한다. 그 규정의 불합리함이란 바로 노동 시간은 개인에 따라 다르다는 것이다. 그러나 이러한 비판은 영향력이 없다. 사실상 마르크스는 인간의 역량들을 보호하는 문제, 즉 인간의 생명에 대한 보호를 문제 삼아 구체화한다. 실제로 노동이 인간 삶에 대한 가장 완성된 표현이라고 생각한다면, 상품 속에 노동이 통합되는 것은 그 상품 속에 인간의 생명 그 자체가 투입되어 있다는 것을 의미한다. 결국, 모든 인간의 노동 속에는 근본적 평등이 존재하는 셈이다.

그러나 가치에 대한 정확한 수량화가 쟁점이라면, 마르크스는 모든 노동이 동일하지 않으며, 노동량 평가는 어려울 것이라는 점에 관해 잘 인식한다. 고高가치로 평가된 노동은 비율에 의해 촉발된 순수 노동에 귀착되어야 한다. 마르크스는 두 가지 사항을 지적한다. 먼저 우리는 노동 시간 계산의 기본 바탕으로 필수 노동시간의 최대치와 최소치를 취해야 한다. 다음으로 우리는 다소간 상승된 비율에서 나오는 기본 일치점에 따라 다른 모든 노동을 평가하는 복잡한 계산지표를 만들어야 한다. 게다가, 상품 생산을 위해 개인 각자에게 주어진 실제 시간은 문제되지 않을 것이다. 쟁점은 바로, 노동자 전체의 평균 시간이다.

> 평균 노동 시간은 단지 그 개념의 구체적 활용이 이행되기 어렵다는 것을 금지할 뿐이다. 즉 소련에서 이러한 방법에 따른 두 차례의 가치 평가 실험은 모두 실패로 드러났다.

상품 가치는 그 안에 결집된 평균 노동과 연관된 총합에 따라 결정된다.

하나의 상품은 어떠한 가치도 갖지 않으며, 시장 상품은 시장에 변형되어 있는 사회적 평균 노동에서 발생하는 교환 가치를 갖는다.

이 교환 가치는 다른 모든 상품의 교환 가치에 상대적일 뿐이다. 바로 모든 상품이 사회적 평균 노동을 구체화하고, 모든 상품이 상호간 의뢰한다는 틀에서 각각의 상품은 가치를 갖는다. 따라서 우리는 시장의 보충적 차원을 도입한다.

단지 노동자 개인의 직접적인 노동에 관해서만 생각하지 말아야 한다. 왜냐하면, 마르크스에게 노동은 다음과 같은 이중적 효과를 갖기 때문이다. 곧, 노동은 직접적으로 어떤 가치를 생산할 뿐 아니라, 하나의 재화에서 또 다른 재화로 실제적 가치를 전달할 수 있다. 반면, 노동자가 일할 때, 그는 노동을 집적화하는 기계와 원재료들을 사용한다. 기계의 가치는 거기에 포함된 노동량에 따라 측정된다. 그리고 이 기계를 사용하는 노동자는 자신의 노동으로 만든 물품으로 이 기계의 가치 일부를 전달한다. 따라서 상품의 가치를 평가하려면 사용된 기계들의 가치 혹은 상품 속에 변형되고 기입되어 사용된 원재료들의 모든 부분 또한 고려해야 한다.

우리는 노동의 특별하고, 실용적이고, 질적인 특성과 마주한다. 곧, 노동은 사용 가치를 교환 가치로 변형시키는 방식으로 가치를 보존한다.

마르크스가 노동에 관하여 말할 때, 언제나 사회적 노동이 쟁점이 된다. 즉, 어느 한 개인의 노동이 아닌, 평균적 노동이 문제이다. 해당 사회에서 통상적으로 사용되는 기술 수단에 따라, 그리고 그 사회가 보유한 노동의 평균적 강도intensité에 따라 주어진 단계에서, 사회적 노동은 사회의 상태 속에 위치해야 하고, 바로 그 상태에서 평가되어야 한다. 마르크스는 "노동의 사회적 평균 숙련도"habileté sociale moyenne와 땅의 비옥도, 풍부한 광물 자원과 같은 한 사회와 다른 사회 간의 차이 나는 요소들을 거론한다.85) 우리는 다음의 세 가지 요소에 종속되는 노동 생산력을 고려해야 한다.

 – 자연적 조건들.

 – 기술적 완성도.

 – 해당 사회의 노동 전통.

위 조건에서 기계화와 노동 분할로 말미암은 사회적 노동력의 완성은 주목할 만한 결과를 낳는다. 달리 말해, 똑같은 상품 생산을 위한 노동의

---

85) [역주] 마르크스의 『임금, 가격, 이윤』 6장 "가치와 노동"을 참조하라.

필요성은 점차 감소한다. 상품들의 단위 하나에 내재된 노동이 감소할수록, 우리가 출자할 수 있는 내용물들이 무엇이건 간에, 상품들의 가치는 감소하는 경향을 보일 것이다. 즉 가격들이 반드시 완전한 평행을 이루는 방식으로 하락하는 것은 아니다. 마르크스는 아래와 같은 정식에 이른다.

*"상품 가치는 노동 시간에 정비례하고, 사용된 생산력에 반비례한다."『임금, 가격, 잉여가치』86)

또한 이것은 마르크스가 당대에 고려할 수 없었으나, 현대 사회에서 볼 수 있는 낭비와 일회용 생산품의 사회라는 결과에서 볼 때 매우 흥미로운 주장이다. 이것은 마르크스가 생산품들의 가치 하락을 거론했을 때 그가 이해했던 것과 매우 정확히 일치하는 현상이다.

3.2. 가격

두 가지 이유로, 마르크스의 경제 사상의 난점에 대한 복잡하고 특색 있는 질문이 쟁전화 된다.

- 마르크스는 가치라는 용어가 은폐하는 모든 것에 관해 매우 엄격하게 분석한다.
- 게다가 그는 같은 개념에 다양한 의미를 부여한다.그리고 이것은 무수한 마르크스의 글에 대한 이해를 어렵게 만든다. 나는 마르크스가 말의 뜻sens이 무엇인지를 모른다고 말하고 싶지 않다. 대신 나는 이것을 다른 경

---

86) [역주] 마르크스가 1865년 저술한 『임금, 가격, 이윤』에 해당하는 독일어 단어는 각각 Lohn, Preis, Profit이다. 프랑스에서는 이것을 두 가지로 번역해 왔는데, 하나는 Salaire, prix, plus-value이고 다른 하나는 Salaire, prix, profit이다. 막시밀리앙 뤼벨이 편찬한 프랑스어판 『마르크스전집』에는 '잉여가치'로 번역되어 있고, 엘륄은 이 문서를 읽고 인용한 것으로 보인다.

제적 개념들과의 관계에 따라 하나의 개념의 의미signification를 다양하게 하는 마르크스 사유의 특징이라고 말하고 싶다.

따라서 마르크스에게 가치는 이것 혹은 저것이라고 결코 말할 수 없다. 중요한 것은 하나의 개념은 다른 개념들과의 관계 속에서 변한다는 방법에 대한 기본적 문제이다.

가격에 대한 첫 번째 규정은 매우 간단하다. 즉, 가격은 가치의 금전적 형태이다. 그러나 가치와의 관계에서 가격의 본성을 구체화하려면 우리는 더 멀리 나아가야 한다.

3.2.1. 가치와 가격의 관계에 대한 일반적 시각

가격은 노동에 육화된 노동 가치 그 자체를 포함한 금전으로 인해 고정된다. 또한 금전은 모든 상품의 가치에 독립적이고 균등한 어떤 형식을 부여하는 하나의 수단이다. 그것은 모든 교환 가치를 하나의 동일한 사회적 노동량으로 설명하게 한다.

실제 교환 가치는 사회적 노동 시간, 상품 생산 비용에 따라 결정된다. 상품 가격은 복합적 원인들로 말미암은 무수한 변동 사항과 더불어 화폐로 표현되는 자신의 교환 가치이다. 또한 복합적 원인들은 상품이 실제 가치와 완전히 다른 화폐 가치, 화폐 덕에 명명된 가치를 갖도록 한다. 상품들의 가격은 다양한 요인들에 따라 일어나는 일련의 변동과 더불어 화폐로 표현된 교환 가치가 될 것이다. 그리고 다양한 요인들은 실제 상품의 가치와 달리 화폐에 의해 표시된 명목상의 가치를 갖게 만든다.

가격과 가치 사이에는 어떠한 등가équivalence도 없다. 마르크스는 동일성은 불가능하다고 강조한다. 즉 가격은 평균적 가치가 아닌 구체적 가치인 반면, 교환 가치는 추상적인 평균 가치를 나타낼 뿐이다. 화폐가 내장되어 통합된 사회적 노동 가치에 어떠한 등가도 줄 수 없는 반면, 가격이 가리키는 것은 화폐로 표현된 시장 가치이다.

어떻게 이 모순을 해결하는가? 모든 모순과 같이, 변증법적 과정에서 모순은 시간의 개입으로 해결된다.

우리는 순식간에 사용 가치와 가격을 고정시킬 수 없다. 이 둘은 서로서로 경제적 과정 속에 들어가 있다. 가격은 진화한다. 그리고 이러한 진화에 따라 가치는 무엇을 만드는가? 마르크스는 "가치는 가격이 관통하는 운동 법칙이다"라고 기록한다. 이것이 의미하는 바는 가격 변동이 가치의 축 주변에서 생산된다는 것이다. 이 운동은 공급량의 다양성과 생산 가격, 즉 교환 가치에 대한 요구의 다양성에 의해 유발된다.

3.2.2. 생산에서 상품으로의 이행에 따른 가치와 가격

모든 상품은 물질화된 어떤 노동 시간과 마찬가지이다. 그러나 문자 그대로, 상품은 노동 시간이 아니라 물질화된 노동 시간이다. 마르크스는 상품에 대해 "노동에서 휴식으로 가는 시간과 관련된 것"이라고 말한다. 일반적으로 상품은 노동 시간이 아니다. 우리는 교환 가치에 대한 전반적인 정의를 말할 수 있다. 그러나 이론적 교환 가치와 일반적이고 이론적인 노동 시간의 결과가 아닌, 규정된 노동 시간의 결과로 주어진 상품 간의 관계를 이해하는 것은 매우 어렵다.

그러므로 이 상품의 가치는 동시에 정해진 노동량, 수입이 될 것이고, 수입에 따라 이 상품은 다른 상품들과 교환될 수 있다. 상품이 그것을 만든 노동과 다르다는 것을 알고 있는 것과 마찬가지로 상품 가치는 상품 그 자체와 다르다.

이러한 상품 가치는 한편으로는 교환에 대한 자신의 보편적 능력이고, 동시에 다른 한편으로 교환에 대한 자신의 특별한 가능성이다. 사실상 교환이 현실적이지 않다면, 상품은 어떠한 가치도 갖지 못한다.

정해진 대상, 특별한 대상으로서 상품은 공통의 척도가 없으므로 측정할 수 없다. 가치로서 모든 상품은 질적으로 동일하며, 이 상품들 사이에는 양적 다양성만 존재할 뿐이다. 이를 통해 가치에 대한 새로운 정의가 나온다. 곧 "**가치, 그것은**마르크스는 '가치, 그것은' 처럼 항상 정확하게 이 말들을 사용한다 **상품들과 상품들의 경제적 품질 사이에 존재하는 사회적 관계이다.**" 그러므로 자신의 대상적 특수성으로 보자면 상품은 유일하고 고유하지만, 동시에 가치로서의 그것은 동등하다. 바로 이 경로가 생산물의 상품으로의 변형을 나타낸다. 또한 이 경로는 일반적으로 동등한 화폐의 매개에 따라, 가치와의 배타적 관계에 있는 특별한 상품의 매개에 의해서만 실행된다.

각 상품에 대해 화폐를 소유하는 일이 객관화될 수 있기 때문에, 대상그 자체는 화폐라는 허상의 이면으로 사라져 버린다. 마르크스는 이것을 상품 가치에 관한 증권 거래의 역할 가능성 설명이라고 말한다. 화폐로 표현하는 것은 모든 상품과 분리된 하나의 존재 양식을 얻는 것이다.

자본주의 체제에서, 그 체제 자체와 더불어 생산 관계는 필연적으로 화폐의 매개를 통해 진행된다. 게다가 이것은 자본주의 체제에서 우리가 일차적으로 욕구에 따라 생산하지 않고, 수익성에 따라 생산한다는 것을 설명한다.

3.2.3. 가격으로 전환된 교환 가치로서의 생산과 노동

자본의 순환이 반드시 존재하려면, 생산과 노동은 가격으로 전환된 교환 가치로서 순환해야 한다.왜냐하면, 생산과 노동이 자본을 지탱하기 때문이다

따라서 우리는 마르크스가 말하는 "**객관적이고 자발적인 연쇄**"un enchaînement objectif spontané에 따라 화폐로 표현된 다양한 가치의 지속적 순환을 갖게 된다. 즉 모든 가치 순환은 더욱 큰 하나의 가치 순환을 생산

한다.

이 운동은 개인들의 의식적 행동의 결과이지만, 그러한 의식이 얼마나 위대한가에 달려 있는 것은 아니다. 즉 활동하고 있는 체제 안에서 개인들은 자신들의 외부에 있는 어떤 힘을 취하며, 생산하는 개인들과 공급하는 개인들의 상호작용은 고전주의자들이 탐구했던 수요와 공급 법칙 아래 놓인다.

어떻게 수요와 공급의 고전적 법칙이 마르크스의 경제 체제 해석에 재통합될 수 있는지 이해하는 데 머물도록 하자.

3.2.4. 자연 가격과 시장 가격을 구분하는 마르크스

자연 가격은 가치에 정확히 일치하는 가격이지만, 상품 가격은 종종 자연 가격에 상응하지 않는다.

그러나 마르크스에게 시장의 힘은 단순하며 기본적인 수요와 공급 법칙으로 정의되지 않는다.

마르크스는 다음과 같은 정식에 따라 시장 가격을 정의한다.

> "시장 가격은 시장에 필수품을 공급하기 위한 생산의 평균 조건들 속에 있는 필수적인 사회적 노동량을 설명한다."

시장 가격은 시장 전체 욕구에 따른 어떤 상품의 총량에 따라 결정되지, 개인적 욕구나 공급에 따라 결정되지 않는다.

상품이 희소하면 시장 가격은 자연 가격보다 높을 것이고, 충분하면 자연 가격보다 낮을 것이다. 시장 가격은 상황에 따른 변동을 인식하나, 언제나 자연 가격, 즉 교환 가치, 변형되어 육화肉化된 노동 가치에 대해서 인식한다. 그러나 보충되어야 할 조건은 우리가 독점 상황에 있는 것이 아니라 자유 시장에 있다는 것이다.

3.2.5. 자연 가격에 대한 시장 가격 변동

따라서 마르크스에게, 자연 가격에 대한 시장 가격 변동은 일어나지만, 외적 요소로 고려되는 실제 가치에 대한 시장 가격 평준화는 존재하지 않는다.

통제되고, 계획된 경제에서 발생할 수 있는 것과는 대조적으로 시장 제도에서는 교환 가치에 가격을 환원시키도록 개입할 수 있는 어떠한 권위도 없다. 마르크스는 평등이란 **"불평등 그 자체의 일정한 경향에 의해"** 실행된다고 말한다. 실제 가치는 시장 가격의 변동을 지배한다. 그러나 그것은 실제 가치 그 자체와 연결됨으로 가능하지, 외적 힘으로 드러나는 것으로 가능한 것이 아니다.

가격은 명목상 가격으로서의 가치와 구별된다. 뿐만 아니라 실제 가치가 가격들에 의해 폭넓게 이루어지는 활동들의 평균이라는 사실에 따른 가치와도 구별된다. 실제로 현실 상품 가격은 상품 가치에 따라 설정된다.

현재까지, 우리는 상품 가치와 실제 가치 사이에 있는 차이점에 관해 거론했다.

지금 우리는 상품 가치와 상품 가격의 차이에 관해 말하고 있다. 즉 상품 가치는 상품들의 어떤 범주에서 어떤 단계로 가는 전반적 가치이다. 또한 상품 가격은 상품 가치에 대해 부차적인 변동을 발생시키는 지역 환경들에 의존한다.

따라서 우리는 산업 생산에서 상품으로, 교환 가치 있는 상품에서 상품 가치로, 상품 가치에서 시장 가격으로 이행한다. 또한 이러한 가치와 가격의 연쇄는 다음의 내용을 실행한다. 곧, 프롤레타리아에 의해 생산

된 가치가 부르주아 계급 안에 있는 제반 사회 범주들을 재분배하게 될
것이다.

3.2.6. 가치와 가격의 근본적 차이

마르크스에게 문제가 되는 것은 명목상의 차이 혹은 본질적 차이 뿐인
가?

수요와 공급 법칙에 영향을 받는 가격은 가치에 대한 본성에 의해서는
동등하지 않다. 그렇지 않다면, 매우 예외적 방식일 것이다.

결국, 가치의 결정 요소와 핵심 형성 요소는 가격을 나타내는 요소가
될 수 없다.

실제로, 가치와 가격의 평등이 존재했더라면, 가치를 결정하는 노동
시간은 자신이 가치 결정 요소이지 가격의 결정 요소가 아니라는 것을
설명해야만 했다. 동시에 노동 시간은 가치 결정자이고, 가격 비결정자
가 되어야만 했다. 노동 시간은 그 자체로 동등하면서 동시에 동등하지
않아야 했다.

가치의 척도인 노동 시간은 가격 측정 기준에 대해 실제적 역할을 할
수 없다.

따라서 가격은 가치, 노동 시간과 같은 또 다른 척도에 관계되어야 하
고, 가격의 척도가 될 요소인 돈과 관련되어야 한다.

이러한 엄격한 논증의 궁극에서, 마르크스는 가격과 가치 사이의 명목
상 차이가 이 둘 사이의 실제적 차이를 은폐한다는 것을 강조한다.

4. 잉여가치

4.1. 잉여가치와 이윤

습관적으로 마르크스는 이윤은 상업적 이득과 혼합되지 말아야 한다는 전통적 설명을 허물어 버리고 시작한다. 항상 일반적인 것과 특수한 것 사이에는 동일한 대립이 있다. 곧, 상업 활동 속에서, 교역에 참여하고 있는 두 사람 가운데 하나가 부유하게 된다. 그러나 반대로 이러한 부는 잉여가치, 새로운 가치 창출에 부합하지 않는다. 그리고 이러한 부는 사회의 집단 속에서 사회가 부유해지는 것을 설명해 주지도 않는다. 만일 우리가 총체적 관점에서 현상을 고려하고 시간 속에서 현상을 고려한다면, 결국 인간 각자는 동시에 혹은 차례로 판매자와 구매자일 것이다. 판매자로서 어떤 상업 활동으로 이득을 얻었다고 가정할 때, 그에게 구매자라는 칭호는 가능하지 않을 것이다. 다른 한편, 그 시간에 판매자가 구매자가 될 때, 그는 자신의 이익을 상실해 버릴 것이다. 우리가 활동의 총체성과 길게 지속되는 시간을 고려한다면, 모든 것은 상쇄되고, 파기된다.

상업 이윤은 한 개인의 부를 설명할 수 있으나, 결코 사회의 부를 설명할 수 없다. 그러나 자본주의 사회에서 주목할 만한 것은 모든 사회가 부유해진다는 것이다.

이윤을 설명할 때, 경제 활동가가 타자를 기만하거나 도둑질 혹은 착취한다는 식의 생각에 토대를 두는 설명 형태를 포기해야 한다. 우리가 자본 축적을 설명하고자 한다면, 모든 것이 정상적으로 전개된다는 사고에서 출발해야 한다.

4.1.1. 노동력의 가치

마르크스 경제 분석의 핵심 요소는 다음과 같다. 급여의 반대급부로 노동자는 소유주에게 생존을 위해 자신의 노동력을 판매한다.

임금은 노동력의 교환 가치이다. 우리는 종종 다음과 같은 오해를 한다. 곧, 노동자는 노동 시간을 판매하지 않으며, 규정된 노동노동자는 "품삯" 때문에 일하지 않는다을 판매하는 것도 아니다. 노동자는 실제 자신의 노동력을 판매한다.

이 노동력은 자본가가 자신의 자리에서 소유한 하나의 상품이다. 또한 그것은 계약 한도 내에서 유용하게 사용될 수 있는 시간동안에만 사용되지, 장구한 시간동안 사용될 상품이 아니다. 관건은 상품과 노동력에 영향을 미치는 자본가에 의한 구매 계약이다. 자본가는 이러한 상품의 가치를 설명할 가격, 임금을 지불한다.

그렇다면, 노동의 상품 가치란 무엇인가?

여기에 마르크스의 천재적 특징이 있다. 곧, 상품이 쟁점이기 때문에 가치는 다른 상품들과 동일하다. 상품에서 가치는 가치 생산에 필요한 노동량 즉, 우선적으로 노동력 유지비에 따라 결정되고, 일정량의 생산품식품, 주거, 의복 소비에 의해 결정되며, 각각의 생산품들이 상품 생산을 위한 필수 노동량과 상품에 내재되어 변형된 노동량에 상응하는 교환 가치를 얼마나 갖고 있는가에 따라 결정된다.

게다가 노동력을 유지하고, 회복하고, 재생산하는 일로는 충분하지 않으며, 자녀들이 담당하게 될 노동 대리remplacement를 예상해야 한다. 따라서 이러한 노동 상품의 가치 계산에는 자녀 교육을 고려해야 한다. 노동과 동격인 상품의 정상 가격은 의식주 비용과 자녀 교육비용의 합과 동일하다.

4.1.2. 노동력 실행

인간의 노동력을 구매한 소유주는 노동력의 사용권을 갖는다. 소유주는 노동자가 노동이 가능한 범위에서 그 노동력을 사용할 수 있다. 그러나 이 노동력을 매우 유용하게 사용함으로, 소유주는 노동력 회복에 필요한 노동량보다 더 많은 생산물을 얻게 된다.

두 가지 요소가 강조된다.

1. 엄밀히 말해 인간은 자기 소비의 필요 이상을 생산할 수 있다. 만일 우리가 원시 공동체에 있다면, 분명히 인간은 자신의 생존에 필요한 것을 위해 일할 것이다. 그리고 원시 공동체 사회에 있는 인간은 생존을 위해 자신의 모든 시간을 노동에 집중하는 현상에서 매우 멀리 떨어져 있을 것이다. 그러므로 엥겔스에게서 약간 목가적으로 나타났지만, 이후 많은 민속학자에 의해 확인된 다음과 같은 관점을 볼 수 있다. 곧, 원시 사회 인간은 놀랄만할 정도로 풍부한 자유 시간을 가졌고, 우리의 생각과 반대로 그들은 약간의 시간 동안 노동했으며, 우리의 시각에 거짓말처럼 보이지만, 원시인들은 노동에 짓눌려 있었다는 것이다.

이와 같이 원시인은 소비에 대한 놀라운 어떤 힘을 지녔다.

> 분명히 마르크스가 말하는 것과 평행 대조를 이루는 것은 아니지만, 원시적이라 불리는 어떤 사람들이 전념하는 소모적인 춤들에 대해 생각해보는 것으로 충분하다.[87] 우리는 19세기에 하루 16시간 공장에서 일하는 노동자가 이러한 종류의 축제를 추진하기 위해 필요한 힘도 가졌다고 생각할 수 있는가? 분명히 아니다.

따라서 우리는 춤을 추려고 많은 부분의 힘을 사용하는 한 사람과 생

---

87) 폴 라파르그, 『게으를 수 있는 권리』(조형준 역, 새물결, 2013)에서 폴 라파르그는 노동 지속 시간이 감소하는 것은 "우리가 노동과 노동자들에게 부과하는 엄격한 법들, 노동자의 건강 회복을 위한 안무 활동 등과 연루될 것"이라고 주장한다.

산을 위해 자신의 힘 전체를 사용하는 다른 한 사람 사이에 존재하는 주목할 만한 간격을 확인한다.

그러나, 노동력 사용은 노동자의 활동 기력에 의해서만 제한된다. 이로보아, 만일 우리가 노동력을 충분하게 사용한다면, 노동자는 그가 사용하는 것보다 많은 가치를 생산할 것이다. 그리고 노동자는 자원해서 이 방법을 실행하지 않는다. 그의 노동력은 구매되었기 때문이다.

이것은 착취 현상이 아니다. 즉 소유주는 어떤 것도 훔치지 않았고, 오히려 자신의 시장 가치를 위해 노동력을 구매했다. 또한 소유주는 마치 우리가 구매한 물품을 사용하는 것처럼 자신이 구매한 노동력을 충분히 사용할 것이다.

2. 두 번째 요소, 실제로 소유주가 틀림없이 이 상품을 사용하는 것은 필요하고, 그가 노동력을 구매한 이 노동자들을 조직적으로 만드는 일도 필요하다. 마르크스는 조직화에 대한 오랜 발전과 노동 분할 등에 전념한다.

이러한 조건들에서 노동력은 가치 재생산에 필요한 것 이상의 가치를 생산한다.

우리는 마르크스 자신에 의해 주어진 다음과 같은 예를 통해 이 주장을 그려낼 수 있다. 곧, 노동자가 자기 노동력을 되풀이하려면 노동하는 6시간에 상응하는 어떤 가치를 창출해야만 한다. 이는 노동자가 6시간 경과 후 노동을 마칠 것이라고 말하려는 것이 아니다.

위에 예로 든 6시간을 넘어, 노동자는 초과 노동을 할 것이고, 완전히 새로운 가치를 창출할 것이다. 이것이 사회의 모든 가치 창출의 근원에 해당하는 작동 방식이다.

노동력에 정상적인 가격을 지출하는 소유주는 6시간에 해당하는 급여를 지출했다. 그리고 그는 생산된 가치와 소비된 가치의 차이를 보충 한다. 노동 계약상, 소유주는 명백히 타당하다. 노동자는 새로운 가치 생산을 위해 필연적으로 소유주의 권위 아래 있다. 임금 노동 활동에서 우리는 소유주에게 속한 초과 노동을 다르게 발생시킬 수 있을 뿐이다. 바로 잉여가치이다.

엥겔스는 이 법칙을 다음과 같이 설명한다.

*"인간 노동력이란 자신의 소비능력보다 더 많은 가치를 생산할 수 있는 매우 놀라운 것이다."

4.1.3. 잉여가치

따라서 생산된 상품들 속에 내재된 노동의 일부가 지불되지 않았다. 그러나 초과 노동에서, 노동자는 사용 가치들만 생산할 뿐이다. 이것은 노동자의 노동이 즉자적으로 이윤을 발생시키지 않는다는 것이다. 초과 노동이 사회 전반의 부를 성장시키는 어떤 가치를 주려면 잉여가치가 사회적으로 변해야 한다. 말하자면, 노동자의 노동에 의해 공급된 생산물 전체는 생산을 위하여 참여한 것보다 더 많은 이윤을 주인에게 마련해 줄 수 있는 상품이 되어야 한다.

그러므로 우리는 이윤이 발생하는 다음의 두 가지 조건을 알게 된다.

– 노동이 하나의 상품이 되는 것.

– 잉여가치를 발생시키는 초과 노동, 이 잉여가치는 시장을 통과하면서 이윤으로 변형된다.

소유주는 현실적 가치에 대한 상품 판매를 자제한다. 따라서 판매를 통해 소유주는 현실 가치에 내재된 노동 전체를 판매한다. 결국, 그는 노동자에게 지불했던 가치뿐만 아니라, 노동자에게 전혀 지불하지 않았던 어떠한 가치도 판매하는 것이다. 이윤은 자동적으로 그리고 필연적으로 이러한 작동 기제에서 나온다.

그러므로 마르크스는 가치의 이 부분잉여가치과 지불된 부분 사이에 있는 관계를 만든다. 마르크스는 이 관계를 노동력 회복을 위해 필요한 일일 노동 분량과 노동자에 의해 공급된 초과 노동 사이에 있는 관계로 정의되는 잉여가치율taux de plus-value이라 부른다.

4.1.4. 가치 분할

노동자가 생산한 가치는 분명 노동자와 소유주 사이에 공유되어야 하는 것에 틀림없다. 임금과 이윤은 서로 반대 방향으로 변화한다. 결과적으로 소유주의 이윤과 노동자의 이윤은 필연적으로 모순된다.

그러나 현실은 약간 더 복잡하다. 마르크스는 임금 문제보다 일일 노동 지속시간 문제를 우선적으로 강조한다.

우리는 일일 노동 시간이 길수록, 이윤도 상승할 것이라고 생각할 수 있다. 실제 이것이 14시간이나 되는 긴 일일 노동 시간을 부과하는 소유주들의 첫 번째 유혹이 될 것이다.

마르크스는 계산은 단순하다고 말한다. 노동자의 인격은 일일 노동 지속 시간에서 나오는 잉여가치 성장보다 더 빨리 소모되기 때문이다. 마르크스는 이러한 실행의 여러 부정적 측면에 관해 다음과 같이 설명한다.

- 빈번한 예로 기계는 상대적으로 쉽게 파손될 수 있다. 노동자가 피곤하면 기계는 쉽게 손상될 위험이 있다.
- 또한 많은 근로 사고가 발생할 수 있다. 소유주들, 심지어 마르크스의 사고에서도 인간적 염려가 문제시되지 않지만, 노동자들을 대체

할 필요가 발생한다. 이것은 매우 길고, 어려운 작업으로 드러날 것이며, 이윤 감소의 한 원인이 된다. 아마도 숙련된 노동자를 찾는 일역시 불가능할 것이며, 곧 가치의 손실로 이어진다.

- 하루 종일 일하는 노동자는 젊은 나이에 사망할 것이고, 더 젊고 덜 숙련된 노동자로 이르게 대체하는 일은 직업 교육비용과 생산 가치의 하락을 내포한다.

- 마지막으로, 13시간 혹은 14시간에 이르는 노동 시간동안, 아마도 노동자는 동일 리듬으로 생산하지 않을 것이다. 노동 시간 단축이라는 바람직한 일로 생산량 저하가 나타나지 않겠는가?

이는 소유주들이 노동 제한 시간을 수용하는 경향을 보이는 이차적 시기에 나타날 것이며, 우리는 그것을 목도할 수 있을 것이다.

그로부터 마르크스는 조합 활동에 반대하는 다음과 같은 논쟁을 끌어낸다. 곧, 실제로 일일 노동에 가장 적합한 시간을 찾으려 하고, 초과 노동이 가능한 최상의 시간에 노동의 한계를 정하려하는 일에 진정한 관심을 갖고 있는 자들은 바로 소유주들이다.

마르크스는 조합원 투쟁이 소유주들의 관심사항과 만나게 된다고 말한다. 그는 조합원들과 조합 운동에 의한 내용상의 개혁들에 완전히 적대적이었다.

반면, 마르크스는 일일 노동이 엄격하게 노동력 재생산에 필요한 시간에 환원된다면 더 이상의 이윤은 없을 것이라는 사실을 내세운다. 분명한 것은 자본주의 세계에서 노동자에 의해 소비된 생산물과 정확히 대응되는 것으로 노동 시간 감축에 이를 수 없다는 것이다. 이러한 제한에 근접해 있을 때, 더 이상 소유주는 노동자들을 일하도록 하는 것에 관심 갖지 않을 것이다. 즉, 그러한 잉여가치율에서는 더 이상의 이윤도 없고, 사회의 새로운 가치 창출도 없으며, 개인을 위한 어떤 부도 존재하지 않을 것이다.

동시에 마르크스는 임금 상승 문제를 제기한다. 즉, 보충된 가치, 잉여 가치와 이윤의 영속적 창출에 직면하여 임금 상승은 충분하고 만족스러운가?

마르크스는 이 지점에서 재차 조합주의적 태도에 반발한다. 임금은 가격에 상응한다. 그러나 임금 상승은 가격 변화이지 가치 변화가 아니다. 또한 최소 잉여가치율도 아니다. 노동 시간이 더욱 비싸게 지불되기 때문에, 잉여가치율은 결코 변경되지 않을 것이다. 생산이 성장한 것으로 충분하고 소유주는 동일한 이윤을 보존할 것이다.

마르크스의 마지막 연구는 노동력 사용에, 지속의 개념뿐 아니라, 강도의 개념이 있다는 것이다. 기계화 상승과 작업 가속화를 추구하는 것은 노동자 활동의 가속화와 노동자의 노동 강도 증가를 함축한다. 또한 노동 시간 축소는 노동 강도, 노동하는 시간 동안 생산된 가치의 양에 따라 분석되어야 한다.

이것은 바로 마르크스가 다루는 절대적 잉여가치와 상대적 잉여가치의 차이에서 전개된다. 잉여가치 형성의 작동 기제는 전체 현상이 아니라 다변화된 현상이다.

4.1.5. 노동 상품 : 마르크스 경제 사상의 중심 개념

잉여가치 형성의 제반 체계는 노동이 하나의 상품으로 간주된다는 사실에 놓여 있다.

남은 모든 것이 바로 이 사실에서 기인한다. 마르크스가 분석하는 것처럼 경제 현상이 동일한 현상에서 인간 현실을 분리할 수 없다는 점은 마르크스 사유의 독창성이다. 철학적 측면에서 노동에 관해 우리가 실행하는 분석이 어떻든 간에, 다른 경제학자들은 경제학적 관점에서 생산의

한 요소로서 노동을 고려할 수 있다고 생각한다. 마르크스는 이러한 분리를 거부한다. 그에게 노동은 인간 실존의 중심 가치로 남아 있으나, 그것은 반드시 하나의 상품으로서 자본주의 체제 안에서 통합된다.

노동에서 상품으로의 변형을 문제 삼으면서, 우리는 필연적으로 모든 체계를 문제 삼게 된다. 마르크스는 인간들은 노동이 하나의 상품으로 환원되는 것만을 받아들일 수 있다고 주장한다. 즉, 이러한 조건에서 노동자는 오직 자기 생활에 필요한 물품과 수단들을 확보하고자 자신의 생체 활동을 판매하는 것이다. **"노동은 삶의 희생이다."**_{아담 스미스}

이를 통해 우리가 도출할 수 있는 전체 결론은 경제 분석에서 인간적 차원의 회복은 자본주의 경제 체제 가능성에 대한 파열을 포함한다는 것이다. 사회주의 사회의 중심 사상은 상품으로서의 노동을 철폐하는 것이 될 것이다.

4.2. 절대적 잉여가치와 상대적 잉여가치

4.2.1. 절대적 잉여가치

지금까지 우리가 말했던 것이 절대적 잉여가치이다. 절대적 잉여가치는 반드시 자본의 사용에 의해 생산되며 필연적으로 자본에 재통합된다. 성장하는 잉여가치 생산을 목표로 하는 영역에서 자본이 필요로 하는 것은 항상 잉여가치 획득의 유일한 수단인 노동 과중이다. 따라서 마르크스는 『공산당 선언』에 등장하고 『자본론』에서 재차 확인하는 자본에 대한 유명한 정의를 다음과 같이 내린다.

*"자본이란 흡사 흡혈귀와 같이 살아 있는 노동을 빨아 먹으며 사는 죽음의 노동에서 나오며, 그의 삶은 자본이 노동에서 뿜어내는 것이 많으면 많을수

록 더 경쾌해진다."

마르크스는 19세기에 매우 유행했던 흡혈귀라는 아주 강한 이미지를 사용한다.

자본이 상승할수록, 자본은 더 많은 노동자의 노동 총체를 요구한다. 그러나 이것은 하나의 설명을 전제하는데, 그것은 바로 우리가 노동 시간 감소 경향이 존재했음을 보았다는 것이다. 마르크스는 자본이 더 성장할수록, 자본은 더 많은 양의 노동 시간을 원한다고 말하고자 한다. 그러나 여기서 그가 생각하고 있는 노동자는 특정한 노동자 개인이나 각각의 노동자가 아니다. 마르크스는 집단적 차원에서 노동자를 생각한다. 쟁점은 노동자 계급의 상승된 노동 시간 획득이며, 이것은 노동자와 프롤레타리아 수의 증가에 의해서만 가능하다. 노동 계급의 노동 전체 역량은 막힘없이 성장해야 한다.

자본은 인간을 노동자로서 점진적으로 일터로 끌어가기 위한 강제 요소이며, 노동자들 자신이 원하는 노동보다 더 많이 노동하는초과 노동 노동자 계급에 대한 억압 요소이다.

자본이 생산 기술 수단들을 완성해 살수록, 더 많은 생산 기술 수단이 노동 흡수 수단으로 변형된다. 따라서 마르크스는 기계가 노동을 절약한다고 생각하는 여러 경제학자의 오류에 맞서 싸운다. 기계는 몇몇 노동의 유형을 만드는 노동자의 노동은 절약해줄 수 있다. 그러나 그것은 간접적으로 또 다른 노동자를 일하게 만든다. 기계가 많아질수록, 노동자도 많아진다.

마르크스에게 기술 수단은 어떤 종류의 자율성도 갖지 않으며, 오직 잉여가치 증가에만 초점을 두는 자본에 봉사하는 도구일 뿐이다. 기술 수단은 유일한 잉여가치 생산 가능 요소인 노동을 점진적으로 흡수해 들어간다.

마르크스가 자본의 이러한 활동에 관하여 부정적 판단을 견지한다고 생각하는 점을 경계해야 한다. 마르크스는 진보하고 있는 어떤 사회에 대한 시각을 갖고 있었다. 그러나 그 진보는 노동자 자신이 소비하는 것보다 더 많이 생산하는 때에만 가능하다. 산업 사회는 사회주의 사회 위에서 전개될 것이고, 많은 생산을 위해 노동자를 억압할 때 자본은 사회주의 도래를 향한 노동을 하는 셈이다.

그러나 산업화된 세계에서는 노동자가 생산 수단기계을 지배하는 것을 멈추게 되며, 노동자를 지배하는 생산 수단은 기계이다. 이것은 오랜 기간 기계에 종속된 노동자들의 생각만큼 당연한 것으로 받아들여진 생각이다. 그러나 마르크스가 보는 기계는 노동자를 자본에 종속시키는 하나의 매체일 뿐이다.

4.2.2. 상대적 잉여가치

전술前述된 이론적 작동방식을 제외하고, 자본주의 체제의 구체적 활동에는 잉여가치를 상승시키든지 혹은 잉여가치가 감소하지 않도록 할 수 있는 부수적 요인과 요소가 존재한다. 마르크스는 이러한 보충supplément을 상대적 잉여가치라 부른다. 상대적 잉여가치는 요행에 따라 좌우되는 특성을 가졌고, 상대적 잉여가치는 체계적으로 발생하지 않는다 항상 제한된 지속성을 가졌기 때문에 상대적이다.

예를 들어, 마르크스는 노동의 지속성이 합법적으로 제한될 때, 노동시간의 명백한 상승 없이 어떻게 잉여가치 상승이 가능할지 물었다.

우리는 몇 가지 사례에서 이 상대적 잉여가치 개념을 분석할 수 있다.

'첫 번째 사례' : 가장 빈번한 예로, 특별히 소유주가 더 많은 생산성을 가졌고, 소유주가 사용하는 노동자의 수와 동일한 어떤 기계를 작동시킬 때, 나타나는 생산 속도 상승이다.

10시간 노동하면서 상품 10개를 생산하는 노동자를 가정해 보자. 이 노동자가 일하는 10시간에 대해, 우리는 8개의 가치를 그에게 지불한다. 만일 우리가 노동자 대신 상품 12개를 생산하는 더 완성도 높은 기계를 배치해 놓는다면, 소유주는 일정 기간 동안 상품들을 단위당 동일한 가격으로 판매할 것이다. 소유주는 노동자에게 상품 8개에 대한 가치 지불을 지속할 것이다. 이 때, 잉여가치는 상품 4개분의 가치에 상응한다. 1/5이었던 잉여가치율이 1/3로 올라간 것이다.

아래 내용도 마찬가지이다.

- 생산된 물품 단위당 판매 가격이 즉시 떨어지지 않을 것이기 때문이다. 이것은 위에서 설명된 가치가 하락하지만, 가격은 그렇지 않다는 것과 완전히 다르다. 여하튼 즉각적이지 않다

- 또한 안정된 상태에 머무는 삶의 일반적 조건들 때문에, 노동자가 생활을 지속하도록 8개 상품의 가치 지불을 지속하는 것으로 충분하다.

다만 얼마의 시간이 필요힐 뿐, 시장 사격은 본래 가격으로 되돌아간다.

노동자에게 8개의 상품 단위에 해당하는 급여를 지불하는 일로는 더 이상 충분하지 않으며, 10개 혹은 11개에 해당하는 금액을 지불해야 한다. 적응adapation에 앞서, 상대적 잉여가치가 존재한다.

마르크스는 이 사례를 일반화, 이론화하면서 다음과 같이 기록한다. **"이처럼 우리는 더 많은 사용 가치를 생산하는 힘을 얻게 하는 가장 적은 노동량을 소유한다."** 즉, 완성된 생산 수단들을 사용하는 자본가는 시장 가격보다 낮지만, 공장 가격보다 높게 판매할 수 있다. 그러므로

자본가에게 있어, 잉여가치율은 경쟁하는 작동기제들의 작용이 상황을 균등하게 만드는 데까지 상승할 것이다.

그러나 자본가가 상대적 잉여가치를 얻는 이 시기 동안, 그는 투자를 위한 자본의 잉여를 가질 것이다. 즉 상대적 잉여가치는 투자 자본 확대를 견인한다.

'두 번째 사례' : 노동 가치 하락

우리는 어떤 산업 분야에서 생산성 증가는 가격 하락을 지향한다는 점을 알고 있다. 이러한 생산성 향상이 노동자 소비에 맞춰진 생산품들을 공급하는 산업이나 농업 분야에서 생산될 때, 이것이 의미하는 바는 노동력 가치의 감소이다. 노동력의 가치는 그것의 재생산 가격과 동일하기 때문이다 결국, 새로운 가치에 대해 소유주는 이전 가치보다 더 적게 지불하는 것을 합법화한다. 생산 수준이 동일 수준에 머물고, 소유주가 판매 가격 인하에 대한 어떠한 생각도 갖고 있지 않는 한, 잉여가치는 상승한다.

더구나 마르크스의 설명에 따르면, 이것은 기업가들이 가격을 떨어뜨리려 하는 경향을 갖고 있는 것이다. 사실상 우리는 19세기 전반에 걸쳐, 지속적인 생산품 가격 인하 경향을 확인했다. 또한 이것은 상업적 이득을 극대화하는 정치와는 전적으로 다르다.

4.2.3. 임금 수준에 대한 노동자와 자본가 사이의 논쟁

잉여가치 문제 연구에서, 생각해 보아야 하는 또 다른 요소가 있다. 바로 임금 수준에 대한 노동자와 자본가 사이의 논쟁이다.

만일 우리가 수공업 체제 속에 있다면, 논쟁은 다음과 같은 효력이 있을 것이다. 즉, 개인과 자유인으로 간주되는 노동자는 자신의 노동력 판매비용, 자신의 급여를 두고 싸울 것이다.

그러나 우리가 산업 자본주의 체제, 노동 분할이 이루어지는 대규모의 공장에 있을 때, 노동자는 상호간 예속되기를 지속한다. 왜냐하면, 여기에는 마르크스가 "집단적 노동"이라 부르는 어떤 구성체構成體가 존재하기 때문이다. 집단적 노동이란 각자의 노동력이 더 이상 독립적이거나 자율적이지 않고, 다른 사람과 마주하며 상호 보완하고 종속되는 상황의 생산 과정으로 통합되는 것을 말한다.

기업의 일부를 구성하는 노동자 모두와 연결된 노동자 한 사람은 더 이상 자신의 노동 조건에 관한 토론에 자유롭지 않으며, 특별히 자신의 임금에 대하여 소유주와 대등하게 토론하는 일이 자유롭지 않다.

실제로, 노동자는 한 자본가가 노동자 자신의 노동력을 구매하는 범위 내에서만 노동력으로 존재할 뿐이다. 노동자 집단은 자본이 자신에게 노동에 대한 가능성들을 공급할 때만 노동할 수 있다. 따라서 마르크스는 상황을 다음과 같이 요약한다.

> *"노동자는 노동자 그 자신이 자본으로 변형되어 내재된 활동적 기관의 구성원이 되었다. 즉, 노동 실존의 특별 양태가 되었다."

노동력으로서의 노동력은 결코 존재하지 않는다. 노동력은 구매될 때에만 존재할 뿐이다. 드러나는 것은―아마도 이것은 마르크스 당대에 더욱 분명했을 것이다―이러한 노동력이 노동 분할과 더불어 자본의 본성적 요소라는 것이다. 그것이 자본의 본성적 요소인 이유는 집단 노동 창출을 위한 자본이 존재하지 않는다면, 어떠한 노동자도 사용될 수 없기 때문이다. 다른 사람들과 분리되어 있는 모든 전문가들은 어떠한 실존도 갖지 못한다.

따라서 자본은 노동력에 현실성을 부여하는 동시에 노동 분할에서 일어나는 활동 간 협력을 가능하게 한다. 결국, 노동력에 효율성을 부여하는 것이다.

임금 노동자는 자신의 노동이 자본에 속해 있을 때만 노동력을 철저하게 발전시킨다. 그러나 이러한 상황에서 우리는 자본주의 세계 안에 있는 하나의 잘못된 결론을 도출한다. 즉 노동이 자본의 본성에 구애받지 않는다는 것이다. 우리는 생산이 무엇을 실현하는가에 따라 자본이 존재하며, 노동은 단지 부차적으로 존재한다는 표면적으로 명확한 생각에 이르게 된다. 따라서 자본은 경제의 중심 현상처럼 보이고, 단지 이러한 경제의 축에 통합되어 있는 노동처럼 여겨진다. 마르크스에 따르면, 이것은 경제학자들이 자본 문제를 연구하는 일에 매우 고정되어 있고, 큰 비중이 없는 하나의 요소로만 노동을 생각한다는 점을 설명한다.

마지막으로 이러한 맥락에 임금賃金에 대한 그 유명한 "임금철칙"마르크스가 창안한 말이 아니라 그가 다시 취하는이 있다. 이에 따르면 어떠한 임금도 자신의 가치보다 상위에 있을 수 없다. 소유주는 항상 다음의 이중적 방식으로 노동력의 가격, 임금을 정확하게 그 가치 수준재생산 비용으로 유지하는데 이른다.

- 집단 노동 방식: 어떠한 노동자도 개인적으로 자신의 임금을 협상할 수 없기 때문에 고려할만한 압박 방식이다.
- 엥겔스가 말한 유명한 "상비군", 실업자, 초과 공급이 있을 때, 다른 상품들과 동일한 방식으로 역할을 맡는 수요 공급의 법칙.

5. 돈과 화폐

돈의 문제[88] 는 돈의 인간적 혹은 사회적 측면에서 경제적 측면을 분리할 수 없는 마르크스 사유의 또 다른 중요한 점이다. 마르크스는 자본주의 체제에서 돈 현상이 지배하는 사회적 질서나 심지어 도덕적 질서의 결과들을 경제 분석으로 되돌린다.

바로 이것이 마르크스 경제 사상 연구에서 특별히 난해한 부분인데, 때때로 그의 경제 사상 연구는 돈의 주체에 대하여 우리가 초월적 매개 자격을 부여할 수 있을 정도의 수준에 이르게 한다.

5.1. 경제적 측면들

5.1.1. 돈의 존재 조건 : 임금 노동

돈은 임금 노동이 먼저 존재하는 한 생산의 발전 요소로서만 존재한다.

물론, 마르크스는 역사적으로 자본주의 체제 이전에 돈이 출현할 수 있다는 것을 알았으나, 그는 돈의 결징적인 경세석 차원은 오직 임금 노동과 더불어 출현한다고 말한다. 결국, 우리가 노동을 구매할 수 있었던 순간부터, 오직 돈이 모든 생산적 힘의 발전 조건이 된다.

전체 부를 물질적으로 표현하고, 교환 가치를 설명하기 위해 돈은 모든 노동의 대상과 목적이 되어야 한다. 그리고 돈은 다음과 같은 내용에 직접적 존재가 되어야 한다. 즉, 노동의 목적은 돈 버는 것에 있어야 한

---

88) 자끄 엘륄, 『하나님이냐 돈이냐』(양명수 역, 대장간, 2011)를 보라. 그의 책들 중 다른 어떤 책에서도(『하나님이냐 돈이냐』 프랑스어 2판 후기postface는 예외), 우리는 엘륄 저서에 있는 신학적(성서), 사회학적(마르크스주의) 영향들에 대한 답변이 어느 정도 가능한지 잘 알지 못한다.

다. 만일 그렇지 않다면, 돈은 이미지, 상징, 전체 부의 표현이 아닐 것이며, 더 이상 교환 가치를 개인화하는 수단도 아닐 것이다. 그러므로 우리는 자본주의 경제 안에 있을 뿐 아니라, 수공업, 봉건제 등과 같은 여느 다른 체제 속에 있는 것이다.

임금 노동과 돈의 지배적 우세는 상호간 엄밀히 연결되어 있는 두 요소이다.

5.1.2. 돈과 부

우선 돈은 경제적 순환 속에서 현실적 가격으로 나타난다. 그리고 모든 욕구를 가능한 만족하게 해주는 것으로 출현한다. 실제로 기계는 돈을 통해서만 욕구를 만족시킬 수 있다.

돈으로 가격이 실현되고, 따라서 돈의 실체가 부 그 자체이다.

여기서 우리는 부富란 단지 화폐 기호의 첨가물이 아니고 돈이 곧 부이며, 자본주의 형태의 경제에 관해서 부에 대한 논의와 다른 논의가 존재할 수 없음을 보여 주려한 마르크스의 논증적 입장이 아닌 근사치적 입장에 들어가게 된다.

따라서 마르크스에게 돈의 본질은 실제 재화의 특수한 모든 양식과 분리된 부 그 자체이다. 돈은 가능한 모든 부의 형태에 대한 추상이 된다.

#마르크스는 "금이란 그 형태에 따르면, 제반 노동의 직접적 구현이다. 동시에 그 내용에 따르면, 모든 현실적 노동의 정수가 된다. 전체 부가 개인화 된다"라고 말한다.『정치경제학 비판을 위하여』

이러한 부의 총체는 상품 총체의 이상적인 순수 본질로서 존재한다.

제반 상품 축적에 상응하는 돈 전체의 효율적 축적이 존재하는 것이 아니라, 각각의 화폐 동전이 하나의 총체이자, 가능성이며, 상품들 전체의 핵심이다. 그 이유는 우리는 화폐 동전으로 모든 것을 구매하기 때문이다.

부는 돈을 만져서 알 수 있는 형태에서, 돈이 여타의 제반 상품들과 양립할 수 없다는 범위그리고 자본주의를 다른 제반 경제 체제와 차별화하는 형식내에서만 존재할 수 있다. 돈은 사용의 현실성을 갖지 않는다. 이러한 추상적 잠재성이 존재하려면, 부의 형식과도 같은 다른 여러 상품들을 배제해야 한다.

돈은 필연적으로 화폐 형태를 취한다. 더불어 마르크스가 쟁점으로 삼는 것은 언제나 금속 화폐이다. 마르크스는 순수하고 단순한 화폐에 관하여 극단적으로 의심한다. 그에게 진짜 화폐는 금속 화폐이다. 마르크스는 은행 지폐에 대한 장구한 비판에 전념한다. 그러므로 우리는 모든 상품들에 대한 공통 척도 역할을 하는 "금화와 은화"의 가치를 소유한다. 여기서 우리는 마르크스에게 완전히 벗어나지 않고, 그가 해결하지 않는 난점을 잘 알 수 있다. 즉, 금과 돈은 또 다른 상품들이며, 이 둘은 자신들의 상품 가격에 상응하는 고유한 가치를 가진다는 것이다.

화폐는 상품 하나의 교환 가치 뿐 아니라, 모든 상품의 교환 가치를 나타낸다. 이것에서, 화폐는 모든 사물의 응축물이 되며, 모든 재화의 특별한 성격을 제거한다. 따라서 돈이 상품의 구성 요소인 부富가 된다. 이후 재화에 대한 추상의 새로운 단계는 가치와 가격을 생산한다. 즉, 각각의 상품에는 부의 잠재성이 존재하지만, 상품은 이러한 부가 화폐와 등가를 이루는 것을 통해 상품으로 만들어지는 한에서 부가 된다.

만일 우리가 상품 전체를 고려한다면, 화폐 기호 그 자체에 집중된 일반적인 부가 존재한다는 사고에 이르게 된다. 그러므로 돈은 일반적 부의 주제가 되며, 일반적으로 존재하는 것을 드러낼 뿐이다.

여기서 마르크스는 더욱 중요한 것을 말한다. 일례로 그는 우리가 현재 아는 불합리함에 관한 것을 보도한다. 즉 그 불합리함이란 국민총생산 계산이다. 마르크스는 소비재로 창출된 현실재로 만들어진 가치, 가격, 화폐의 연속적 추상화를 통해 이를 정확하게 고발한다.

돈은 결코 어떤 개인적 관계나 재화 생산자, 판매자, 소유자 누구와의 관계도 지시하지 않는다.

돈은 어떠한 재화라도 인간적 관계없는 추상적 가치로서 획득하는 것을 허용한다. 따라서 돈은 경제적 관계의 전적 추상을 가능하게 한다. 엄밀한 수학을 통해 경제 기록이 가능하다면, 오직 돈이 존재하기 때문에 그렇다. 우리가 일반적 부에 대한 이 기호를 돈으로 만들지 않았다면, 수학적 경제는 가능하지 않았을 것이다.

우리는 인간관계의 추상에까지─마르크스에게 인간은 그 관계들에 따라서만 존재할 뿐이다─이르는 추상의 과정과 접하고 있다. 그리고 이러한 조건에서 돈의 소유는 인간의 어떤 성질도 발전시키지 않을 뿐더러, 인간의 현실을 파괴할 것이다. 돈은 관계를 제거하기 때문이다.

따라서 우리는 반드시 경제 현상들의 인간적, 사회적 차원에 접근하기 위해─그리고 내가 보기에 이 부분이 마르크스의 분석 능력을 형성하는 자리이다─단지 경제 영역을 빠져 나올 뿐이다.

마지막으로 돈은 노동의 절대 분할을 발전 가능하게 했다. 마르크스는 노동 분할의 여러 형태가 존재하나, 유일하게 자본주의가 절대적 분할에 이르렀고, 종종 그가 "세부적 분할", 달리 말해 우리가 산업 생산 내에 있는 노동 분할이라고 부르는 것을 받아들인다.

자본주의 형태로 돈을 사용하는 것은 이를 가능하게 할 것이다. 왜냐하면, 돈은 특별한 생산품과 독립된 노동을 제공하기 때문이다. 여하튼 돈의 개입과 돈에 의한 추상 현상 덕분에, 노동자가 분명하고 구체적인 어떤 욕구를 충족시키는 완성된 재화를 생산하는 것은 별로 중요하지 않다. 그리고 어쨌든, 노동자의 생산물은 그 무엇이건 우리가 전체 부에 통합시킬 어떤 것quelque chose이 될 것이다. 모든 교환이 돈의 매개를 통해서만 이루어지기 때문에, 노동력과 생산 재화 유용성 사이에는 완전한 분리가 있다.

5.2. 돈의 사회적, 인간적 측면

5.2.1. 첫 번째 측면 : 내재된 모순들

마르크스에게 돈은 그 자신을 부정하면서 존재하는 것과 내적 모순들을 가졌음을 뜻하는 것을 구현한다.

장구한 분석 가운데, 마르크스는 무수한 사례를 제시한다.

- 확실히 돈은 하나의 경제 활동, 교환 수단일 뿐이다. 그러나 돈의 구조 자체와 일반적인 부와의 관계에 따라, 돈은 경제 활동의 하나의 목적, 유일한 목적이 된다. 곧, 경제 활동의 다른 목석을 논에 고정시킬 필요는 없다. 하나의 목적이 되는 돈에는 매우 본질적인 모순이 존재한다.

- 다른 편에서, 상품들의 가치는 돈을 통해 설명되고, 현실화된다. 그러나 이러한 현실화는 돈이 상품들과 분리되는 영역과 돈 그 자체가 다른 것들에 동일한 하나의 상품이 되는 것을 지속하는 영역에서만 효력이 있다.

- 마르크스가 전체 7가지로 분석하는 세 번째 모순은 생산품들이 재화와 재화 사이의 교환에 종속될수록, 돈은 생산에 독립된 교환을

가져온다는 것이다. 우리가 생산과 교환 사이에 근본적으로 동일성이 있다는 것을 보았던 반면,89) 경제적 현상 내부에서 돈은 교환에 의존하는 생산과 생산의 제반 요소에 독립적인 교환 사이에 있는 모순을 수용한다.

5.2.2. 두 번째 측면 : 매개의 문제

마르크스에게, 인간은 항상 모든 인간에 대한 매개자가 되는 것으로 부름 받았다.90) 그것은 인간의 근본적 소명이다.

그러나 마르크스가 돈의 본실, 돈의 본질적 실재라고 부르는 것의 발전에 따르면, 이 돈은 모든 관계의 매개자가 된다. 여하튼, 자본주의 세계와 가족적, 정치적, 기타 여러 가지 사회적 관계 속에서, 관계는 돈에 의해 매개된다. 이러한 매개를 통하여, 인간은 자신에게서 독립되고 모든 인간 사이에 개입되는, 중립적 권위에 귀속되어 자기 활동과 타자들과의 관계를 고려한다. 마르크스는 "인간은 자신의 매개적 활동을 외재화했다"라고 쓰고, "인간은 사회에서 인간으로서 더 이상 활동적이지 않으며, 인간은 사라졌다"라고 덧붙인다. 매개자가 되는 것을 멈춘다면, 인간은 더 이상 타자들과의 관계에서 인간이 아니다. 인간은 자기 자신을 대리하는 어떤 사물에 의해 이러한 기능으로 대체된다. 그러나 인간은 자신에게 독립된 것으로 인간 고유의 활동을 생각하고, 그처럼 행동함에 따라 자신이 예속되는 것을 받아들인다. 매개자가 되는 것을 포기함으로 말미암아, 인간은 자기의 인간적 성질을 포기할 뿐만 아니라, 종속되는 것을 수용한다. 그리고 다른 것들도 이 매개물에 종속된다. 의식적이지 않을지라도, 인간은 자신의 예속화를 받아들인다. 그리고 이것은

---

89) 이 책 Ⅱ장, 2.3.2. "생산과 분배의 관계" 143쪽을 보라.
90) 이 책 Ⅱ장, 2.2.1. "노동" 130쪽을 보라.

인간이 더 이상 하나의 인격이 아닌 이상 더욱 가중된다. 마르크스는 수차례 반복해서 다음과 같이 이것을 말한다. 곧 예속이 한 인간이 다른 한 인간에게 종속되는 사건을 포함할 때, 재차 문제가 되는 것은 실제적 관계와 인간적 관계이다. 돈의 매개로는 인간에서 인간으로 가는 어떠한 종류의 관계도 더 이상 존재하지 않는 것이며, 실제 인간은 활력 없는 한 사물에 연결되고, 따라서 인간적 관계들은 사물화 된다.

또한 최악의 생각은 이러한 사물적, 추상적 관계가 노예제보다 덜 중요하고, 비중이 없다고 보는 것이다. 이 지점에 대해, 마르크스는 중세 농노의 상황이 19세기 노동자의 상황보다 100배는 더 낫다고 분명하게 말한다. 노동자는 돈의 익명적이고 추상적인 힘에 의존한다.

마지막으로, 항상 돈과 개인 간에 실제로 형성되는 관계는 순전히 우연적 관계이다. 인간이 인간에 대한 매개자일 때, 우리는 "친밀함에 따른 선택", 선택하는 관계를 규정할 수 있다. 이와 반대로, 돈이 매개자일 때, 돈에 대한 인간의 관계가 전적으로 우연이기 때문에 이 둘의 관계는 우연히 성립한다. 특별히『정치경제학 비판 요강』에서 마르크스는 이 주제에 관해 길게 상술한다.

5.2.3. 지배와 종속 문제

돈은 모든 것을 허락하며, 우리는 돈으로 모든 것을 살 수 있다. 결국, 돈은 타인들, 재화, 사회를 전체적으로 지배하는 개인에게 투자한다. 일반적으로 돈은 상품의 내적 본질, 일반적인 부돈이 곧 부이다에 응답할 뿐 아니라, 또 다른 단계에서 그것은 권력의 총체에 상응한다. 즉, 모든 권력은 재력에 귀착된다.

이 주제에 관해 마르크스는 주목할 만한 대조를 매우 명확하게 제시한다.

　*"돈에 대한 소유는 인간을 권력이나 사회적 부요와의 관계에 둔다. 그것은 중세 시대 현자의 돌pierre philosophale 91)이 인간을 모든 인식과의 만남에 두었던 것과 마찬가지다."

　신화적인 현자의 돌은 모든 인식을 얻어 보유하려한 것을 가능하게 하는 하나의 대상일 뿐이다. 실제로, 인간은 그것으로 어떠한 것도 갖지 않을 것이고, 아무 것도 알지 못할 것이고, 다만 원하는 단계에서 모든 질문에 대한 대답을 자신에게 전달할 수 있는 어떤 것을 소지할 따름이다.

　현자의 돌은 외재적, 매개적 대상이지만, 그것을 소유한 사람이 앎을 갖는 것은 아니다. 마르크스는 아무 것도 모르는 중세의 바보에게 현자의 돌이 하나의 사물로 존재하는 것만큼 외재적인 하나의 사물인 돈을 갖는 것도 마찬가지라고 말한다.

　돈을 소유한 자는 어떤 힘도 갖고 있지 않지만, 돈과 더불어 그것을 획득할 방법들을 갖게 된다. 그는 어떤 부유함도 갖고 있지 않으나, 돈과 더불어 부를 얻을 모든 방법을 갖게 된다. 따라서 돈은 욕망에 대한 하나의 대상일 뿐 아니라, 모든 욕망의 절대적 대상이다. 자본주의 세계에서 우리는 돈과 같은 다른 것을 결코 욕망할 수 없다. 결국, 인간적 지평에서 돈이 부유하게 되고자 하는 갈증의 근원이 된다.

　물론, 마르크스는 수전노는 어느 시대에나 존재했지만, 수전노는 자기 자신을 위해 돈을 사랑한 자였을 뿐, 부자가 되는 일에 목말라 있는 자와는 완전히 다르다는 점을 구별한다. 어느 시대나 성채, 장식품, 비단 직물을 위한 소유욕은 존재했다. 그러나 부유해지고 싶은 의지는 다르다. 그 의지는 그 자체로 무한정 자라나고 모든 역량을 매개하는 어떤 수단

---

91) [역주] 일명 '철학자의 돌' 혹은 '화금석'이라고 불린다. 서구인들은 평범한 금속을 값비싼 금으로 바꿔주는 재료로 믿었다. 서구 연금술 발달과 관계되기도 한다.

을 소유하려는 의지이다.

모든 인색함에는 어느 한계가 있다. 그러나 마르크스가 말하는 부자에 대한 갈증은 어떤 제한도 가능하지 않다. 왜냐하면, 단순하게 돈을 갖고자 하는 문제가 아니라, 사회와 타자들에 대한 지배가 쟁점이기 때문이다.

따라서 돈에 대한 개인들의 보편적 의존이 형성되고, 이 보편적 의존이 현실화되는 영역에서 인간들의 관계는 사물화 된 관계로 바뀐다.

돈에 대한 의존으로 인해 나타나는 사물화된 관계는 각자에게 독자적이다. 또한 우리가 개인의 자율과 독립을 긍정하는 사회 속에 있는 한, 더욱더 두드러지게 나타날 것이다. 그러나 이러한 사회에서 개인에게 완전히 독립되고, 더욱 객관화되는 관계들이 성립되었다.

개인은 더 이상 타자에게 지배 받지 않지만, 자율화된 사물적 관계, 즉 객관적이고 과학적인 어떠한 실재를 갖고서 나타나는 관계의 체계 속에 있는 추상적인 어떤 것에 지배를 받는다. 이는 마르크스의 설명에 부합하는 경제학에서 계량 경제학을 실행할 때, 실제로 추구되는 것이다. 그것은 객관적이고, 과학적이며, 따라서 합법적이다.

자본주의 사회에서 인간은 하나의 구조, 추상에 종속되며, 지배와 종속의 관계로 완전히 변하게 된다. 주인에 반하여, 노예는 반란을 일으킬 수 있다. 하지만, 왜 그리고 어떻게 추상에 대해 반항하는가?

5.2.4. 도덕적 효과도 갖는 돈

또한 돈은 하나의 도덕적 효과이며, 그것은 마르크스가 많은 관심을 보이는 매우 주목할 만한 부분이다.

마르크스는 구별 없이 아무것에 대해 아무것이나 교환하는 가능성은 반드시 "부패와 일반화된 금전 매수"에 상응한다고 말한다. 왜냐하면,

산업에서 이것은 더 이상 상품으로 변형된 생산 가치가 아닐 뿐만 아니라, 그로 말미암아 인간 노동과 모든 인간적 요소가 상품으로 변형되는 과정이 펼쳐지기 때문이다. 마르크스는 다음과 같이 결론을 맺는다.

> *"효용성에 대한 일반 원리는 실제로 사회 발전의 필연적이고 궁극적 국면인 보편적 매춘이다." 『정치경제학 비판 요강』

마르크스는 이러한 도덕적 측면에 관해 강조한다. 우리는 이미 그가 도덕에 매우 밀착되어 있다는 것을 확인한 때가 있었을 것이다.

6. 자본

이 연구는 다음의 6가지 문장을 포함한다.
- 잉여가치의 자본으로의 변형.
- 자본 구성 요소에 관한 분석.
- 자본 순환의 제반 과정.
- 시간적 요소의 통합.
- 자본주의적 축적의 일반 법칙.
- 자본주의의 여러 경향 법칙.[92]

---

92) 자끄 엘륄 강의의 초고 사본처럼 보이고, 정확한 연대 측정이 불가능했던 타자기로 작성된 한 문서에서, 그는 다음과 같이 썼다. "우리는 1, 2, 5, 6장으로 제한한다." 완성본을 포함하여 다른 어떤 자료들과 빌 판더부르크가 1975-1976년 학기에 카세트로 녹음한 자료에도 3장과 4장에 대한 보강 문서가 포함되어 있지 않다. 마르크스 경제 사상의 전반적 이해에 있어 자끄 엘륄은 이 부분을 부차적인 것으로 여겼던 것 같다. 우리는 마르크스의 저작 중에서 이 주제들에 접근 가능하고, 가독성 있는 몇 가지 참고문을 다음과 같이 언급한다.: 이 책 210쪽, Ⅱ장, 6.3. "자본 순환의 제반 과정", 『자본론』Ⅱ권; 이 책, 210쪽, Ⅱ장, 6.4. "시간적 요소의 통합" 『자본론』Ⅱ권.

6.1. 잉여가치의 자본으로의 변형

생산에서 잉여가치는 반드시 자본 사용에서 나온다. 바꾸어 말해, 자본도 잉여가치에서 나온다.

모든 자본 '활동'이 종료된 후, 자본가는 자신이 향후 사용할 잉여가치의 상승 작용의 출발점에서 투자 가치를 재발견한다.

사실, 기업가는 자신의 상품들을 판매한 뒤, 잉여가치를 돈으로 바꿨다. 그는 세 가지 가능성을 지닌다.

– 변형시킨 돈을 사용하는 것.

– 이 돈을 축적하는 것.

– 그렇지 않으면, 생산 순환 속에 재투자.

마지막 가설에서만 유일하게 자본 축적이 가능하다. 마르크스는 보통 자본가들은 많이 소비하는 사람들이 아니라고 분명히 말한다. 오히려 이 사람들은 돈을 축적하는 사람들이며, 사치품 소비에 전념하지 않는 사람들이다. 그러나 돈이 하나의 자본을 생산하려면 돈을 축적하는 것으로는 충분하지 않다. 마르크스 사유에는 축적된 돈의 총합과 자본 사이의 차이점이 존재한다. 이 자본이 산업 생산 순환 속에 투자된 돈의 총합이며, 잉여가치기 추가로 노동을 구매하는 역할을 한다면, 실제 문제가 되는 것은 자본주의의 작동이다.

돈잉여가치을 자본으로 바꾸는 것은 자본가가 아니다. 잉여가치의 저축으로 인해 노동자가 새로 구매된 생산 수단들을 사용할 때 이러한 변형이 일어난다. 소유주는 잉여가치를 두 부분으로 분배한다. 첫 번째는 기계 구매이고, 두 번째는 이 기계에 적합한 노동 구매이다. 따라서 자본이 형성된다.

마르크스는 다음과 같이 이 정식을 취한다.

*"잉여가치에서 나오는 돈은 자본으로 바뀐다. 그것은 이 잉여가치의 구실을 하고 잉여가치에 의해 구매되는 추가 노동에 따라 이루어진다."

마르크스는 잉여가치의 본성에 대해 빈번하게 일어나는 상대적 반론과 거리를 둔다. 즉, 우리는 최초 활동에서 나온 잉여가치가 노동에 대한 보수를 나타내고, 자본가는 이것을 재투자한다고 말할 수 있다. 마르크스가 이것을 수용한다고 가정해 보자. 어느 노동자와 마찬가지로, 자본가도 급여를 받을 수 있고, 자본의 첫 번째 순환으로 얻은 잉여가치의 전체나 부분에서 자기 급여를 구할 것이다. 그러나 첫 번째 단계에 시작된 축적에 따라 최종적으로 생산된 잉여가치로 인해 이러한 고찰은 더 이상 지속될 수 없다.

소유주는 이러한 방식의 활동을 멈출 수 있는가? 자본주의 체제에서 이러한 변형을 멈추는 일은 불가능하다. 그 체제는 실제로 팽창 중이다. 경제 활동 집단에 참여한 자본가는 이러한 팽창에 참여하는 일을 피할 수 없다. 더 많이 생산하도록 멈추지 않고 재투자해야만 한다. 경쟁 놀이는 안정적 자본을 보존하도록 하지 않는다. 멈춤 없이 자라나는 사회적 자본 속에서, 경화된 개인 자본은 점차 그 중요성을 상실할 것이다. 그러나 체제 내에서 경제력을 상실한 모든 것은 자본주의 축적 체제에 의해 제거되고 흡수되는 데 맞춰진다. 안정화를 위한 이러한 활동은 필연적으로 체제에 의해 흡수된다.

따라서 그 자체로 발전하고, 인간을 생산을 위한 생산에 강제하는 자본의 자기 창조auto-engendrement가 존재한다. 그리고 이것은 노동자에게 뿐 아니라, 자본가에게도 마찬가지이다. 마르크스가 볼 때, 자본가는 인간으로 만든 자본이다. 자본가는 체제 기능 법칙들이 자신에게 시사되는 것과 동일한 또 다른 내용을 만들어 낼 수 없다. 여하튼, 자본가는 어떤

추상적 열정, 가치 창출에 의해 지배될 뿐이다. 앞서 돈에 관해 언급한 부분을 보라

만일 자본가가 잉여가치를 축적하는 대신 소비하기를 원했다면, 결과는 자동적으로 한도가 정해져 있는 자기 소멸일 것이다. 그러나 이것은 축적의 활동 기제에 대해 결코 변하지 않을 것이다. 이 소비된 돈은 새로운 사회적 요구를 형성한다. 이런 요구에 응답하고자, 다른 자본가들은 자신들의 고유한 잉여가치를 자본으로 변형하는 일에 속도를 붙이며 일반적으로 자본의 동일한 성장을 잘 생산해낸다. 유일한 차이는 변형하는 장소의 이동이다.

6.2. 자본 구성 요소에 관한 분석

우리는 방금 분석한 것보다 더욱더 단순한 개념에서 출발한다. 마르크스는 요소들을 두 가지로 묶어 구별한다.

– 불변 자본le capital constant과 가변 자본le capital variable.

– 고정 자본le capital fixe과 유동 자본le capital circulant.

그러나 이 두 가지 구별 사이에 혼동을 만들지 않는 것이 좋다.

6.2.1. 불변 자본과 가변 자본

자본가는 한편으로 노동력 구매를 위해 자본을 사용하고, 다른 한편으로는 생산에 참여할 다양한 요소원재료, 기계, 건물, 운송 수단 등의 획득을 위해 자본을 사용한다.

이러한 물리적 요소들은 그 자체로 새로운 가치를 생산하지 않는다. 하나의 자본 그 자체는 생산 과정 중 자신의 가치를 변경하지 않는다. 그것은 바로 우리가 불변 자본이라고 부르는 것이다.

반면, 노동의 또 다른 어떤 부분은 노동력, 즉 구매와 임금 지불의 역

할을 하는 것으로 변형된다. 생산 과정에서, 노동력은 자신이 소비하는 것 이상으로 생산한다. 하나의 자본은 생산 과정 동안 변하며, 노동력을 구매했던 돈의 고정된 크기를 가변적 크기로 변형시킨다. 가치의 보충, 잉여가치가 발생하기 때문이다. 따라서 노동력 구매 역할을 했던 자본의 일부분은 가변적이다. 이 요소가 가변 자본이라는 이름을 가져올 수 있다.

가변 자본은 노동력이 아니라는 점을 잘 이해해야만 한다. 돈은 전체 자본의 가변적 부분인 노동력을 구매하는 것에 쓰였다.

생산 과정에서 노동자는 원재료를 사용하고, 원재료의 가치를 거기에 '보존'한다. 이를 위해 노동자는 기계를 사용하며, 기계 가치의 일부분을 한정된 생산품으로 바꾼다. 마지막으로 노동자는 원재료의 가치에 자기 노동의 가치초과 노동 포함를 추가한다.

6.2.2. 고정 자본과 유동 자본

생산 과정은 한정된 생산품 제조에 이른다. 따라서 이러한 재화는 시장에 진입하고자 생산 영역을 떠난다. 구체적으로 말해 공장에서 나온다. 그러나 이 재화는 전체 자본의 부분이며, 따라서 기업에서 나오는 자본의 일부이다. 생산 과정에서 자본의 한 부분이 시장에 진입하는 동안 자본의 일부가 남아 있다는 사실은 우리가 유동 자본과 대면한다는 것을 함축한다.

반면, 자본의 또 다른 부분이자, 단지 생산 역할만 하고 공장에 완전히 통합된 생산 수단들은 생산 영역을 떠나지 않는다. 노동력, 기계, 건물 등이 이에 해당한다. 중요한 것은 고정되어 남아 있는 자본의 일부분이다.

고정 자본이 가변 자본노동을 병합한다는 점을 잘 보아야 한다. 그러나 불변 자본의 요소가 유동 자본 속에 통합된다. 이것이 원재료이다.

게다가, 생산의 각 시기에 기계들이나 건물들의 일부 가치가 생산된 재화들에 이전되며, 따라서 기계들에 이전된다. "기계들의" 고정 자본은 그것이 사용되지 않는 때까지 점차로 일련의 생산물들에 분배된 자신의 원래 가치를 감소시킨다. 그러므로 불변 자본의 일부가 유동 자본 위에서 고정된다. 또한 이 불변 자본이 유동 자본을 순환시키지만, 우리는 또 다른 순환과 마주한다. 이 순환은 훨씬 느리다. 그리고 특히, 문제가 되는 것은 가치의 순환이지 형식대상물 그 자체의 순환이 아니다.

극단적으로, 우리는 모든 자본은 순환하지만, 빠르게 순환하고 다양한 양식에 따라 순환한다고 말할 수 있다.

이러한 개념들은 매우 단순하게 나타날 수 있으나, 그 개념들로 말미암아 마르크스는 자본주의 작동 방식들의 매우 커다란 부분, 특별히 임금으로 자본을 사용하는 것과 기계들로 자본을 사용하는 것에 관련된 관계들의 제반 사항을 설명한다. 또한 마르크스는 자본주의 체제의 가능한 발전으로 자본의 사용으로 나타날 수 있는 제반 사항을 추론한다.

6.3. 자본 순환의 제반 과정

다루지 않음.

6.4. 시간적 요소의 통합

다루지 않음.

6.5. 자본주의적 축적의 일반 법칙

6.5.1. 임금과 축적

보통 자본의 지속적 성장이 존재한다. 그러나 자본과 임금의 관계들은 항상 똑같지 않으며, 자본의 내부 구성이 지속적이지 않은 것 그 이상도 아니다. 자본이 성장할 때, 자본의 가변적 부분, 즉 임금 지불 기능을 하는 자본의 가변적 부분의 성장도 존재한다.

마르크스는 사회학적 통계 분석을 하며, 임금으로 분배된 전체의 부분이 수많은 노동자보다 더 빨리 증가하는 것을 보여준다. 그러므로 통상 임금은 상승한다.

이러한 성장은 자본의 재생산과 프롤레타리아의 상황을 결코 바꾸지 못한다. 왜냐하면, 노동력은 주인의 관심이 항상 지속된다는 조건에서, 자본으로서의 생산 수단들을 보존하고 상품 속에서 자신과 등가물을 재생산하기 때문이며, 또한 자본가들에게 이윤을 공급하는 조건에서만 노동시장에서 판매될 수 있기 때문이다.

따라서 임금 상승은 대단한 것을 의미하지 않는다. 만일 위의 조건들 가운데 하나가 빠졌다면, 자본가는 노동력을 구매하지 않을 것이다.

그러므로 거기에 노동 시장에 관한 두 가지 가정이 있을 수 있다.

- 우리는 임금 상승이 지속적이라는 것을 확인할 수 있다. 곧, 자본 축적은 빠른 박자로 지속되며, 자본가들은 자기 호주머니에 언제나 자본의 증가된 일부분을 지닌다. 또한 그들은 해당 노동력을 호출하지 않는다. 모든 노동자는 그들의 임금 인상 이전보다 더 착취당한다. 노동자 계급에서 나온 전체 이익이 더 크다.

- 반면, 이러한 축적이 자본가의 축적을 지연시키는 것보다 더 중요하다면, 자본가 계급의 전체 이익이 감소한다면 소유주는 임금의 형식으로 투

자하는 자본의 일부분을 감소시킬 것이다. 그 지점에서 자본가는 노동자들이 호소하는 것의 최소한을 들어줄 것이고, 임금은 하락할 것이며, 이것은 평형이 회복될 때까지 지속될 것이다.

축적 과정에서 자본 팽창 운동은 임금 상승을 견인하지만, 자본의 모순된 운동은 임금 하락을 견인한다. 이것은 노동자의 의지도 아니고, 그 결과를 부추기는 소유주의 의지도 아니다. 또한 노동 인구 자체의 수많은 이동도 문제가 되지 않는다.

6.5.2. 축적의 진행 동안의 자본 구성의 연속적 변화들

마르크스가 실행한 사회-경제적 분석은 축적 과정에서 불변 자본이 가변 자본보다 더 성장한다는 것을 긍정한다. 기계로 사용된 불변 자본은 고정 자본과 유동 자본의 관계 속에 있는 변형을 이끄는 더 생산적인 노동을 판매한다.

기계들의 원재료 소비는 점차 증가하고, 이러한 유동 자본의 증가는 고정 자본의 증가보다 더 빠르다. 고정 자본 속에서, 불변 자본은 가변 자본보다 빠르게 증가한다. 이러한 불변 자본의 성장은 우선적으로 가치의 관점에서 고려되어야 한다.

다음과 같은 두 가지 현상에 부합한다. 곧, 우리가 불변 자본기계들을 증가시킬수록, 노동력을 더욱 절약하고자 한다.

만일 우리가 불변 자본의 가치로 성장을 고려하는 대신, 집단적 성장을 고려한다면, 이 점이 재차 강조될 것이다. 왜냐하면, 생산은 점차 빨라지고, 개선될 것이며, 생산품들의 가치가 하락하고, 그것가치하락은 자본가가 구매하는 기계에도 동일하게 적용되기 때문이다. 결과적으로, 기계들에 영향을 받는 어떤 불변 자본을 위해, 우리는 더 많은 기계를 구매할 것이다. 반면, 우리는 가치에 있어서 이러한 불변 자본이 빠르게 성장하는 것을 확인할 수 있다. 따라서 이러한 자본은 대량으로, 기계들의 수량 더욱 급격히 성장한다. 노동력과 사용되는 기계들 사이에 있는 불균형은 그 성장을 멈추지 않는다.

6.5.3. 자본들의 집중

우리는 상대적 집중과 절대적 집중을 구별해야 한다.

상대적 집중은 개인 축적의 결과이다.

이것은 모든 개인 자본이 자본주의 성장과 자본 집중의 중심이라는 사실을 말한다. 이것이 상대적 집중이다. 왜냐하면, 특별하게 성장한 어떤 자본가의 자본은 동시에 자본주의 사회의 전체 자본의 증가를 견인하기 때문이다. 따라서 개인 자본은 성장하지 않았다.

또한 집중은 동일한 방식으로 일어나지 않는다. 이 현상은 모든 자본가와 자본에서 나타나지 않는다. 새로운 자본가의 출현에서 나오는 지연 사항들이 존재한다. 또한 자본가들의 꺾꽂이bouture 현상다수의 기업에서 나타나는 자본 분할도 존재한다. 이 운동은 불규칙적이고, 상대적이며 동일하지 않다. 사전에 그것을 정확히 규정하는 것은 불가능하다.

절대적 집중은 또 다른 현상이다. 그 현상은 무수한 자본이 단지 하나로 만들어지도록 통합될 것이라는 점을 구성한다. 그것이 자본주의 축적의 자리들 가운데 있는 매력이다. 이 운동은 서로 다른 장소들 가운데서 발생한다.

- 왜냐하면, 자본주의 사회에는 자본가들끼리의 경쟁이 존재하고, 최고의 위치들이 다른 위치들을 제거하는 상황이 존재하기 때문이다. 제거 현상이 있을 때, 자본은 이웃 자본가들에 의해 흡수된다.

- 기술 발달의 성장 때문이다. 생산의 기술적 수단들은 점차 값비싸진다. 항상 증가하는 자본들이 필요하다. 최소 규모의 산업들은 제거

된다.

- 신용 작동 방식 때문이다. 신용 기관에서 자본은 집중화를 겨냥한다. 따라서 마르크스는 그것들을 "자본을 집중시키는 사회적 기계" machine sociale à centraliser le capital로 규정할 수 있었다.

우리는 이러한 운동을 "절대적" 집중이라 명명할 수 있다. 왜냐하면, 이 운동은 사회적 자본의 성장에 의존하지 않기 때문이다. 1000명의 자본가들 사이에 똑같이 분배된 전체 자본은 이후 700 혹은 800명의 자본가들의 손에 분배되어 있을 것이다.

극단적으로, 우리는 특정 생산 분야, 그리고 특정 국가에서는 오직 한 사람의 손에 자본 전체의 집중이 존재할 것이라 말할 수 있다.

마지막으로 절대적 집중의 최종적 운동은 개인 축적의 가속화를 부추긴다. 왜냐하면, 자본이 중요할수록, 자본은 더욱 잉여가치를 부추기며 더욱 빠르게 성장할 것이기 때문이다. 반대로 말하자면, 주목할 만한 빠른 성장을 보이는 이러한 자본들의 출현은 항상 더 작은 자본들의 소멸을 더 신속히 견인하고, 결국 이것은 절대적 집중의 가속화를 초래한다.

6.6. 자본주의의 여러 경향 법칙

이러한 자본주의 발전을 표시하는 두 가지 경향 법칙을 제시하는 일이 남았다.

- 이윤율 저하 경향 법칙.
- 성장 점유 경향 법칙.

6.6.1. 이윤율 저하 경향 법칙

잉여가치율의 본래적 성질을 다음과 같이 말해보도록 하자. 그 비율은 가변 자본에 의해 분리된 잉여가치와 동등하다. 이 비율이 노동자들에 대한 착취 정도를 측정한다.

이윤율은 생산을 위해 사용된 전체 자본에 의해 나누어진 이윤과 동일하다.

그러므로 마르크스는 다음과 같은 경향 법칙을 제시한다. 똑같은 잉여가치에서, 이윤율은 감소한다.

결국, 자본주의 발전에 따라 노동자 계급에 대한 착취가 동일하게 남아 있다고 생각할 때, 자본가는 자신이 사용한 자본에 대하여 항상 더 부족한 이윤을 얻게 될 것이다. 이것은 다음과 같은 이유들로 설명된다.

－ 불변 자본의 성장이 더욱더 빨라졌다.

－ 새로운 기계사용과 더불어 노동은 점차 생산성 증가를 나타낸다. 결국, 모든 생산은 최소 노동력을 포함하고, 따라서 최소 이윤을 가져온다. 우리가 노동 생산성을 증대시킬수록, 이윤율은 더욱 감소한다.

그러므로 마르크스가 이 법칙을 제기할 때, 그것은 우리가 고찰했던 것과 모순되는 것이었다.

한편으로, 이윤율이 감소하는 경향이 있다면, 노동량이 절대적으로 증가하는 것과 마찬가지로 자본주의 전체에서 이윤의 절대량은 증가할 것이다.[93] 이윤율이 최종점이 되는 0을 향할 때, 우리는 체제 파열의 지점에 이르게 될 것이다. 자본주의는 이 자본주의 사회를 위해 가능한 투자의 전체를 공급할 것이다. 동시에, 이것은 최대 집중concentration maximum의 순간일 것이다.

---

93) [역주] 마르크스에 따르면, 이윤율이 감소 경향과 이윤의 절대량이 증가하는 현상은 동시에 진행된다. 사물의 운동이 일방향적이지 않고 입체적, 즉 변증법적으로 진행되는 것처럼 이윤율의 감소는 그것을 상쇄하는 요인들과 더불어 발생한다. 따라서 마르크스는 이윤율이 저하(감소)하는 이 법칙을 '경향' 적 법칙이라 말한다.

6.6.2. 성장 점유 경향 법칙

성장 점유 경향 법칙은 자본주의 내부 발전으로 말미암아 반드시 사회주의로 이행된다는 주장을 다음과 같이 정당화한다.

한편으로, 자본주의 체제에서는 점차 생산 수단들이 중요해지기 때문에 생산 수단들에 대한 집중이 가속화된다. 생산 수단은 점점 사회화 된다.마르크스의 의미에서 보자면, 사회 전반에 배치되는 것에 해당한다 그러나 이 생산 수단들은 제한된 수의 자본가들에게 속한다. 따라서 이 법칙의 첫 번째 측면인 노동자 민중 수용l'expropriation du peuple des travailleurs이 도출된다.

다른 한편으로, 자본가들이 서로를 제거하는 현상이 점차 현실화된다. 수공업자들의 모든 범주가 독립된 노동자로서 유지되는 일은 중단되고, 생산 수단 소유자들이 점차 차례로 수용受用하게 된다.

제거된 자본가들은 결국 프롤레타리아가 된다. 이 계급은 멈추지 않고 자란다. 자본주의 노동 조직에서, 노동자 계급은 생산을 위해 자본주의 그 자체에 따른 효율적 방식으로 조직된다. 이 계급은 차례대로 사회화된다. 우리는 다음의 두 가지 요소와 마주한다. 노동의 사회화와 이에 대립되는 요소이자 자본주의 내부에서 진정한 변증법적 모순에 이르는 것인 '생산 수단 중앙 집권화'이다. 결국, 해결책은 집단적 양식인 자본주의 생산 양식과 사적 소유인 생산 양식을 결합하는 '집단 소유propriété collective 건설'이다.

우리는 성장 점유의 최종 국면과 여전히 생산 양식 소유를 쥐락펴락하는 최고 자본가들에 의해 집단 소유에 다다르게 된다.

Ⅲ. 마르크스의 정치 사회 개념들

1. 이데올로기

마르크스는 이 용어를 자신이 다루는 주제들과 사유의 상태에 따라 다양한 의미에서 취한다. 덧붙여 말하면, 이데올로기라는 이 말은 오늘날과 같은 의미가 아니었다. 좌우간 오늘날 사회학자들이 그것에 부여하는 의미가 아니었다.

1.1. 이데올로기의 정의

명시적 언급은 없으나, 마르크스는 이데올로기에 대해 3가지 정의를 부여한다.

마르크스 이데올로기론論의 출발은 독일 이데올로기 비판 즉, 헤겔과 청년 헤겔주의 운동에 대한 비판에 따른 것이다.

마르크스는 관념들을 생산하는 것과 어떤 사회구성체社會構成體 안에서 외재적 세계에 관해 표상하는 것은 추상적이거나 지성적인 작동기제에 의해 발생되지 않고, 실천 활동, '프락시스' 즉, 경제 활동에만 제한되지 않는에 연결된다는 사실을 강조한다. 그러므로 이러한 생산은 실제적 삶의 언어이다. 이것이 이데올로기의 첫 번째 의미이다. 이데올로기는 특정한 삶, 자율적인 삶을 갖지 않는다. 그것은 생생한 삶의 과정의 반영이다.

이데올로기는 어떤 사회 안의 고유한 논리와 역사적 역할에서 부여되는 하나의 표상 체계이며, 동시에 그것은 인간들의 구체적 활동에 의존하지도 않는다. 인간의 모든 활동이 이데올로기를 생산한다. 어떤 사회도 이러한 표상 체계 없이 지속되지 않는다. 이데올로기는 사회 전체의 일부분을 이룬다. 이 개념은 하나의 중요한 결론을 갖는다. 곧, 공산주의 사회에서도 역시 하나의 이데올로기가 존재할 것이라는 점이다.

이러한 이데올로기는 전체 안에 있는 한 사회의 산물이며, 전반적으로 활동한다. 또한 모든 인간은 태어날 때 이 실제적인 구조를 부여받는다. 인간은 필연적으로 공통된 이데올로기를 가로지르며 자신의 활동을 영위한다. 인간이 세계, 역사와 더불어 만드는 관계는 단 하나의 이데올로기를 통해서 실행될 수 있다. 이데올로기는 필수이며, 인간은 그것을 통해서만 실제적인 것을 인식한다. 모든 사상과 마찬가지로, 이데올로기가 '프락시스'의 산물이라는 사실을 통해 마르크스는 『독일 이데올로기』에서 해석의 3가지 규칙을 제기하는 방향으로 나아간다.

우리는 각 이데올로기를 결코 조각조각 분리할 수 없는 하나의 통일체 곧, "각자의 고유한 문제설정에 의해 전적으로 통일된 하나의 현실"로서 고려해야 한다. 그것은 그들 사이에 연결된 요소들, 상이하게 구성된 요소들을 발견해야 하는 어떤 체계이다. 이데올로기는 사유들의 열거나 목록으로 여겨질 수 없다.

모든 이데올로기 각각의 의미는 이데올로기 외부의 "객관적" 진리, 관념론적 개념에 의존하지 않는다. 왜냐하면, 초월적 진리는 존재하지 않기 때문이다. 이데올로기의 의미는 존재하는 이데올로기의 장場과 이러한 이데올로기 속에 반영되는 사회 구조들에 대한 관계에 의존한다. 우리의 이데올로기 제작은 우리가 속해 있는 이데올로기적 장에 의해 규정된다. 경제 구조와 이데올로기 사이에 직접적 관계는 없다. 또한 이데올로기는 한 사회의 기능장애dysfonctionnement에 의존하기도 한다. 어떻게 보면 그것은 한 사회의 난점들을 상쇄하고자 도래한다. 이데올로기의 변화는 이데올로기 장의 변동과 사회 구조들의 변동에 달려 있다.

이데올로기는 진화하는 하나의 체계이다. 그러한 진화의 기본 동력은 이데올로기 그 자체에 있지 않고, 이데올로기의 저편이 아닌 "이편" en deçà, 곧 '프락시스'에 있다. 이러한 자격에서, 마르크스는 사회 변화에 대한 설명 양식으로 사상사와 철학사를 거부한다.

여기서 우리는 착취 같은 것으로 인해 오염되지 않는 하나의 사회를 위하여, 순수 상태에서 이데올로기를 정의했다. 마르크스 저작의 일부 구절에서, 그는 이데올로기를 사회적 집단에 대한 표현으로 쓰이는 사유들과 표상들의 통일로 이해하기도 한다. 예술, 언어, 과학이 그것이다.

또한 우리는 마르크스에게서 이데올로기에 대한 두 가지 다른 의미를 발견한다.

이데올로기는 인간들이나 자신들의 상황을 정당화하려는 집단들이 의식적 방식으로 고안한 이론이다.

더불어 이데올로기는 집단 망상이며, 기만이자, 거짓 표상이지만, 인간들이 그 자신을 형성하며, 우리가 사는 사회의 모든 사실을 수용하는 무의식적인 것이다.

향후 마르크스는 자신이 정의한 이데올로기의 두 번째, 세 번째 측면을 발전시키는 데 전념할 것이다.

1.2. 역사 생성에서 이데올로기 비판

엥겔스의 시각에서 볼 때, "이데올로기는 사유가 의식과 더불어 성취되는 과정이지만, 그 의식은 허위의식이다. 그 과정을 진행하도록 하는 실제 동력은 이데올로기의 미지의 영역으로 남아 있다. 또한 허구적이거나 가시적인 동력들을 상상하는 것이다." 여기서 사상은 철학, 특별히 이데올로기 생산자로서의 철학에 우선성을 부여한다. 그리고 우리는 그 다음 단계로 법학자, 정치인 등을 발견하게 된다.

착취 사회에서, 인간은 경제적 과정에 전적으로 종속되는 것을 수용할 수 없다. 이러한 태도는 토대들 가운데 하나인 지적 노동과 육체적 노동의 분리, 즉 의식과 프락시스의 분리 관계 속에 있는 것이다.

> *"생각은 실제적인 것을 전혀 표상하지 않고도, 어떤 것을 실제로 표상하는 것처럼 여겨진다."

현실의 발전은 추상적 방식과 사회 현상들에 대한 인식 외부에서 실행되며, 이데올로기는 이러한 현실에서 분리된 사상이다. 이 점에서 마르크스는 헤겔주의자를 비판하는 반대 관점에 있다. 지식인은 경제적 상황에 따라 조건 지워져 있다는 것을 알려하지 않고, 자신의 지적 체계를 건설한다. 그러므로 이러한 사유는 결코 사실에 도달하지 않을 것이다. 그것은 순수 사유17세기의 관념적인 것이며, 실제 존재하지 않는 사유이다.

따라서 지식인이 역사적 사건들을 생각할 때, 한 역사가는 자신의 역사적, 사회적 맥락에 따라 규정될 것이다. 우선적으로 역사가는 자신을 규정하는 사회·경제적 조건을 인식해야 한다. 역사가는 언제나 다음과 같은 질문을 사전에 제기해야 했다. 곧, 내가 이것 혹은 저것을 생각하도록 부추기며, 나를 결정하는 경제적 조건들은 무엇인가? 역사가가 이런 방식으로 행동하지 않는 이상, 그는 실재의 바깥에 어떤 체계를 만드는 것이다. 이 체계는 결단코 사실들에 맞닿아 있지 않다.

추상적 분석과 구체적 조건들 간의 단절에 포함되기를 지속하는 모든 지적 체계는 하나의 순수 사유, 표상들의 연쇄로 머물러 있을 뿐이다.

이러한 사실에서 다음의 두 가지 결과가 나타난다.

1. 이러한 사상 전통의 개념 틀에서 우리가 표명하는 비판은 허구적이다.

예를 들어 이 사상이 어떤 학문에서, 비판을 진행하고자 할 때, 그것은 결국 표상들 외에 다른 것이 아니다. 특별히 철학자들은 현실을 위해 이데올로기를 취하며, 그들이 어떤 비판 작업에 몰두했을 때만 이데올로기에 이를 뿐이다. 그들의 실패는 이러한 이데올로기에 자율성을 부여한 것에 있다. 그러므로 이데올로기는 현실성에서 비롯된 실천적 구성물이 아닌, 이데올로기 그 자체에서 나온 구성물이며, 인간을 실존 세계의 토대를 위한 사유들과 실제적인 것을 위한 이데올로기를 취하도록 이끌어간다. 마르크스는 당대의 다양한 이데올로기 비판에 착수하고자 했다.

2. 철학자들이 만든 그러한 이데올로기는 타인들에게 망상과 기만의 집합체가 된다. 이 전까지 단지 체험된 상황의 실제 본성에 대하여, 이데올로기는 개인들을 기만하는 구실을 한다. 결국, 19세기 인간들은 본질적으로 경제적 상황에서 산다. 우리는 그들에게 어떤 체제, 이데올로기를 공급한다. 비록 상황에 문제가 있을지라도, 체제와 이데올로기는 우리가 그 상황에서 유쾌한 기분을 갖게 만드는 은폐의 기술을 지녔다. 거기에 기만이 존재한다. 지식인은 한 사회의 인간들을 속박하는 작업에 참여하는 것이다.

마르크스에게, 모든 이데올로기의 목적은 정당화 작업이다.

철학자들이 체계들을 구성한다면, 그것은 그들이 소속된 집단, 그들의 사회적 집단, 그들의 시대를 정당화하기 위함일 것이다. 예를 들어, 우리가 부르주아 계급에 소속되어 있고, 그들의 의식을 취한다면, 우리는 착취자들의 계급에 속한 것과 동일한 강도의 의식을 취하는 것이다. 부르주아는 그러한 판단을 즉시 받아들일 수 없다. 이러한 상황에 대한 의식을 피하고자 부르주아 지식인은 자신들을 정당화하는 하나의 이데올로기를 구축해야만 한다. 비지식인들은 이러한 체계를 받아들이게 될 것이고, 그들이 원하는 정당화 작업들을 찾게 될 것이다. 우리가 주어진 어떤 이데올로기에 대한 분석에 착수하고, 철학 비판보다 더 많은 것을 실행한다면, 우리는 사회를 정당화하는 체계를 폭로할 것이고, 이런 사회의 특성과 구조들에 의문을 제기할 것이다. 이데올로기의 폭로는 사회적 상황과 이러저러한 인식 형태 간에 존재하는 일치점을 증명한다.

이 관점에서 우리는 서구 체제를 정당화하는 하나의 이데올로기적 발전으로서 사회학의 발전을 이해할 수 있다.

1.3. 이데올로기와 사회 계급의 관계

19세기 부르주아 사회에서, 마르크스는 일차적 역할, 곧 지배 계급의 역할은 부르주아 계급에 의해 유지된다고 평가한다. 부르주아 계급이 지적, 정신적 권력을 잡고 있다. 이 계급은 한 시대 전체에 시대정신을 특징짓는 이론들과 개념들을 부여한다. "지배자의 생각은 지배적 물질 관계들의 표상일 뿐이며" 그것은 지배 계급이 자기 자신에게서 주고자 하는 이미지를 나타낼 교리적 몸체로 구성된다. 또한 부르주아 계급은 사회 안에서 다른 계급들이 그에게서 취하고자 하는 이미지를 유포한다. 곧, "자기 지배 이념이 지배적 이념이 되는" 것이다. 피지배 계급은 자신의 고유 이데올로기를 생산하는 상태에 있지 않다.

그러나 부르주아 계급이 다른 사람들을 설득하기에 앞서 그 자체로 자신의 이데올로기를 신봉하기 때문에 그것은 위선의 문제라고 매우 쉽게 말할 수 있다.

예를 들어, 자유의 이데올로기가 그렇다. 부르주아 계급은 자신들의 존재 조건과 자유의 이데올로기의 관계가 일치되는 방식으로 산다. 결과적으로 자유주의 체제는 기획자의 자유를 보장한다. 보이는 현실과 이데올로기의 관계는 그것이 참된 실존을 만인의 자유라는 형이상학적 주장으로 변형시킬 때 오류가 될 뿐이다.

과정은 다음과 같이 지속된다. 곧, 우리는 사회를 지배하는 개인들에서 지배 이념들이 분리되는 것을 목도한다. 이러한 이념들은 **관념**의 표현이 된다거나, 하나의 자율적 실재와 더불어 인간사를 지배하고자 한다. 거기에서 마르크스는 헤겔에 대한 비판으로 재차 나아간다. 여기서 쟁점은 계급에 대한 의식을 설명하는 계급에 대한 이데올로기이다. 그러나 인간은 그가 생각하는 것이 자신의 집단이나 개인 그 자신에 머물러 있다는 것을 견딜 수 없다. 효율성을 갖도록, 계급 사유는 보편적 가치를 가진 것처럼 표현되어야 하며, 권력을 취한 모든 계급은 언제나 자신의 이데올로기를 보편적 사유처럼 소개했다. 이를테면, 위의 내용들은 18세기 철학의 사례일 뿐이다. 마르크스에 의하면, 보편적 사유란 존재하지 않는다.

지배계급 이데올로기가 지배계급과 분리되고 보편 가치를 취할 때, 사회 내부의 피착취자들, 소외된 자들 역시 이러한 이데올로기에 종속된다. 이 피착취자들과 소외된 자들은 지배 계급 이데올로기의 프리즘을 통해 그들 자신을 보는 법을 교육받는다. 그리고 그들은 지배계급처럼 자신을 볼 것이다. 지배계급은 이들이 자신을 지배계급처럼 보기를 희망한다. 소외된 자들은 자신들이 겪는 압제가 자신들을 지배하거나 착취하는 경제 체제의 사태가 아니라, 운명, 역사적 사건들의 결과이고, 자신들의 운명이자 숙명이라고 생각한다. 그들은 자신들이 권력 체계의 결과물들에 어쩔 수 없이 따른다는 것을 이해하지 못한다.

지배 계급 이데올로기의 이러한 전염은 또한 자기 사회의 신뢰를 공유하는 혁명가들의 범주에게 또한 참이다. 따라서 마르크스는 노동자 계급의 자발적 의식을 믿지 않는다. 다른 이데올로기로 나아가려면 지배 이데올로기 비판을 진행하는 것이 중요하다. 그것은 부르주아 계급 출신이지만, 이 계급과 단절한 지식인들의 역할이다. 노동자 계급의 이데올로기는 하나의 계급 이데올로기로 남는다. 그것은 부르주아 이데올로기보다 더 진실하지 못하다. 어떤 이는 프롤레타리아 집권으로 이끌어가고자 하는 반면, 다른 이는 현존 질서에 집중하고자 한다. 이것이 차이다. 보편성에 대한 희망 또한 전적으로 헛되다. 생산력 발전이 이루어지지 않은 기간에는 혁명 개시를 위한 물적 조건들이 실현되지 않는다. 혁명 투쟁의 시작은 이데올로기적일 수밖에 없다. 그 투쟁은 피착취 계급의 의식화를 가능하게 한다. 그것은 한편으로 혁명을 불러일으키는 경제적 조건들에 대한 물리적 전복이며, 다른 한편으로 이데올로기적 형식에 따라 혁명 투쟁에 참여한 프롤레타리아 계급을 구별하는 것을 인정한다.

마르크스 그 자신은 당대 부르주아 이데올로기에서 빠져 나갈 수 있는가?

이 질문에 관하여, 조르주 소렐은 마르크스는 부르주아 이데올로기의 기본 요소들 가운데 하나인 진보에 의존했다고 대답한다.94)

마르크스는 혁명적 이데올로기 창조는 갈등이 이데올로기적 단계와 다른 곳에 위치되는 한 근본적이라고 강조한다. 프롤레타리아가 더 강력하지 않고, 생산력이 최대로 발전되지 않는 한, 우리는 물리적 혁명을 만들 수 없다. 갈등은 이데올로기적일 수밖에 없다. 그러나 물리적 형식들과 투쟁 이데올로기 형식들의 차이를 두는 것은 중요하다. 이러한 이데올로기의 형식들은 무용지물이 되는 것과는 거리가 멀다. 마르크스에게 단순한 결정주의는 존재하지 않는다.

프롤레타리아 혁명 이후에도 이데올로기가 존재하는가?

---

94) Georges SOREL, 『진보에 대한 착각』을 보라. 동시에 이 책 I장, 3.4. "이러한 유물론의 약점" 83쪽을 보라.

마르크스가 19세기 부르주아 이데올로기를 수없이 강조했다는 틀에서 보면, 착취가 사라질 때, 이데올로기 역시 사라질 것이라고 예상할 수 있다. 그러나 이데올로기는 인간의 규범적 생산물이자, 심지어 피착취자의 조건 외부에 있다. 이데올로기는 인간을 사회에 적응시키기 위한 하나의 필수 도구로 남았다. 다른 사회들과 마찬가지로, 계급 없는 사회는 이데올로기와 함께 외부 세계와의 관계를 지속한다. 허위의식에서와 마찬가지로 사회의 하부구조들에 의해 규정되고 이데올로기를 보장하는 실제적 조건과의 이러한 연관성은 진실 혹은 거짓일 수 있다. 그러므로 부르주아 계급에게 자유주의 이데올로기는 참이자 그들의 존재 조건을 잘 반영하는 것이다. 그러나 노동자 계급에게는 그렇지 않다. 계급 없는 사회에서 중요한 것은 이데올로기가 모두를 위해 참이 된다는 것이다. 바로 이데올로기가 개인을 새로운 경제적 조건에 적응하도록 한다. 인간 사유의 변형과 더불어 적절한 이데올로기의 고안考案이 존재한다. 따라서 레닌에게, 이데올로기는 1917년 혁명 이후 선동과 선전agit-prop에 대해 법적으로 부여된 역할이다.

이데올로기에 대한 이러한 개념이 이후 다른 제반 요소들을 명확하게 한다.

2. 국가

우리는 마르크스에게서 단일하고 단순한 국가 개념을 찾지 못한다. 우리는 알튀세르가 이미 명시했던 마르크스 지적 여정의 3단계를 구분할 수 있다.

1842년까지 그는 헤겔주의 노선에 있었고, 당대 대다수 자유주의자의 생각을 공유하고 있었다. 마르크스는 국가는 자유의 한 요소이며, 국가는 자유에 어떤 합리적 형식을 부여해야 한다고 생각한다.

> *"법적, 도덕적, 정치적 자유를 그 현실로 갖는 거대 기구로서 국가는 자유의 근거를 모든 시민에게 공급해야 하며, 모든 시민은 국가의 법에 복종함으로서만 인간 고유 이성의 자연법에 복종한다."

이러한 인용은 루소의 저작들에서도 찾을 수 있다. "따라서 국가는 인간 본성의 국가가 되어야 한다." 검열, 전제군주제, 봉건제의 잔재 등과 맞서 싸워야 한다. 마르크스는 다음과 같이 덧붙인다.

> *"출판의 자유가 조건이다. 동시에 개인의 자유와 국가의 합리성이 조건이다."

1842년에서 1846년까지 자신의 사회 현상 연구에서 마르크스는 자신이 예전에 기도했던 국가는 국가의 현실성에 부합하지 않는다는 사실을 확인한다. 칸트 정식에 따라, 그는 국가가 존재해야 할 당위devoir être와 권위주의와 비합리성이라는 특징을 갖는 완전히 다른 국가의 존재être를 구분한다. 그 당시 그가 이전에 악습들검열, 전제군주제 등로 표현했던 것은 그 반대로 규범적이고 항구적 실재가 되었다.

이 시기에 마르크스는 국가의 본질과 국가의 존재 사이에 모순을 제기한다. 국가의 본질은 이성이며, 자유이다. 국가의 존재는 비이성이며, 독재이다.

1846년 이후, 우리는 마르크스에게서 국가에 대한 유용성을 재발견한다. 그러나 그것은 다른 의미의 유용성이다. 곧, 국가는 항상 부정적 역할을 한다는 것이다.

2.1. 국가 개념과 부르주아 국가

2.1.1. 일반 국가

우리는 국가와 모든 정치적 삶은 생산 관계들의 부분을 만들며, 국가는 상부구조들의 한 요소, 즉 경제적 요소들과 계급투쟁에 의해 조건 지워진다고 말할 수 있다. 심지어 계급투쟁 현상에서 국가는 매우 중요한 역할을 담당한다. 역사 속에서, 국가는 항상 자기 이득에 따라 사회를 조직하고자 하는 지배계급의 한 도구였다. 어떤 계급이 권력에 이를 때, 그 계급은 자기 신뢰의 수단으로 그리고 변호를 위해 국가에 정착하고, 국가를 조직한다. 모든 국가들은 본질적으로 다른 계급들에 반대하는 지배계급에 대한 옹호 수단 역할을 수행했다. 따라서 국가는 피지배계급에 대한 하나의 압제 도구이다. 국가가 이러한 상황을 안정시키고자 하는 틀에서 볼 때, 국가는 '생산력의 발전' 과 '내부 계급의 상승' 의 방해자이다. 이를 실행함으로 국가는 필연적으로 경제적, 기술적 발전의 과정을 지연시킨다. 정치권력은 항상 반동적이다. 따라서 모든 혁명은 정치적이다. 경제 혁명을 실현하려면, 우선적으로 정치적 방해물을 뛰어 넘어야 한다.

> *"모든 혁명은 반드시 정치적이다. 우리는 국가, 즉 정치적인 것을 건너야만 경제적인 것에 이를 수 있다."

국가 해체 이후, 경제적인 것이 자신의 진보 가능성들을 재발견할 것이다.

경제에 관련된 혁명만이 참된 혁명이라는 개념은 "경제주의"에 세례를 받았
던 하나의 일탈이다.레닌

2.1.2. 부르주아 국가

국가에 대한 부르주아적 개념법적, 정치적, 도덕적 자유를 보장하는 것으로 점철
된은 명백히 오류다.

부르주아 국가의 실제 본성은 무엇인가? 다른 국가들과 마찬가지로
부르주아 국가는 하나의 계급 국가이다. 자유주의적 의도가 무엇이건 간
에, 이 국가는 부르주아 계급을 옹호하는 구실을 한다. 그러므로 부르주
아 국가는 하나의 계급, 이 사회의 유일 분파를 옹호한다는 범위에서 볼
때, 사회에서 독립되어 있다.

이러한 생각을 표현하려고, 마르크스는 1836년의 프로이센을 예로 제
시한다. 민주주의 제도의 맹아萌芽인 프로이센 의회La Diète prussienne가 취
한 주된 활동의 본질적 목적은 삼림 범법 행위 진압을 위한 형법제를 설
치하는 것이었다. 게다가 같은 해1836년, 프로이센 법정에 삼림 범법 행위
로 150,000 여건의 유죄 판결 선고가 기록 되었다.

이러한 때에, 마르크스의 통상적 방법인 합리적 고찰을 강조해야 한
다. 합리적 고찰에 관해, 우리는 이론에서 출발하여 사건들을 경유한 뒤
증명되는 것이라는 인상을 갖고 있다. 그러나 일반 예시에서 볼 때, 중요
한 어떤 사건이 느닷없이 근본적이고 의미심장한 것으로 출현한다. 마르
크스는 현대적 의미에서 볼 때, 과학적이지 않다. 그는 하나의 이론 구축
을 위한 사건들의 여러 양태를 축적하지 않는다. 마르크스는 자신에게
사회의 현실과 총체를 인식하게 할 특수 사건여기서는 의회의 활동과 프로이

센 법정을 안다. 내 시각에 이것은 마르크스에게 있는 합리적 고찰과 논증 작동기제의 매우 중요한 특징이다.

그러나 마르크스는 이를 사물들의 일반적 과정으로 생각한다. 의회는 대지주들의 관심을 대표하고, 삼림 범법행위에 대한 유죄판결과 마찬가지로 우선권이 삼림법이라는 것은 정상적이다. 국가에게 이것은 충분한 결론이다.

이와 똑같은 예로, 마르크스는 헤겔 시대에 사회에서 국가의 역할 곧, 국가는 사회의 표현이며, 사회에 의존적인가 그렇지 않으면 국가는 사회에 형식을 부여할 중심이 되는 실재인가에 대한 큰 논쟁에 결론을 내린다. 사회가 국가에 의존한다는 두 번째 물음을 선택하는 것이 헤겔의 해석이다. 마르크스에게 두 가지 해석은 모두 오류다. 국가는 사회에 형식을 부여하지 않는다. 국가는 경제 활동에서 자신의 형식을 부여 받는다. 동시에 국가는 사회에서 독립되어 있다. 국가가 전체 사회를 설명해주지 않는다. 국가는 사회의 한 계급에 대한 표현 방식일 뿐이다.

부르주아 국가는 자본가 계급에게 매우 유용하며, 마르크스는 자본가 계급을 위한 부르주아 국가의 다양한 활용을 분석한다.

먼저, 국가는 하나의 생산 용역 도구이다. 국가는 프롤레타리아들의 우발적 공격에 대해 안전하게à l'abri 경제 구조들을 유지하는 일에 봉사한다. "이는 집단적이고 관념적인 자본가이며, 노동에 대한 자본의 국가적 힘이다."

마르크스 후반기에 나타나게 될 부르주아 국가의 두 번째 유용성은 피착취계급에 반대하는 국가 구성원들 가운데 부르주아 계급의 상호 보장과 관계된다. 자본주의는 경쟁을 요구한다. 그것은 경쟁을 지속할 수 없는 일부 자본가들을 파괴와 소멸에 이르게 한다. 모종의 방식으로, 대출과 맞물려 가는 은행 제도는 자본주의 기업들의 생존을 보장하는 데 반해, 은행을 통해 제공되는 신용은 활동 능력이 더욱 뛰어난 자본가들의 경쟁에 따라 형성되는 규칙을 따른다. 이것은 경쟁에 대해 불편한 점을 제한하고, 보통 제거되어야 하는 기업들의 존속을 가능하게 한다. 따라서 부르주아 국가는 모종의 연대를 만들어 준다. 다른 한편으로, 또한 이와 유사하게, 국가는 연대하는 역할을 한다. 이것이 집단 자본주의이다. 세금들은 보험료의 작동방식처럼 해석될 수 있다. 이러한 분담금은 경쟁에서 도출되는 매우 나쁜 결과들에 대한 반대를 포함하여 제반 환경에서 부르주아 전체의 수입을 보호하는 하나의 기관인 국가의 재정 역할을 한다.

> 오늘날 국가의 경제적 역할 성장, 기업에 대한 지지, 국유화 작업은 마르크스의 이 번득이는 분석으로 잘 해석될 수 있다. 우리는 사회주의를 향하는 걸음에서 멀리 이격되어 있다.[95]

국가의 세 번째 유용성은 본질적으로 부르주아 계급에 의해 점유된다는 것에 있다. 부르주아의 수는 빠르게 증가한다. 당대 그들에게는 많은 자녀가 있었다. 소유를 나누는 일은 해로운 일일 것이다. 이것은 혁명 기간 동안 농업에서 실행된 것이다 부르주아의 자녀들이 잉여를 점유하고 그들이 프롤레타리아가 되는 것을 피하도록, 우리는 국가 기구들 내에서 그 잉여를 사용할 수 있다. 마르크스는 부르주아 계급에 의한 국가 식민화에 관해 말한다.[96]

---

95) 그러나 아마도 이것은 실제 엘륄은 잘 몰랐던 폴라니의 연구 주제들에 더 근접해 있을 것이다.(147쪽의 각주 77를 보라)

96) 마르크스의 시각에 의해 드러나는 행정은 구체제 아래서 성직자, 군대, 아마도 법정까지도 맡는 역할을 수행할 것이다. 마르크스의 사위인 폴 라파르그는 『게으를 수 있는 권리』에서 다음과 같이 썼다. "부르주아 계급은 소비와 낭비를 도우려고 사용한 노동에서 자신이 은퇴시킨 한 무리의 군대, 행정관들, 언론인들, 매춘 알선자 등을 해고하는 데 열의를 보인다."

네 번째로 경제적 관점에서 볼 때, 국가는 국가 기구들에 납부된 이익을 부르주아 계급을 보호하는 일에 사용한다. 부르주아 계급이 국가의 제반 자리를 점유하는 가운데, 확보된 수입은 국가 운영을 위해 부르주아 공무원들의 급여로 지출된다. 그러므로 부르주아 계급은 자신에게서 벗어날 위험이 있었던 이윤의 어느 한 부분을 회수하게 된다. 예를 들어, 노동자 세계에서 나오는 공무원들의 소득

계급의 영역에서 볼 때, 부르주아들은 가장 효력 있는 계급의 모습을 가졌다. 우리는 부르주아 계급은 그 계급을 구성하는 각 개인들보다 지능적이라고 말할 수 있으며, 이것은 프롤레타리아에게도 마찬가지이다.

2.1.3. 법

국가는 필요한대로 하나의 이데올로기, 즉 법을 확산할 것이다.

이전 사회들에서, 법은 반드시 국가에 의해서 만들어지는 것이 아니었다. 부르주아 국가와 더불어 법의 정체성 작업이 생겨나며, 법치 국가État de droit 설립 요구와 더불어 국가에 대한 정체성 작업이 나타난다.

우리가 어떤 행동 단계에 있다면, 국가는 물리적 실력을 소유할 것이다. 현실적으로 국가에 의해 제정된 법은 모종의 경제적 필요에 대한 확인이외에 다른 것이 아니다. "법의 기초는 상업적 교환에 있다."

첫 번째로, 법은 무수한 경제적 관계를 고착시킴으로 구조 유지 역할을 한다. 국가와 마찬가지로 법은 생산력과의 갈등 국면으로 들어갈 것이다.

다른 측면에서, 국가의 산물인 법은 사회와 독립됨을 표현하는 것이 아니다. 왜냐하면, 국가와 사회 조직은 구별되는 것이 아니기 때문이다. 곧, 국가 그 자체가 하나의 사회 기구이다. 그로부터 법은 결코 정의 등과 같은 개념이나 가치들을 설명하지 않는다. "정의는 폭력에 대한 합법

적 용인consécration이다."마르크스 법은 단지 국가의 염원들에 따르는 사회 조직을 표현할 뿐이다.

법의 세 번째 기능은 계급투쟁의 도구가 되는 것에서 온다.

네 번째 법의 사용은 다음과 같다. 법적 원칙들은 사회 계급들 간 모종의 관계에서 나오는 결과이다. 따라서 계급들 간의 관계는 폭력에 의해 적용된 법적 규칙들을 낳는 법적 원칙의 정식화로 나아간다.

이와 관련하여 마르크스는 내가 볼 때 설득력을 갖기에 불충분한 두 가지 사례를 제시한다.

첫 번째 사례 : 18세기 후반에 출현한 권력 분립 선언. 마르크스에 따르면, 그 선언이 표명되었을 때, 우리는 귀족 계급이 뒷받침하는 하나의 군주제와 직면한다. 부르주아 계급은 권력을 향해 정면 돌파하고자 했다. 그들 각자의 이익 조정을 위해, 두 계급은 권력을 행정 권력은 귀족 계급에게, 입법 권력은 부르주아 계급에게로 나누었다.

두 번째 사례 : 19세기의 1세계유럽에서는 국가에 대해 권위주의와 자유주의 교리가 대립했다. 마르크스는 이러한 대립이 단순히 지주 계급과 산업 거대 자본가 계급 사이의 갈등을 표현한다고 생각한다. 지주들은 자신들의 소유에 관해 사회의 자유화를 원하지 않고, 특히 관세를 통해 자기 생산물을 보호해 줄 것을 국가에 요구한다. 그들은 강력하고 권위 있는 국가를 원한다. 반면, 자본가들은 상품의 자유로운 순환을 원한다. 따라서 그들은 관세 장벽 철폐와 국가의 부분적으로 경제 통제 철폐를 원한다. 또한 농업에서 나온 노동력이 산업으로 가는 자유로운 순환을 바란다. 그들은 자유 국가를 요구한다.

첫 번째 사례에서, 마르크스는 18세기의 군주제와 귀족제가 같은 이익을 소유했다고 생각하는 실수를 범한다. 두 번째 사례가 더 설득력 있는 것처럼 보인다.

마지막으로 법은 다섯 번째 역할을 충족시킨다. 바로 정당화 작업이다. 부르주아 계급은 법에게 자신들이 정당하다는 것을 제시하기를 요구한다. 지배 계급은 구체적으로 권력을 실행하는 것으로 만족할 수 없다. 그들은 자신들이 옳다는 것과 자신들이 실행하는 권력이 정당하고 합법적이라는 증거를 얻고자 한다.

2.2. 민주주의

2.2.1. 마르크스의 표명 : 민주주의에 반대하는 세 가지 비판

민주주의는 일종의 형이상학적 바탕 위에 세워진다. 우리는 민주주의가 이론적 방식으로 실현해야 하는 가치들자유, 정의 등을 생각한다. 예를 들어 18세기의 사전들은 자유란 특정한 정치적 조건들 속에 있으며, 향후 자유롭게 될 추상적이고 이상적인 한 인간의 자유를 말했다. 민주주의가 실현하고자 하는 가치들은 어떠한 구체적 현실성도 갖지 않는다. 자유롭다고 선언된 인간은 무엇에서 자유로운가? 인간은 자신의 자유를 실행할 효과적 수단들을 갖고 있지 않다. 실제로 이러한 자유 민주주의는 이미 사회적 힘을 갖고 있는 이들에게만 자유일 뿐이다. 그것은 자본, 즉 자본가들이 자유롭게 활동하도록 하며, 일부 사람을 위해서 존재할 뿐이다.

부르주아 계급이 생각하는 민주주의는 개인주의적이다. 각 사람은 한 개인으로 간주된다. 그것은 시민들의 개별적 의지에 따라 세워진다. 이러한 태도는 타자他者를 지배하고자 하는 이기적이고 독립적인 인간 유형을 창조하는 데 이른다. 부르주아 민주주의는 인간의 참된 관심 사항에 답변할 수 없다. 왜냐하면, 그것은 사회적 관계를 갖지 않은 한 개인으로 인간을 환원시키기 때문이다.

세 번째 비판이 더욱 중요하다. 민주주의는 개별 시민과 인간의 참된 존재 사이에 있는 차이에 영향을 미친다. 모든 본질적, 정치적 권리는 "시민"에게 귀속된다. 시민은 인간의 실제 본성에서 독립된 하나의 단순한 법적 허구이다. 마르크스는 사회적 존재를 시민에 대립시킨다. 실제 삶에서 인간은 모든 사회적 힘의 노리개 상태에 머물러 있다. 민주주의는 개인의 사회적 차원과 정치적 차원을 분리함으로 개인의 소외를 낳는다. 개인은 "우의寓意적"이며, 관념화된다.

우리는 몇 가지 법들의 이론적 목적과 사물들의 실재 사이에서 모순들을 관찰할 수 있다. 예를 들어, '르 샤플리에 법' la loi Le Chapelier은 동업 조합들 간의 연계를 제거함으로 자유를 주고자 한다. 그러나 이 법은 단지 동업 조합의 족쇄에서 해방된 자본가들에게만 봉사했을 뿐이다. 조합들은 소유주의 자유를 방해하고, 노동자 사회는 노동자를 보호한다. 이전에 와해된 조합들, 노동자들은 자본가와 대면하여 저항하지 못하는 무방비 상태에 놓인다. 그러므로 힘의 유무에 따라 모순된 결과에 이르게 된다. 르 샤플리에 법은 프랑스의 산업 자본주의 발전을 위한 결정적 한 요인이다.

민주주의는 가장 중요한 것이 정치선거권 등이며 급여, 삶의 조건들은 이차적이라고 믿게 함으로 인간의 구체성을 기만하기에 이르렀다. 현실적 갈등은 추상적이고 이데올로기적 차원으로 그 우선순위를 바꿨고, 본질에서 이탈했다.

*"민주주의는 피착취 계급이 덜 착취당하는 것처럼 느끼게 하는 체제이다."

2.2.2. 여타의 것들과 마찬가지인 국가로서 민주주의

민주주의는 다른 체제들과 마찬가지로, 어느 한 계급을 옹호하며 그 계급의 적대자와 맞서는 역할을 한다. 그것은 사회의 어떤 범주들을 권력에서 배제한다.

*"부르주아 민주주의는 자본주의 기획자들의 정치적 해방을 가능하게 한다."

마르크스는 1800년-1840년 시기의 연구에 의존한다. 여하간, 부르주아 계급은 민주주의적 체계를 사회의 본질적 요소로 거는 도박을 할 수 없다. 민주주의 개념, 선거 관련 기관에 제기된 문제들은 우리가 바꿀 수 있는 몇 가지 부분이지만, 우리는 체제의 토대들, 특히 사적 소유에 대해서 건들 수 없다. 민주주의가 다다를 수 있을 그 모든 것은 예를 들어 소유의 몇 가지 형태들을 바꿀 것이다. 민주주의는 소유를 문제 삼지 않는다.

결국, 부르주아 계급은 민주주의의 자유로운 유희를 무제한으로 받아들일 수 없다. 마르크스 사상은 의회 체계에 대해 불신을 표현한다. 행정부와 입법부 간의 권력 분배에서, 사실상 민주주의의 목적은 입법부 내에서만 설명될 뿐이다. 행정부 권력은 더욱더 강력하고 복잡한 국가 기구에 따라 강화된다. 곧, 이는 관료주의 현상의 발전이다.

이러한 차원에서 마르크스는 참된 예언자였다. 왜냐하면, 그는 19세기 중반 이래로 관료주의적 발전 현상을 분석했기 때문이다.

국가 기구는 부르주아 계급 소속이다. 그것은 모든 관리 행정을 식민화한다. 만일 입법부 권력이 노동자라면, 부르주아 계급은 권력의 한 면으로 집행력, 특별히 행정부를 차지할 것이다. 그리고 부르주아 계급은 권력을 강화하고 입법부의 개혁들에 장벽을 치기 위한 유예 기간을 둘 것이다. 1789년과 1848년의 혁명들을 분석해 볼 때, 우리는 합법적 단계에서 표명되었던 혁명 과정에 행정부가 장벽을 세웠다는 점을 확인할 수 있다.

노동자 계급은 민주주의적 방식으로 자신들을 표현할 수 있으리라는 어떠한 희망도 갖고 있지 않다. 마르크스는 의회는 하나의 기만이며, 위험천만한 것이라고 주장한다. 의회는 노동자 계급의 순진함을 배신한다. 만일 의회에 "좌파"가 다수를 점한다면, 민중은 만족할 것이다. 하지만, 여기에 위험이 있다. 왜냐하면, 마르크스는 "시민들과 유권자들의 모든 권리는 의회 권력을 통해 인민을 짓밟아버릴 수 있는 지배 계급의 구성원이 누가 될 것인가를 결정하는데 있다"라고 말하기 때문이다.

마르크스가 의회 권력 발전에 대해서 일해야만 했다고 생각했던 당대의 좌파 대다수에 대해 역행한다는 점에 주목하자.

마르크스에게 가장 중량감 있게 나타나는 것은 대중이 선거를 통해 자신들을 표현하는 것처럼 보인다는 것이다. 대중은 사신늘이 어떤 것을 바꿀 수 있다고 믿는다. 그러나 그들은 어떠한 것도 바꿀 수 없다. 민주주의의 위선은 대중에게 하나의 길을 공급했던 것이다. 그 길을 통해 대중은 그들이 혁명에서 방향 선회하는 것을 간접적으로 설명할 수 있다. 대중은 자신들의 혁명적 의지와 본능적 극렬함을 빼앗겼다.

한 사람의 마르크스주의자는 민주주의적일 수 없고, 공산당도 더 이상 그 이름의 가치를 더할 수 없다.

2.2.3. 민주주의에 완전히 적대적이지 않은 마르크스

민주주의는 일시적 방식으로 사용될 수 있다. 민주주의를 옹호할 수 있고 요청할 수 있으나, 전술적 지평에서만 그럴 수 있다. 역사 발전 운동에서 민주주의는 5가지 특징을 보인다.

민주주의는 노동자 계급이 하나의 의식을 갖고 실행하도록 한다. 권위주의 체제에서 프롤레타리아들은 고립된 상태로 머물러 있다. 민주주의 체제에서 노동자들은 오직 투표를 통해서만 국가 내의 한 힘을 대표한다고 생각될 수 있고, 그러한 생각으로 자신들의 역할을 매듭지을 것이다.

민주주의는 민중을 교육하도록 한다. 곧 민주주의는 민중을 가르친다. 혁명은 최소한의 지적 교육을 받은 노동자 계급과 함께 실행될 수 있다. 그런데 민주주의는 민중에 대한 지적 교육을 고려하는 유일한 체제이다.

민주주의가 자유주의적이고 만인을 위한 자유를 긍정하는 점에서, 민주주의는 다소간의 혁명적 기구들을 만들 가능성을 열어 준다. 민주주의만이 혁명 단체들, 노동당 등과 같은 프롤레타리아의 조직화를 가능하게 한다.

정부의 형태는 어떤 도덕적 이데올로기에 지배받는다. 민주주의는 정의, 인간의 법을 신뢰하며, 도덕적 가치들을 긍정한다. 하나의 국가는 양심의 가책mauvaise conscience 속에서 산다. 반면, 독재는 자신과 대립된 자들을 처단하고, 이를 정상적인 것처럼 드러낸다. 왜냐하면, 독재는 양심bonne conscience에 거리낌이 없기 때문이다. 민주주의는 경찰과 군의 모든 자원을 감히 활용할 수 없다. 체제는 그 자체로 불구가 된다. 따라서 민주주의 체제에서 혁명을 위한 활동은 더욱 수월하다.

마지막으로 민주주의는 본질적으로 불안정한 체제이다. 그것은 의회 제도에 연결되어 있다. 의회는 토론으로 사는 곳이다. 체제의 모든 활동은 이러한 토론 속에서 고갈된다. 그것은 모든 종류의 갈등과 연결되는 체제이다. 민주주의 국가는 결코 권위주의 국가가 실현할 수 있는 것을 충실하게 실현시킬 수 없다.

후반부의 두 가지 이유 때문에, 그 체제는 특히 취약하다. 마르크스는 민주주의가 전복될 수 있다는 점에서 민주주의에 호의적이다. 그러므로 독재가 존재하는 바로 그 곳에 민주주의를 세우도록 투쟁해야 한다. 그 목적은 허약한 국가의 설립을 돕는 것이다. 따라서 한 사람의 마르크스주의자는 혁명 준비의 기간에 해당하는 부르주아적 민주주의에 호의적이다.

2.3. 사회 민주주의와 사태의 효력 상실

2.3.1. 형식 민주주의와 부르주아 민주주의 붕괴 일반론

민주주의는 사회적이고 현실적인 민주주의가 되어야 한다. 이것은 본성의 실제적 변화이다.

사회 민주주의는 부르주아 민주주의가 분리했던 정치적 인간과 사회적 인간을 재결합한다. 정치적, 세노적 변화만이 아니라 인간이 경제적 민주주의를 구성하도록 하는 경제적 변화도 필요하다. 시민은 자신의 노동과 개인적 활동 가운데 사회적 인간이 되어야 한다.

> *"인간 해방은 인간이 사회적 힘으로서 자신의 고유한 힘을 재인식하고 조직할 때만 일어난다."『자본론』

인간 행동의 어떤 것도 개인적이지 않다. 그것은 사회적 원인들과 영향들을 지녔다. 공적 생활과 사생활을 분리하는 것은 기만이다. 후자 역시 사회적 기원들과 결과들을 지녔다. 인간은 정치적 삶이라는 형식 아래 더 이상 자신의 힘을 고립시키지 않을 것이다. 인간의 모든 활동 속에 있는 인간의 사회적 힘을 설명해야만 하고, 민주적으로 경제생활에 참여해야 한다. 이러한 사회적 삶과 밀착되어, 사회를 전적으로 변혁함으로써 인간은 이 사회적 삶조차 직접 제어하는 것을 기대해야 한다. 인간 해방, 인간 소외의 종말은 정치, 사회적 힘들의 이러한 연합에서 도래한다.

궁극적으로 이러한 생각들은 매우 막연하다. 그러나 마르크스가 이에 대해 자신의 생각을 구체화하도록 하는 것은 바로 코뮌이다.

어떻게 이러한 사회 민주주의로의 이행을 실행할 것인가? 마르크스는 혁명적 행동으로 국가를 파괴해야 한다고 말한다. 가장 이해하기 쉬운 것은 활동적이고 자발적인 과정이다. 그러나 마르크스는 국가 몰락 개념을 거론한다. 하나의 사회적 단일체로 구성될 단계에서 모든 사람은 화해되고, 착취의 소멸과 착취를 낳는 계급 소멸 덕분에 국가 체제는 더 이상 존재이유를 갖지 않는다. 모든 국가 기구는 그 자체로 용해되어 버려야 한다. 우리가 사회/정치의 이원성을 제거할 때, 정치적 존재 그 자체는 더 이상 존재하지 않으며, 국가는 폐지될 것이다.

2.3.2. 부르주아 민주주의 종말과 사민주의 시작의 시기

자본주의와 더불어 혁명은 부르주아 민주주의와 국가의 제반 형태를 없앨 수 있을 것인가? 아니면 부르주아 계급이 자신의 저항을 표현할 수 있는 몇 가지 정치 형태를 존속시키는 중간 시기가 있을 것인가?

이 부분에 대한 마르크스의 사상은 진화했다. 그의 생각의 첫 단계에서, 1849년 마르크스는 프롤레타리아 독재에 대해 말했다. 우리는 부르주아 계급이 어느 날 제거될 것이라고 희망할 수 없다. 프롤레타리아가 혁명을 실천할 때, 일정 시간 동안 계급투쟁은 지속될 것이다. 이러한 계급투쟁은 정치 기구의 매개에 의해서 주도될 것이다. 프롤레타리아 독재는 국가 기구 아래 전적 독재로서 형성될 것이다. 노동자 계급은 부르주아 국가를 타도하지만, 그들은 새로운 국가를 만들어야 하며, 국가 기구를 점령하고 그것을 자신들의 고유한 목적에 따라 사용해야 한다.

따라서 파리 코뮌 초창기에 마르크스는 염세주의적이었고, 코뮌에 투신한 파리 노동자들을 비난했다. 1870년 12월, 마르크스는 공화정으로 되돌아가기 위한 모든 시도가 광기狂氣라고 설명하는 인터내셔널과 관계를 맺었다. 그는 노동자들이 국가 기구를 파괴함으로 성공할 것이라 믿지 않았다. 노동자들은 자신들의 시민권에 만족해야 하고, 시민의 의무를 완수해야 하며, 한시적으로 부르주아 계급에 협조해야 하고, 이후 조직화되도록 공화정을 이용해야 할 것이다. 프롤레타리아는 무장투쟁에 대한 욕구보다 교육에 대한 욕구를 더 많이 지녔다. 마르크스는 유명한 한 정식에서 다음과 같이 말한다.

*"이것은 혁명적 묵시에 참여하는 오류이다. 묵시는 그 본성 자체로 미래를 갖지 않는다. 노동자들이 거기에 투신하는 것은 오류다."

게다가 마르크스에게 파리에서 일어난 운동은 인터내셔널 설립에 위험한 것처럼 보였다. 그는 프랑스 혁명의 미래가 더 의존해야 하는 곳은 인터내셔널이라고 생각했다. 코뮌을 결성했던 혁명적 집단들의 혼재된 특성이 그에게는 불길하게 보였다. 더 중요한 일은 인터내셔널 내부에 있는 노동 운동 단일화였다.

코뮌 내에 있는 국제주의 운동이 마르크스와의 관계에 관해 검토, 재고했을 때, 그는 당황스러워 했고, 차후 단독으로 행동하리라 결심했다.

그러나 마르크스는 코뮌이 교육 기관들을 설립했다는 것을 한 차례 더

숙고한다. 노동자 계급의 자발적 행동은 교육으로 풍성해진다. 중간 시기에 관한 물음에 대하여, 마르크스는 자신의 사고를 변형하고, 사회 민주주의와 관련된 제도적 방향설정을 구체화한다. 프롤레타리아 혁명의 첫 번째 과업은 국가 요소들의 총체를 소멸시키는 것이어야 한다. 파리 코뮌 참여자들les communards은 이 영역에서 멀리 떨어져 있지 않았다. 그들은 공화정의 대표들이 베르사유를 다시 얻도록 했다. 그들은 파리 은행 공공재를 존중했다.

2.3.3. 파리 코뮌의 교훈

파리 코뮌의 교훈을 도출하며 마르크스는 다섯 가지 단계를 포함하는 이상적 정치 구조에 대한 계획을 수립한다.

지역과 코뮌들 내에 있는 생산자들의 자율 정부 기관이다. 경제활동에 참여하고, 생산하는 이들만이 동시에 정치적 권력을 실행해야 한다. 코뮌 수준에서만 가능한 직접 민주주의가 있어야 한다.

군인과 경찰을 제거하고, 국민 의용군으로 대체하며, 이는 경제력과 정치력을 실행하는 이들로 구성되어야 한다. 이것은 "무장한 인민"이라는 행동 지침의 표현이다.

코뮌과 도시 안에 있는 거주자들의 전체 회중은 일처리를 진행하기 위해 대행 행정관들을 지정한다. 이것은 국가 권력의 파열이다.

반면, 몇 가지 사안은 국가적 단위에서만 다루어질 수 있다. 행정관 회의는 국가 전체를 관여하는 문제들을 위해 행정관 각자를 해임권, 명령권을 갖고 있는 하나의 대표로 지정할 것이다. 정치권력은 최소 형태로 환원된다. 코뮌에는 행정부와 입법부의 구분이 존재하지 않는다. 마르크스는 권력 분리 이론에 대한 비판으로 나아간다. 구체적 자유를 보장하는 일은 구성 조직 속에 머무르지 않고, 노동자 계급에 의한 권력 실천에 있다. 바로 착취당하는 계급이 현 권력을 가졌기 때문에, 권력에 대한 악용 위험은 더 이상 존재하지 않는다.

자발적이어야만 하고 자신들의 행위에 개인적 책임을 져야 하는 역할이 공무원이다. 그러나 코뮌에서는 공무원의 수를 최소로 줄여야 한다. 그들은 공동 공무원으로만 존재해야 한다.

따라서 마르크스는 프롤레타리아 독재에 대한 자신의 생각으로 되돌아온다. 프롤레타리아는 부르주아 국가에 비견될만한 하나의 국가를 재생산하지 말아야 한다. 자신의 권리가 무엇이든지 간에, 국가는 항상 국가로 남는다.

1871년에 마르크스는 다음과 같이 표명한다.

*"코뮌은 나에게 1848년의 『공산당 선언』에 대해 수정하도록 강요한다. 그것은 근본적인 수정이다. 곧, 이러한 기획은 더 이상 책장에 존재하지 않는다는 것이다!"

프롤레타리아 독재는 하나의 국가 독재일 수 없다. 마르크스는 프롤레타리아의 혁명 운동이 혁명적 집단에 의해 지도받을 것이라는 생각도 비린다. 집단 속에서 혁명은 프롤레타리아의 사건이 되어야만 한다.

역사의 아이러니인가, 이 지점에서 마르크스가 프루동과 다시 만나는 것처럼 보인다. 목표가 국가의 완전 소멸에 있다. 마르크스에게 이러한 생각은 지속된다.

3. 종교 물음

3.1. 종교 현상 분석

인간의 모든 현상과 마찬가지로, 종교는 하나의 역사적 현상이다. 이 개념은 마르크스의 고유 개념이 아니다. 우리는 이 개념을 다른 작가들, 이를 테면 1830년 이후의 슈트라우스에게서 발견한다.97) 그러나 마르크스가 종교 문제를 철학적 혹은 형이상학적 문제로 제기하지 않는다는 한에서, 그의 견해는 흥미롭다. 그는 신의 존재 유무에 관해 문제 제기하지 않는다. 설령 신이 존재했다고 해도, 그는 신을 거부할 것이다. 그 상황에서 그것98)은 하나의 결정이지 논증이 아니다. 마르크스가 볼 때, 사유는 그것의 실천 결과들에 의해서만 자기 정당성을 찾을 수 있다. 즉, 역사 내에서 활동할 수 있는 결과들이라면, 그 출발점의 선택은 정당하다. 반면 종교는 해로운 결과들을 가졌다.

마르크스는 무신론자가 아니라, 반反유신론자anti-théiste다.99) 이것은 그에게 인간 해방에 이르기 위한 중요한 선택이다. 그가 살던 사회에서, 그가 확인한 것은 인간이 물질적 지평에서 뿐 아니라, 종교로 말미암아 정신적 지평에서도 소외되어 있다는 것이다. 따라서 인간이 자신의 경제적 소외에 대한 의식을 가지려면 먼저 종교적으로 소외된 인간을 해방시켜야 하며, 이러한 의식화 작업을 통해 인간은 경제적 소외에서 해방되어야 한다. 마르크스는 『독일 이데올로기』에서 "종교적 근원이나 연관성이

---

97) 다비드 프리드리히 슈트라우스(David Friedrich Strauss, 1808-1874). 헤겔의 제자이며 특히 『예수전傳』(1835)의 저자이다. 그는 한 사회의 상징이나 신화들로 종교를 설명하는 일에 집중했다.

98) [역주] 신에 대한 거부

99) [역주] 무신론자(athée)는 신의 존재 자체를 부정하는 것이고, anti-théiste는 고전적인 유신론의 신 이해를 거절하는 것을 말한다. 엘륄은 마르크스가 종교 비판에 있어 신의 존재 자체를 부정하는 일에 방점을 두고 있지 않고, 그가 말하는 무신론은 서구 기독교 세계에서 형성, 고착되어 온 전통적 유신론 거부에 일차적 초점이 맞춰져 있다고 평가한다.

없는” 인간에 도달해야 한다고 말한다. 인간이 어떤 의미 쟁취에 뛰어들려면, 자신의 삶이 의미인간에게 미리 주어질 어떤 의미를 갖지 않은 한 인간에 도달해야 한다. 종교에 대한 마르크스의 비판들 가운데 하나는 종교가 인간에게 이미 만들어져 있는 삶의 의미를 준다는 것이다. 만일 인간이 이 의미를 백지화하고, 근절하고자 한다면, 그는 자기 삶의 의미를 재발견하고자 투신할 것이다. 즉, 그것은 혁명이다. 그러므로 인간이 자유로운 미래를 가지려면 “깊이 박혀 있는 종교적 뿌리”와 과거의 정신 안에 뿌리박혀 있는 것을 제거해야 한다.100)

3.1.1. 종교 현상에 대한 독창적 해석

종교 현상에 대한 마르크스의 해석은 통상적인 유물론적 해석이 아니다. 신 존재에 대한 그의 관점은 생물학적 유물론에 토대를 두는 무신론자들의 견해와 연결되지 않는다. 그에게 중요한 것은 사회 현실 속에서 종교의 근원적 동기들을 발견하는 일이다. 모든 종교의 발전에 열쇠가 되는 것은 세계의 현실 상황이다. 종교에 대한 그의 시각은 통상적 유물론의 시각보다 더 심오하게 드러난다. 그 시각에 관하여 마르크스는 아래 글에서 다음과 같이 말한다.

> *“종교는 이 세계의 일반 이론이다. 대중 형식 아래 있는 종교 논리, 영적 경외 지점, 종교적 열광, 도덕적 귀결, 장엄한 성취, 종교 전체의 이유가 되는 위로와 칭의稱義가 그런 것들이다. 종교는 인간의 힘을 환상적으로 현실화한다. 종교의 비참함은 한편으로는 현실의 비참함에 대한 표현이며, 다른 한편으로는 현실의 비참함에 반대하는 항변이다. 종교는 짓눌린 피조물의

---

100) 마르크스는 “자유노동자”를 생산하도록 설정된 사회적, 경제적 박탈에서 탄생한 자본주의 체제에 의해 분명히 공식화된 요구에 대하여, 인간의 미래적 해방을 대상화하는 종교적 뿌리를 제거하고자 하는 요구에 가까이 다가간다. 이 책 Ⅱ장, 2.4.의 “마르크스가 보는 자본주의의 기원” 144쪽을 보라.

탄식이며, 심장 없는 세계의 심장이자, 영혼 없는 현실의 영혼과 같다."「헤겔
법철학 비판 서문」(1844년 1월) 101)

이 구절은 내가 그리스도인 모임에서 빈번하게 인용하는 매우 흥미로
운 부분이다. 곧, 모든 사람이 마르크스가 위대한 신학자였다는 것에 수
긍할 것이다! 그리고 그는 위의 언급에 이어 다음과 같이 말하며 끝맺음
한다. "종교는 인민의 아편이다."

마르크스가 종교는 세계의 일반 이론이라고 말할 때, 그가 말하고 싶
은 것은 인간은 세계에 대한 일반적 설명을 갖지 않고는 살수 없다는 것
이다. 그에게 세계는 확실한 논리와 더불어 나타나야만 한다. 종교는 학
문이 자리 잡지 않았던 기간에 인간이 만들었던 세계에 대한 이론이다.
이러한 관점에서 종교는 인간이 생존을 위해, 동물의 상태를 벗어나고자
갈망했던 긍정적 현상이다. 종교는 특히 도덕을 보장한다.

다른 한편에서 볼 때, 인간은 어떤 희망이나 위로, 정당함의 감정 없이
살 수 없다. 종교가 망상적이고, 환상적인fantasmagorique 독일어로 이것은 꿈같
은fantastique이란 뜻을 지닌다 어떤 것을 그 안에 지닌 반면, 인간은 자신의 모
든 기력을 종교 안에 두었다.

종교는 역사의 이중 의미를 가진다. 인간은 종교적 비극으로 표현되는
비극적 현실을 살고 있다. 왜냐하면, 인간은 신의 유익을 위해 자신의 역
량을 포기하기 때문이다. 인간은 단지 환경에 짓눌린 인간이 아니라, 신
앞에서 불의한 한 인간이다. 자신의 고통은 죄의 대가라는 확신이 인간
을 살아가도록 한다. 그러나 동시에 종교는 가장 좋은 세계의 실현을 향

---

101) [역주] 「헤겔 법철학 비판 서문」은 1843년 10월에서 12월 사이에 작성되어 이듬해 「프랑
스 독일 연보」에 실렸다.

해 자신을 내던지고, 비참함에 맞선 저항을 표현하는 희망적인 부분도
포함한다. 그처럼 종교는 인간이 보통 있을 수 있는 도피처였다. 마르크
스의 시각에서 볼 때, 세계의 매정함이 멈추고 영혼을 가진 세계가 되려
면, 세계를 변혁해야만 한다. 종교가 인간에게 미약한 심성과 위로를 주
는 한, 종교는 세계가 불의하고, 매정하고, 영혼이 없다는 것을 인간 자
신이 깨닫는 것 대신 그러한 깨달음을 회피하는 만족감만 줄 뿐이다. 더
구체적으로 말하면, 종교는 어떠한 특성들을 갖기 때문에 위험하다.따라
서 "인민의 아편"이다

바로 지배계급 구성원들은 공들여 종교를 제작하고 사회 전체를 위한
하나의 이데올로기를 만든다. 이러한 종교의 목적은 피지배계급에 대한
지배계급의 압제를 용이하게 하는 것이다. 인간에 대한 착취가 사라지려
면, 종교 역시 사라져야 할 것이다.

3.1.2. 마르크스에 따른 종교사 : 『신성가족』

마르크스에게 종교는 상부구조들 가운데 한 부분을 만들지만, 하부구
조의 움직임을 따라가는 것이다. 속도의 차이가 있을 뿐 종교는 하부구
조에 상응한다. 이러한 바탕에서 마르크스는 자신의 저서 『신성가족』에
서 종교들의 기원 역사를 기록한다.

종교는 인간이 세계와 자신의 일부분을 인식했던 고대시대에 출현했
다. 인식들이 부재하고 제한된 공간 속에서 살던 인간은 자연의 힘에 연
결된 지역의 신들을 만들었다. 천상의 신들은 더 늦게 출현한다.

이 점에 관한 마르크스의 관점은 옳다. 오늘날 우리도 종교 현상을 그와 같
이 해석한다.

광범위한 영토에 정치권력이 등장하게 된 것과 더불어, 종교는 보편성을 갖는다. 인간이 다른 나라, 다른 풍습과 접촉하기 시작하면서 인간이 믿는 신은 천상의 신이 된다. 왜냐하면, 하늘은 전체를 포괄하고, 보편성을 지향하기 때문이다. 기독교는 신속하게 로마제국 안으로 확산되는데, 그 이유는 로마제국이 그 시대 사람들이 인식하던 세계 전체를 뒤덮고 있었기 때문이다. 기독교는 제국종교가 된다. 기독교의 보편성은 로마제국 보편성의 복사물에 지나지 않는다.

중세 사회는 봉건제 도식에 따라 사회가 분할되고 경제적, 정치적 생활은 농촌 세계에서 펼쳐진다.102) 기독교는 가톨릭향후 토지 귀족 종교가 되며, 여기서 주교는 봉건제 영주에 상응한다으로 진화함으로 이 농촌 사회에 적응한다.

이 주제를 뒷받침하는 무수한 요소가 있다. 예를 들어, 성직자는 이윤 체계에 따라 급여를 지급 받는다. 그것은 봉건체제를 성직자에게 적용한 것이다. 다른 예로, 이교적 농촌 토속 종교들에서 비롯된 가톨릭교의 성인 숭배이다. 하나의 사례로, 보르도103)와 그 주변 지역에는 지역 신神인 성 주네스le saint Genès가 여러 마을에 있다. '성 주네스'라는 이름은 로마의 게누스genus에서 연원했다. 귀신에 대한 이교 의식을 제거하는 일이 불가능했기 때에, 우리는 그를 성인으로 받들고 사람들은 그를 경배하는 일을 지속했다.

15세기와 16세기에 부르주아 계급의 사회적 우위, 화폐 사용과 더불어

---

102) [역주] 여기에서 엘륄은 "la vie économique et politique se replie sur le monde rural"라는 표현을 사용한다. 직역하면 "경제적, 정치적 생활은 농촌세계 위에서 굽이친다" 정도일 것이다. 프랑스어 동사 'se replier'는 '굴곡이 있다, 접히다, 접어지다, 자기 자신에게로 되돌아오다, (강물이) 굽이치다' 등으로 해석된다. 저자의 의도는 농촌세계에서 정치-경제 활동이 이루어지는 모습을 마치 병풍이 접혀 있는 모습으로 묘사하고자 한 것으로 해석할 수 있다. 참고로, 명사 'pli'는 '주름, 접힘'이라는 뜻을 지녔다.

103) [역주] 적포도주로 유명한 프랑스 서남부에 위치한 도시. 자끄 엘륄의 고향이자 주 활동지.

거대 상업, 산업과 은행이 발전하게 된다. 탄생하고 있는 자본주의에게 가톨릭은 더 이상 만족스러운 종교가 아니다. 따라서 기독교는 부르주아 정신구조에 부합하는 개신교종교개혁을 거친 기독교가 된다. 이 주제에 관해, 막스 베버는 1905년 출판된 『프로테스탄티즘의 윤리와 자본주의 정신』에서 마르크스의 생각을 이어간다. 그러나 종교와 경제발전의 인과 관계의 의미에 관해 베버는 마르크스보다 덜 명료한 입장에 서서 그 작업을 진행시킨다 104)

마르크스에 따르면, 19세기 기독교는 자본주의의 필요에 부응하는 두 가지 기본적 성향으로 구성된다. 마르크스는 첫 번째 성향을 유대주의로 명명한다. 이 용어의 바탕에서 우리는 마르크스의 "반셈족주의"antisémit-isme에 대해 문제 제기했다. 마르크스가 유대주의를 말할 때, 오해하지 말아야 한다. 그 이유는, 마르크스가 유대인들에 관해 말하는 것이 아니기 때문이다. 사실상 마르크스는 "반유대적"antijudaïque이다. 그에게 유대주의는 특정한 유대인의 어떤 현상이 아니라, "신을 위해 돈을 취하고 예배를 위해 상업 활동을 하는" 정신 상태를 의미한다. 독일에 있는 수많은 유대인이 금전 상거래 분야에 있었지만, 마르크스는 일반 유대인을 겨냥하지 않는다. "유대인 부르주아는 개신교에서 자신의 이데올로기를 발견한다." 이 말의 뜻은 위에서 언급한 유대인의 정신 상태에 부합하는 어떤 이데올로기가 존재한다면, 그것은 유대교가 아니라 개신교라는 것이다.

거기에 마르크스는 유대 인민은 빈번하게 부르주아 계급에게 압제 당했으며, 자신들의 해방을 얻도록 유대 정신과 투쟁해야 한다고 생각한

---

104) [역주] 『프로테스탄티즘의 윤리와 자본주의 정신』의 프랑스어 번역본은 1965년 플롱(Plon) 출판사를 통해 출판되었다. 이 저서에서 막스 베버는 서구 자본주의 발전에 종교의 영향력이 있음을 검토했다. 그는 서구 자본주의가 마르크스가 말하는 맥락과 같이 순수 유물론의 차원이 아니라고 보았다. 곧, 소유 관계, 기술 발전, 지식 발전으로만 환원하여 설명할 수 없는 요소가 자본주의 발전에 있는데, 그 중 하나가 바로 종교적 이상과 관념이며, 이에 대한 연구 과정에서 특별히 칼뱅주의의 한 분파인 18세기 영국 청교도 윤리를 지목한다.

다. 그러나 이러한 해방을 위해서는 유대인 자신들에게 만들어져 있는 것에서 해방되어야 한다. 곧, 돈에 밀착된 유대 정신과 유대교 정신을 지양해야 한다. 사실 이 지점이 마르크스의 모호성이 드러나는 자리이기도 하다.

두 번째 경향은 기독교 내부의 비판 정신을 사회로 도입하려 하는 자유사상이다. 자유사상예를 들어 볼테르로 대표되는 견해에 대하여 마르크스는 특별히 볼테르가 주장한 "프랑스 정신"을 지지하지 않는 극단적 엄격함을 보인다은 기독교의 영향을 받았다. 마르크스에게 볼테르는 기독교로 돌아간 것으로 만족한 인물이며, 마찬가지로 유물론자들도 관념론으로 회귀하는 것으로 만족했다. 가톨릭 신학 없이, 볼테르는 자기 자신에게서 출발하는 어떠한 것도 말할 수 없었을 것이다.

기독교 발전 속에서 자유사상보다 더 중요한 한 가지 발자취는 기독교 자유주의의 아버지인 포이에르바하와 슈트라우스와 더불어, 우리가 19세기 개신교 자유주의라고 불렀던 사조의 출현이다. 이들의 목표는 이성과 종교, 과학과 기독교 신앙을 화해시키는 일이었다. 그러나 이러한 화해는 우리가 과학의 결과들을 진지하게 열망할 때만 형성될 수 있다. 따라서 이성과 종교에 반대되는 것을 종교와 기독교에서 제거해야 한다. 포이에르바하에게, 신앙은 과학에 저항하지 않는다. 그 반면에 사랑은 인간과 인간의 보편적 관계이며, 사랑으로 마주볼 때 그 관계는 유지될 수 있다. 따라서 우리는 신앙의 영역에 있는여러 기적 등 모든 것을 기독교 신앙에서 제거하고 사랑의 영역에 있는 모든 것을 지켜야 한다.

마르크스는 매우 결정적인 어떤 한 단계가 쟁점이라고 평가한다. 쟁점이 되는 이유는 과학은 진보하기를 멈추지 않고, 종교의 영역은 감소를 멈추지 않을 것이며, 그리스도인들이 과학의 권위를 인식한다는 범위에서 그들은 한시적으로만 자신들의 입장신앙을 유지할 수 있을 뿐이고, 종국에 그들은 지상地上에서 버림받게 될 것이기 때문이다. 따라서 우리는 자기 자신이 정죄 되었다는 것을 아는 기독교와 마주한다. 마르크스는 1900년-1910년경에 기독교는 사라질 것이고, 종교가 기득권 계급의 지배 도구 구실을 할 것이기 때문에 그 종교에 남아 있는 일부 사회 집단만 잔존할 것이라고 추정했다. 더구나 종교적 태도는 지배 계층에 따라 다양하게 변모한다. 유럽의 토지 귀족은 가톨릭과 농촌 종교에 기생했고, 상업적이면서 경제, 정치적 관점에서는 자유로운 부르주아 계급은 자유주의 개신교에 정착했다.

3.2. 반反종교 투쟁

원칙상 기독교는 유죄 판결을 받았지만, 마르크스에게 **역사**를 방치해 두는 것은 중요하지 않다. 우리는 혁명을 실천해야 하고 종교 파괴에 협력해야 한다.

3.2.1. 종교, 자본주의 양식의 요소

종교에 맞서 투쟁해야 하는 이유는 종교가 자본주의의 중요한 한 요소이기 때문이다. 종교는 민중의 혁명 의지를 꺾고 인간에게 가상의 행복을 부여한다. "종교는 인민의 아편이다" 마르크스는 이 부분을 다음과 같이 기록한다.

> *"민중의 망상적 행복으로서의 종교를 금하는 일은 민중 자신을 현실적으로 행복하게 만들고자 하는 요구이다." 또한 "민중 자신의 상황에서 망상을 포기하라고 요구하는 일은 곧, 망상을 원하는 상황을 포기하라는 요구와 같다."

따라서 우리는 인간이 망상을 포기하는 것을 요구할 것이다. 종교가 인간을 감추는 것과 마찬가지로 그 망상은 인간을 받아들이기 어려운 조건 속에서 살도록 한다. 이것은 마르크스의 합리적 고찰로서 중요하다. 우리가 망상들을 지운다면, 상황은 비가시화 될 것이다. 따라서 상황을 변화시켜야 하고 삶 속에서 우리가 더 이상 망상들을 필요로 하지 않는 생생한 삶의 상황으로 나아가야 한다.

그러나 동시에 종교는 기득권 계급의 지배 도구이다. 반反종교 투쟁은 반反지배계급 투쟁이다. 이 투쟁은 가톨릭교회가 논쟁적 방식으로 행동하고 정치권력 실행을 추구하면 할수록 적법하다. 예를 들어 교회는 가르침을 통하여 영혼들에 대한 지배를 실행하고자 한다. 마르크스가 맞서 싸웠던, 1850년에 공포된 팔루법La loi Falloux은 결국 교육을 주교들의 권한 아래 위치시켰다. "학교 교육에 대한 성직자 관여關與 체제" 속에서, 교회는 자신의 종교적 역할로 만족하지 않는다. 종교는 권력에 참여하기를 원한다. 마르크스의 태도는 사회적 소외와 정신적 소외는 밀접하게 연결되어 있고 사회적 혁명은 정신적 혁명에 의해 이행된다는 것을 수용한다. 동일한 방식으로 경제적 혁명은 정치적 혁명에 의해 이행된다. 사회적 투쟁과 정신적 투쟁을 동시에 진행시켜야 한다.

3.2.2. 반反유신론자 마르크스

마르크스는 신 존재에 대한 물음을 제기하지 않는다. 그에게 종교의 제거는 참된 인간주의의 조건이다. 곧, 세계에 대한 종교적 반영은 사라져야 한다. 이 어려운 기획에는 몇 가지 조건들이 전제된다.

우선 자유롭게 연결된 인간들은 인간들 사이에 투명하고 합리적인 관계에 이르러야 하고, 자연과의 관계에서도 마찬가지이다. 또한 이 인간들은 각자의 관심에 부합하는 것에 이르러야 한다. 모든 노동이 자유롭게 연결된 인간들의 작업일 때, 인간들은 더 이상 종교를 사용할 필요가 없다. 또한 인간들은 의식적으로 행동해야 하며, 각자가 자신이 존재할 것, 만들 것을 자기의식에 따라 선택해야 한다. 그 반면, 종교는 무의식적인 부분을 포함한다. 따라서 종교의 소멸을 위해 인간관계의 변형이 필요하며, 반대로 말해 종교 소멸은 이러한 관계들이 투명하고 합리적일 수 있도록 반드시 필요하다. 여기에서 쟁점이 되는 것은 변증법적 운동이다. 우리는 결코 마르크스 사상을 직선直線 운동으로 해석할 수 없다. 마르크스는 하나의 단계를 따르는 다른 단계가 존재한다고 말하지 않는다. 그는 전반적 상황에서 활동하고, 새로운 상황을 야기하는 어떤 운동이 존재한다고 말한다. 우리가 종교적 망상을 바꾼다면, 타인과의 관계도 바뀔 것이다. 더욱 진정한 관계가 될 이 새로운 관계들은 종교적 망상 등의 새로운 소멸을 가능하게 한다.

종교를 제거하는 일은 자유와 자의식, 합리성의 발전을 가능하게 한다. 이것은 생물학자나 물리학자보다 "이편en deçà에 진리를 세우고, 그로 말미암아 저편au-delà의 망상을 해체하는" 역사가예를 들어 1863년 『예수의 생애』 저자인 르낭(Renan) 105) 와 경제학자에게 해당되는 과업이다. 그 점에서 인간의 본질을 인간에게 회복시키고 참된 인간으로 되돌리기 위한 사회적 삶의 조건들을 바꿔야 한다.

마르크스는 "참 인간이 되는 것"이 의미하는 바를 말하지 않았다. 우리는 마르크스가 어떤 인간 본성을 인식했던 것이 아니라, 단지 인간 조건을 인식했다는 것을 안다. 그렇다면 어떻게 인간다운 인간을 만드는가? 1843년에 기록한 매우 수수께끼와 같은 마르크스의 초기 수고들 가

---

105) [역주] 조제프 에르네스트 르낭Joseph Ernest Renan (1823−1892). 19세기 프랑스 언어학자, 종교사가, 철학자. 기독교 기원사 연구를 위해 시리아에 직접 체류하며 연구하기도 했다. 대표작으로 20년 넘는 연구의 결과인 『기독교 기원사』*Histoire des origines du christianisme* (총 7권)가 있다.

운데 한 부분에서, 그는 참 인간 곧 인간다운 인간을 만드는 것은 바로 인간의 부재를 발견하는 것이라고 말한다. 따라서 앞서 있는 것과 함께 어떠한 척도도 갖지 않은 존재가 쟁점이 될 것이다. 왜냐하면, 오늘날까 지 "인간"이 존재하지 않을 것이기 때문이다.

3.2.3. 실천 영역에서 종교에 대해 극단적이지 않은 마르크스

마르크스는 다른 영역에서와 마찬가지로 종교의 영역에서 사태들을 관찰하는 것에 대한 걱정거리를 안고 있다. 예를 들어, 파리 코뮌의 경험은 마르 크스 자신이 1848년 『공산당 선언』에서 실수가 있었다는 점을 인식하도록 한다 따라서 마르크스는 종교를 하나의 사건으로 고려한다. 그는 생애 말년에 쓴 어 떤 글에서 개인의식의 사건인 종교는 혁명 이후에도, 종교의 경제적, 사 회적 근간들이 파괴된 사회에서도 유지될 수 있다는 점을 인정한다. 마 르크스는 순수하게 제도적이고 이데올로기적인 측면으로서 종교적 현 상 속에 다른 것이 존재할 가능성을 수용한다. 그러므로 종교가 체제 정 당화용 이데올로기가 아니라는 것이 입증된다면, 상황에 따라서 종교는 공산주의 사회에서도 자신의 자리를 가질 수 있다. 따라서 마르크스가 문 하나를 열어 두었다면, 그것은 마르크스에게 개인적 종교심은 완전히 무관심 사항이기 때문일 것이다. 그러므로 개별적이고 진정성 있는 종교 적 감성은 사회주의 건설에 방해가 되지 않을 것이다. 게다가, 마르크스 는 국가의 지지를 받는 종교적 제도에 맞서 싸우는 일을 멈추지 않았고 종교적 자유를 주장했다. 이것은 모순되는 일이 아니다. 마르크스의 이 러한 태도는 위에서 언급한 무신론이 아닌, 반反유신론이라는 점을 명확 하게 한다. 종교와 투쟁하면서 사실로서 종교를 재인再認할 때, 1942년 동방 정교회에 대한 재인 이 점에 대해 스탈린은 정통 마르크스주의자였다.

4. 소외

마르크스는 독일어로 두 가지 용어, 그리고 이따금 세 가지 용어로 소외를 말하는 반면, 프랑스어로는 이 개념소외을 설명하는데 하나의 단어만 사용한다.

마르크스 사상에서 소외라는 용어는 인간이 그 자신에 대해 낯설게 된다는 것, 인간이 다른 누군가에게 혹은 어떤 것에 속하게 된다는 것을 뜻한다. 마르크스는 무수한 소외를 구분하는데, 노동에서 소외, 돈에서 소외, 국가와 종교에서의 소외로 구분하여 적용한다.

4.1. 노동에서의 소외

마르크스는 노동을 인간을 위한 긍정적 요소로 고려한다. 노동에서 소외되는 일은 직접적으로 자본주의적 착취 사건이 아니라, 노동의 새로운 유형 속에 들어와 있는 사건이며, 관심과 독립이 없는 사건이다. 인간은 노동할 때, 더 이상 인간 그 자신이 아니라, 기계 부속이다.

마르크스는 소외를 우선적으로 인간의 생존 가능성에 상응하는 시간의 측면에서 생각한다. 즉 "시간은 인간 발달의 공간이다." 인간은 자신을 위한 시간을 가져야 한다. 그러나 시간을 갖는데, 일日과 시時를 되풀이하는 것으로는 충분하지 않다. 산업 체제 속에 있는 인간의 조건은 인간에게 자신의 노동력, 즉 인간의 시간 전체를 강제로 판매하게 한다. 개인 시간으로 존속할 부분이 자기 노동력 재생산에 쓰여야 하기 때문에 인간에게는 더 이상 시간이 남아 있지 않다. 노동이 인간의 시간 전체를 탕진한다.

*"시간을 자기 마음대로 사용하지 않고, 자신의 모든 삶을 노동이 독점하는

인간은 짐승의 하나만도 못하다. 몸은 산산 조각나고, 정신은 바보가 된다."

다음으로 마르크스는 모든 것이 판매되는 상품 사회에서 노동자는 자신의 모든 시간, 곧 자기 삶을 점유하는 노동력을 판매해야만 한다는 점을 고찰한다. 인간 노동의 산물은 인간의 모든 노동력, 즉 인간의 삶을 포함한다. 노동의 산물은 소유주에 의해 상품으로 판매될 것이다. 판매되는 것은 물품 속에 모조리 들어가 있는 노동자의 생명 그 자체이다. 생산된 물건이 노동자에게 남아 있다면, 노동자는 자기 노동력이 반영된 그것을 지킬 것이다. 물품은 판매되고, 따라서 노동자는 소외된다.

노동자의 노동은 살아있는 노동이다. 그러나 정치경제 관련 저서들에서, 노동은 다른 관점 아래 고려된다. 곧, 노동은 살아있는 어떤 실재가 아닌 단지 이익에 의해 팔리는 경제적 가치들의 생산수단으로 여겨진다. 그러므로 관심 사항은 최대 가능한 이윤 확보를 위해 가능한 노동자 노동을 최대한으로 사용하는 일에 있다. 따라서 노동을 실천하는 인간에게 고용 노동이란 전적으로 낯선 것이다. 자본주의 체제에서 노동자의 건강과 생명을 탕진하는 것은 이윤 생산에 대한 필요조건이다.

4.2. 돈에서의 소외

마르크스에게, 자본주의 사회에서 돈을 소유한 인간 역시 그렇지 못한 인간만큼 소외된다.[106] 자본주의 사회에서는 모든 것이 판매될 수 있고, 우리는 구매함으로 어떤 물건을 소유할 수 있다. 따라서 돈이 힘에 대한 유일한 기호이다. 이러한 사회는 점점 더 생산하며 그 곳에서 돈은 경쟁의 결과에서 발생하는 지속적인 적대감을 다스린다. 자본주의 사회에 사는 인간은 그가 돈을 소유한다면, 재화 소유주를 따를 수밖에 없고 적대

---

106) 자끄 엘륄, 『하나님이냐 돈이냐』, 양명수 역 (대장간, 2011)을 보라.

적인 힘들puissances에 대해 자신을 보호할 수밖에 없다. 그러나 각자가 소유한 돈의 힘force은 생산이 증가함에 따라 감소한다. 돈에 대한 소유욕은 돈의 힘이 감소함에 따라 증가한다. 돈에 대한 욕구는 모든 것 중에 가장 중요한 욕구로 등장한다. "그것은 정치경제에 의해 태어난 유일한 욕구이다." 한 인간이 소유할 수 있는 돈의 양이 그 인간의 본질적 자질이 된다. "돈은 인간을 추상적 존재로 환원시킬 뿐이다." 따라서 인간 그 자신이 양적 존재로 환원될 따름이다.107)

돈에서의 이러한 인간 소외는 인간 욕구들 속에서 변형된 것들에 의해 '돈을 소유한 이들에게 있는 세련된 욕구'와 '돈을 소유하지 않은 이들에게 있는 짐승 같은 야만적 욕구'라는 식으로 표현될 수 있을 것이다.

모든 것이 인간의 본질 그 자체가 된 돈에 대한 사적 소유에 멈춰 있다. 인간들이 서로서로 경쟁하며 살기 위한 싸움은 돈을 위한 싸움으로 그려진다. 마르크스는 상인과 소비자 사이의 싸움을 설명한다. 그 싸움에서 상품은 실제 욕구를 만족시키는데 방향 설정된 것이 아니라, "인간에게 던져진 하나의 미끼이자 인간의 본질을 자신에게 옮겨 놓고자 설정된 것에 지나지 않는 돈"으로 방향의 가닥을 잡는다. 더 이상 이용 재화 생산이 문제가 아니라, 판매 가능한 재화 생산이 문제이다. 돈에 대한 사적 소유란, 돈을 소유한 인간의 탐욕에 대한 투기이다. 실제적 욕구들에 대한 재화가 존재하지만, 실제적 욕구는 어떤 올가미 속에 희생자, 소비자를 유인하기 위한 핑계에 불과하다.1860년의 주목할 만한 진술 우리는 소비자가 원하지 않는 재화들, 그러나 우리는 소비자로 하여금 그가 원한다고 믿도록 하는 재화들을 공급한다. 생산의 목적은 인간의 욕구만족이 아니라, 돈의 이동이다. 오늘 마르크스가 살아 돌아온다면, 생존투쟁, 마케

---

107) 자끄 엘륄, 『의심을 거친 믿음』, 임형권 역 (대장간, 2013)에서 인용된 롱즈(Alain RONZE), 『양적 인간』*L'Homme de quantité*을 보라.

팅은 소비자 살해 수단이라고 말할 것이다. 자본주의 발전은 결코 인간의 자연적 욕구를 인간적 욕구로 변형시키지 않을 것이다.

다른 측면에서, 만일 우리가 돈을 갖지 않는다면, 재화에 대한 야생적 현상, 달리 말해 생물학적 재화들과 최소 노동력 유지에만 신경 쓰는 현상을 목도할 것이다. 상품 판매로 인간의 원초적 욕구들이 만족된다는 틀에서, 이 욕구들은 돈으로 측정될 것이다. 그러나 돈 없는 인간, 프롤레타리아는 사회적으로 인식된 욕구들을 갖고 있지 않다. 이것은 자신의 불만족 이외에도 욕구에 대한 부정이며, 마르크스는 이를 "욕구들에 대한 추상적 단순화"라고 부른다. 여기서 우리는 재차 추상에 대한 구체적이고 실제적 인간으로 항상 되돌아올 것을 추구하는 마르크스 사상의 본질적 개념과 만나게 된다.

우리가 프롤레타리아의 욕구를 인식하고 그것을 만족시킬 수 없다면, 사회는 피고인의 자리에 있을 것이며, 부르주아 계급은 그 자체로 고소되었다고 느낄 것이다. 더불어 그것을 참을 수 없을 것이다.

『정치경제학 비판 요강』에서 연구된 무소유 문제는 다음과 같은 공식에서 출발할 수 있다. "아무 것도 소유하지 않은 인간은 오늘날 아무 것도 아니다."『헤겔 법철학 비판』 자본주의 세계에서 돈은 모든 것의 매개자가 된다. 몇 몇 사회학적 연구특히 마르셀 모스Marcel Mauss 108) 의 연구는 돈이 의사소통의 중심 현상이라는 점을 보여주었다. 마르크스가 볼 때, 언어의 붕괴는 분명히 매개자인 돈이 독점권exclusivité을 갖는다는 점과 연결된다.109) 돈은 경제적, 인간적 관계들, 심지어 예를 들어 사적 소유 너머에 있는 자연과의 관계들까지 필연적으로 매개하는 수단이다. 따라서 우리가 돈을 갖고 있지 않다면, 이러한 매개체를 갖지 않은 것이며, 세계의

---

108) 마르셀 모스, 『증여론』, 이상률 역(한길사, 2002)과 게오르크 지멜, 『돈의 철학』, 조희연 역(한길사, 1990)을 보라.
109) 자끄 엘륄, 『굴욕당한 말』, 박동열, 이상민 공역 (대장간, 출간예정).

현실과 단절된 것이다. 그러나 세계의 현실과 단절된 존재는 비현실적이다. 세계가 존재하는 것이 실제적인 것과 마찬가지로, 돈 없는 인간은 비현실적이다. 달리 말해, "현실적인 것은 인간이 아니다." 마르크스는 단순한 논증과 순수 지적 분석에 따라 진행하면서 가치 판단을 견지하지 않고 자본주의 세계의 비인간성을 논한다. 당신이 돈을 갖고 있다면, 당신은 돈에게 소유된 것이다. 당신이 돈을 갖고 있지 않다면, 당신은 반反 인간적인 것에 소유되어 있는 것이다. 이러한 소외를 모면할 방법은 존재하지 않는다. 게다가 무소유자들 중에 있다는 사실은 우리 자신이 가난, 비참, 질병 등에 소유되어 있다는 것을 의미한다.

돈을 소유한 인간도 돈을 소유하지 못한 인간만큼 소외되어 있다왜냐하면, 돈의 소유자는 여러 다른 것들을 소유할 수 있지만, 실제 그 인원은 적기 때문에는 것을 생각하며, 마르크스는 다음과 같은 용어들로 부르주아적 금욕의 도덕많이 절약하는 부르주아의 금욕주의을 설명한다.

> *"그대의 소비가 줄어들수록, 그대의 존재감도 줄어들 것이다. 그대의 존재감이 덜할수록 그대는 많이 소유할 것이다. 왜냐하면, 절약 소비가 그대의 재산을 늘려주기 때문이다. 포기된 그대의 삶110) 이 위대해질수록, 인간에 대해 소외된 그대의 본질이 더욱 성장할 것이다. 그대가 '할 수 있음' pouvoir을 멈춘다는 것은 결국 그대의 돈이 그것111) 을 할 수 있다는 것을 뜻한다.112) 돈은 현실적 힘이다. 그것은 그대의 고유한 본질과 삶에 대한 금욕에서 양분을 공급을 받는다."113)

---

110) [역주] 금욕적 삶

111) [역주] '할 수 있음' 을 멈추는 것

112) [역주] 사회 안에서 어떤 행동의 지속과 정지를 가능하게 만드는 기준이나 능력은 "돈"이라는 의미이다.

113) 기 드보르(Guy Debord)나 라울 바네겜(Raoul Vaneigem)과 같은 상황주의자들은 "현실 사회주의"에 관한 전혀 다른 비판적 관점으로 이 분석을 발전, 심화시켰다. 또한 이러한 친자관계는 상황주의적 주제들과 자신의 고유한 관점의 수렴점들을 찾아냈던 엘뢸을 비켜가지 못했다[이 주제에 관해 『혁명의 해부』, 황종대 역(대장간, 2013) 마지막 쪽을 보라]. 더구나 엘뢸은 짧게나마(1966년 또는 1967년?) 스트라스부르 상황주의자

따라서 마르크스주의자들은 다음과 같이 말할 수 있다. 곧, 자본주의 해체로 나아감과 동시에 자본가들의 해방도 매우 중요하다.

4.3. 정치적 소외와 종교적 소외

소외는 인간이 국가의 대상이 되는 소외와 같은 다른 존재를 갖고 있지 않은 외적 대상국가, 종교의 이득에 따라 존재한다.

근대 국가는 민주적으로 선언되며, 인간들의 발출發出이라고 믿게 함으로 그들의 지지와 믿음을 요구한다. 또한 국가는 이를테면 애국심과 같은 감정들을 요구한다. 이처럼 국가는 인간이 인간 자신을 만들게 할 수 있는 것을 포기하도록 하고, 국가에 인간 자신을 위임하게 만드는 일련의 환상과 기만으로 이루어진다.

우선적으로 종교는 포이에르바하의 저작 참조 우리를 탈취하는 어떤 신성 속으로 자기 자신을 투사한 것이다. 인간은 신적인 존재가 득을 얻는 자리에서 자신의 도덕적 성질들을 포기함과 동시에 그것을 절대적인 자리로 옮겨간다. 게다가 종교는 인간을 복종으로 이끌어가며 인간의 혁명적 의지를 빼앗아 간다. "인민의 아편"

4.4. 소외에 대한 마르크스의 답변

종교와 국가에서 이 대답은 인간이 그 속에서 소외된 대상을 제거함으로 이행된다. 이 대상은 그 자체로 존재하는 것이 아니다. 헤겔적 개념 대상은 주체의 외화일 뿐이다. 지식, 그것은 소외에 대한 의식을 취하도록 하는 것이다. 대상이 그 자체로 존재할 뿐이라는 것을 확인할 때, 나는 대상을 제거함으로 소외를 제거할 수 있다.

그러므로 국가는 시민이 이러한 실존을 부여하고자 하고, 신뢰하고자

들과의 만남을 지속했다.

하는 틀에서만 존재할 따름이다. 마르크스의 이 분석은 매우 현대적이다. 시민이 국가에 대해 전적으로 신뢰하는 것을 멈춘다면, 국가는 더 이상 존속하지 못할 것이다. 모든 사람이 복종하기 때문에 국가가 존재할 따름이며, 우리는 신뢰하기 때문에 복종할 뿐이다. 5천만 프랑스인이 납세를 거부한다면, 더 이상 국가는 세금을 보유할 수 없을 것이다. 이것은 일일 8시간 노동이라는 주제로 1906년 노동 연맹Confédération Générale du Travail을 통해 제안된 방법들 가운데 하나였다. 그것에 관해 수년간 토론이 진행 되었고, 1905년 노동 연맹은 해당 날짜부터 프랑스의 전 노동자는 8시간 노동을 한 이후 공장을 떠나라는 매우 간단한 방법을 공고했다. 1906년 5월 1일이 예정일로 추천 되었고, 이것이 하나의 혁명의 출발점이 될 뻔 했다. 따라서 우리는 어김없이 다음과 같은 마르크스의 시각 즉, 일반화된 의식에 대해 반대하면 더 이상 권력은 없을 것이라는 시각에 있었다. 마르크스는 이것과 똑같은 방식으로 신성神性에 관해서도 다음과 같이 말할 것이다. 곧, 모든 사람이 이런 신 혹은 저런 신을 믿는 것을 멈춘다면, 신성은 존재하기를 멈출 것이다. 이것이 바로 대상 속에서 소외된 인간이 대상을 파괴하는 의식을 갖는 것이다.

경제적 소외돈, 노동에 관해서 마르크스는 다르게 나아간다. 사실, 실제 사물들을 만드는 것은 노동이다. 이는 주체의 인격 안에서 대상에 대해 가하는 단순한 재해석이 아니다. 그러므로 대상을 소멸시키지 않고, 소외를 멈춰야 한다. 그러나 근본적 소외는 상품 안에 있는 인간의 소외이다. 바로 여기에서 인간은 자신의 본질을 박탈당했다. 인간이 소외된 자기 본질을 다시 취해야 한다. 노동 생산품이 판매용 상품으로 변형되었기 때문이다.

이러한 상황은 사적 소유가 존재하는 범위 내에서만 존재할 뿐이다. 사적 소유가 사라진다면, 생산된 대상은 하나의 상품이 되기를 멈출 것이다. 집단 소유 체제에서, 상품은 모든 사람에게 속해 있다. 그것은 또한 노동자의 소유이기도 하다. 노동을 통해 만들었던 것을 주면서, 노동자는 다른 노동자들이 만들었던 모든 재화에 대한 권리를 갖는다.

여기서 우리는 우리가 포기하는 개인 의지, 그리고 일반 의지와 더불어 루소에게서 나타나는 작동기제와 동일한 것또한 나는 마르크스가 영향을 받았다고 생각한다을 보게 된다.

공산주의는 노동자의 인격 속에서 노동 생산물을 회복함으로 인간과 인간의 화해를 가능하게 한다.

마르크스에게 공산주의와 집단화가 의미하는 것을 이해하려면 소외 이론에서 출발해야 한다.

5. 프롤레타리아 이론

마르크스 사상에서 프롤레타리아가 누구인지 아는 것은 매우 어렵다. 프롤레타리아는 가난한 자들도 아니고, 피착취자들도 아니며, 룸펜프롤레타리아*Lumpenproletariat* 114) 도 아니다. 하여간, 우리는 마르크스가 말하는 프롤레타리아를 하나의 지속적 실재로 생각할 수 없다. 곧, 우리는 그것을 역동적이고 역사적인 관점에서 보아야 한다. 우리는 프롤레타리아의 실재를 19세기 서구 사회의 현실 안에서만 알 수 있을 뿐이다. 그 나머

---

114) [역주] 마르크스가 『공산당 선언』에서 사용한 말로, '유랑하는 무산 계급' 이라고 할 수 있다. 이들은 자본주의 사회의 최하층 노동에 종사하면서도 부르주아의 '반혁명 노선' 에 찬성하는 프롤레타리아들을 의미한다. 마르크스는 그러한 반동적 프롤레타리아에 대한 경멸적 의미로 이 용어를 사용한다.

지는 낭만주의일 뿐이다.

5.1. 무산 계급화 이론[115]

자본주의 사회에는 인간을 프롤레타리아로 바꾸려고 하는 돌이킬 수 없는 운동, 역사의 작동기제가 존재한다. "인간의 불행을 만드는" 시대 혹은 생산력 발전이 있다. 달리 말해, 생산력 개량, 생산 증가가 항상 이득이 되고 긍정적인 것은 아니다. 이는 생산력을 옹호하는 역사 전체 발전의 지평에서 이득이지만, 인간적 단계에서는 발전이 아닌, 하나의 재앙과 큰 비극이 될 수 있다. 그렇기 때문에 우리는 프롤레타리아에 관해 말할 수 있다.

무산 계급화는 노동자를 프롤레타리아로 바꾸고 프롤레타리아의 수를 증가시키는 이중적 현상을 은폐한다.

이것은 단순히 자본주의에서 직접 유래하는 결과가 아니라 노동자를 프롤레타리아로 바꾸는 몇몇 기술 발전노동 분할, 기계화의 발전의 순서에 따라 진행되는 것이다. 사실상 기술 진보는 자본주의의 틀 안에 위치한다.

먼저 노동 분할은 일반적으로 광범위한 영역산업, 상업, 농업 등에 걸쳐 있는 경제적 삶에 대한 분할이다. 그리고 특별히 더욱 축소된야철, 섬유 등 분야에서 그것은 전체 분할에 대한 재분할이다. 이 분할에서 우리는 종種과 유類를 통한 자연과학의 분류작업을 발견한다.

마지막으로 우리는 세부적인 노동 분할 혹은 특수 활동들로 이루어지는 분할인 수공업적 분할을 발견한다. 이 분할이 더욱 중요하며, 바로 이것이 자본주의의 고유성이자 무산 계급화를 부추기는 것이다. 마르크스는 심화된 분석으로 자신의 주제에 몰두한다.

---

115) [역주] La théorie de la prolétarisation. '무산 계급화'에 해당하는 용어 prolétarisation은 프롤레타리아를 만들어내는 작업을 뜻한다. 특별히 이 용어에 대해서는 문맥 어감상 '무산 계급화'를 채택한다.

그는 공장에서 일하는 체계가 전문적 기능에만 소질이 있는 노동자 수를 증가시켰다는 점을 고려한다. 각각의 노동자는 생산의 맨 아래에 있는 행동을 더 이상 할 수 없다. 노동은 집단적 노동이 될 뿐이고, 노동자의 노동력은 일종의 "집단 노동" 속에 통합된다.116) 따라서 각각의 기능은 다른 모든 것을 보충하며, 더 이상 다른 것들과 소통할 수 없다. 각 노동자는 분리될 수 없는 한 집단의 부분 조각이다. 프롤레타리아는 다른 사람들에 독립된 생활, 개인적 생활을 누릴 수 없다.

노동이 제한되고 불완전할수록, 효율성의 시각에서 볼 때, 그것은 "집단 노동자" 내에서 더욱 완전해진다. 생산에서 최대치의 효율성에 도달하려면, 가능한 개별 노동을 분리해야 한다. 마르크스는 아담 스미스의 핀 공장 분석을 공유하면서 노동 분할의 결과들을 예견한다.테일러주의 그는 이러한 분업 노동에서 노동력에 대한 표현, 곧 노동자의 삶 그 자체를 고려한다. 노동이 단 하나의 활동에 집중될 때, 인간은 그 기능에 동화되고, 결국 전문화된 기능에 환원된다.

"일면적 기능"dextérité du détail의 가속화는 인간의 모든 가능성을 희생시키고, 노동자의 신체적, 지성적 능력을 감소시키기기에 이른다. 즉 하나의 "산업 병리학"이다.

노동 분할에 첨부된 기계기계주의 역시 무산 계급화에 기여한다. 그것은 가치를 생산하지 않지만, 구체화된 노동의 가치 그 자체이며, 우리가 그것을 사용함에 따라 점진적으로 사라져 버리는 가치를 소유한다. 그러나 노동에 의해 만들어진 가치는 결코 사라지지 않으며, 그것은 노동자의 노동을 통한 다른 가치 생산에 일조한다. 생산품의 가치는 노동자 노동 가치의 총합이자 기계를 만들었던 이들이 실행한 노동의 일부분이다. 그러나 생산품에 전이된 이 가치는 오랜 시간 작동하면 할수록 더욱더

---

116) 『자본론』 I 권 4편 14장 2절. [역주 : "분업노동자와 그의 도구"]

약화되는 기계의 매우 작은 부분일 뿐이다. 그러므로 기계 생산은 노동자 고용에 들어가는 비용보다 더 적은 노동 비용을 지출할 필요가 있다. 모든 기계의 사용은 노동 가능성의 감소를 이끌어내고, 결국 기계사용은 실업을 부추긴다.

다른 한편으로, 기계가 출자하는 노동에 대한 최소한의 고통의 정도에 의해 노동 시간은 증가하게 되고, 여성과 유아 노동이 강제된다. 기계는 노동의 제공과 요구 사이에 증가하는 불균형을 초래하는 잠재적 노동자의 수를 전적으로 증가시킴으로 노동 가능성들을 축소한다. 그러므로 노동자 계급 성장의 일부분이 실업으로 인도된다. 마르크스에게, 실업의 중요성은 그것이 자본가 계급에게 반항하는 프롤레타리아 계급"무장 예비군"을 회피하는 수단이 된다는 것에 있다. 반항의 불가능성과 노동자의 역량보다 전반적 상황에 더 의존하는 지속적 노동 불안이 노동자를 프롤레타리아로 만든다. 인간의 역량에서 출발하지 않고, 기계가 요구하고 만들 수 있는 것에 따라 단지 기술적이기만 한 새로운 노동 분할을 불러일으키기 때문에, 결국 기계가 이러한 무산 계급화 현상을 두드러지게 하는 것이다. 마르크스는 인간 노동은 점차 변형될 것이며, 아무 것도 환원되지 않은 채 끝날 것이라고 예측한다.

프롤레타리아 증가 법칙은 무산 계급화 이론이 설명하는 이차적 현상이다. 또한 이 법칙은, 프롤레타리아는 노동자들과 같은 다른 사회 계급에서 온 개인들의 점진적 증가로 구성된다는 것을 말해준다. 수공업 노동자 전체가 프롤레타리아화 된다. 마르크스가 볼 때, 기계의 능력은 소형 수공업자들의 능력을 극복했다. 기계화된 최신식 시설을 갖추기 위한 자본이 언제나 필요하기 때문에, 수공업자는 산업 노동과 경쟁할 수 없다. 자본주의 사회에서 수공업자들은 "기식자寄食者들"bouches inutiles이며, 결국 그들은 공장으로 들어갈 것이다.

무산 계급화는 농업에서도 나타난다. 실제로 우리는 농민 계급의 중요성만큼 토지의 중요성이 감소하는 것을 목도한다. 농촌 지주는 농민의 심리 상황을 바꿀만한 내용물을 갖고 있지 않다. 자본주의는 지주에게 다음과 같은 내용을 믿도록 한다. 곧, 소유주의 자리가 그 중요성을 상실하지만, 지주의 실제 자리를 감추기 위해 자신이 소유주라고 믿게 만든다. 지주들은 새로운 상속 체계로 인해 자신들의 소유가 줄어드는 것을 목도하게 된다. 농민 지주는 더 이상 환원된 몫으로 살아갈 수 없다. 토지에 대한 정기적 수익뿐 아니라, 이윤의 등가물까지도 자본가들에게 빌려오고 양도해야 하는 반면, 농민에게 남아 있었던 토지 수익은 임금의 등가였다. 이윤에 대한 농민의 지출이 의무화되는 단계에서 그들은 일반 급여조차 받기도 어려워진다. 그들은 정상 급여 범주에서 최하 범주로 추락한다. 땅 소유주임에도, 그들은 프롤레타리아다. 프랑스 혁명 이후로 소 농민들에 대한 이러한 땅 분리와 분배 작업이 농민들을 수용하기 위한 부르주아 계급의 마키아벨리적 계산 결과였는가? 마르크스는 우리가 역사적 필연성을 마주한다고 대답한다. 1790년-1792년 사이에 일어난 분할은 부르주아 계급 편에서 볼 때, 농민 계급을 동요시키는 일은 봉건주의로 회귀하는 것을 방지하기 위한 불가피한 수단이었다. 봉건제 환원을 위해 우선적으로 이용되었던 토지 분할은 부르주아 계급의 신임을 얻을 만큼의 역할을 더 이상 하지 못한다.

새로운 농업 방식들의 적용은 주요한 투자와 소유가 충분하게 확장되었을 때만 생각해 볼 수 있는 방법 곧, 더욱 공들여 제작되고, 산업화된 방법들을 전제한다. 따라서 소작농은 무산 계급화되며, 유럽의 인구 동태 변화로 악화된 추세는 농민들 속에 잠재되어 있는 인구과잉을 보여준다. 그러므로 농촌은 도시의 노동력을 위한 간절한 호출을 긍정적으로 수용할 것이다. 이것이 이농 현상의 시작이다. 도시에 도착한 농민은 곧 바로 프롤레타리아가 된다.

수공업자들과 농민들 이외에도, 부르주아 계급에도 무산 계급화가 밀려든다. 부르주아 계급은 단일화된 집단이 아니라 분할된 집단으로 표상되고, 경쟁 놀이에 종속된다. 자본주의가 발전함에 따라, 우리가 직면하는 것은 순환 속으로 복귀해야 하고 생산 자본으로 변형되어야 하는 지속적 잉여가치이다. 영세 자본가는 최소 잉여가치를 가졌고, 소형 기업 수준의 투자 자본과 대기업 수준의 투자 자본 사이에 있는 격차의 증가는 멈추지 않는다. 이 자본이 임금과 기계로 투자될 것이다. 대기업의 잉여가치 축적은 사회적 부 전체에 흡수될 것보다 훨씬 많이 증대될 것이고, 투자할 잉여가치를 더 이상 확보하지 못하므로 영세 자본가는 파국을 맞게 될 것이다. 파산 지경에 이른 그들의 다음 수순은 프롤레타리아가 되는 것이다.

마지막으로 잉여가치가 지속적이지 않음에도, 마르크스는 화폐 수익률 감소에 대한 일반적 경향을 증명한다. 이윤율 저하 경향은 투자했던 자본가들에게 반영된다. 자본가는 최소 임금 지급과 최소 분담금 지급 사이에서 선택해야 하는 상황에서 항상 후자를 선택한다. 왜냐하면, 지불된 임금은 잉여가치를 생산하기 때문이다. 이를 통해 마르크스는 1870년경 막 출현하기 시작했던 금리 생활자들 중 신新 부류가 프롤레타리아 선고를 받았다는 점을 연역해 낸다. 실제로 1800년에서 1914년까지 이윤율의 감소는 멈추지 않았다.

5.2. 빈곤화 법칙

통계에서 출발하지 않고 이론적 견해 일반에서 빈곤화를 추론하는 마르크스에 따르면, 프롤레타리아들은 점차 가난하고 불행하게 된다. 그는 자본 축적과 무산 계급화 현상은 빈곤화의 결과라고 평가한다. 곧, 그것은 "부의 축적과 빈곤 축적의 상관관계"이다.

우리는 자본주의 체제의 전반적 발전에서 사실상 자본 축적의 경향을 관찰할 수 있다. 자본 집중 현상은 사회적 부의 증가보다 훨씬 빠르다. 집중된 자본들은 막연한 자본들에서 오는 것이지만, 또한 노동자들에게 분배되는 임금으로도 나타난다. 국가 소득의 재분배에는 지속적으로 큰 부분은 집중된 자본으로 되돌아가고 작은 부분은 급여 소득으로 되돌아 간다. 따라서 노동자들은 더욱 가난해진다.

마르크스의 이 논증은 이론에 머물러 있다. 자연스럽게 임금 상승이 있을 수도 있다. 게다가 마르크스는 명목상의 임금과 실제 임금 사이에 차이를 두지 않고 문제를 전반적으로 생각한다. 임금 상승은 소유주들이 노동력을 많이 갖고 있지 않고 보충 인력에 호소하는 지점과 상응한다. 그러므로 노동자들의 수는 증가한다. 노동력이 유일하게 잉여가치를 생산하는 것처럼, 노동자들의 수가 증가한다면 잉여가치 역시 증가할 것이다. 따라서 임금 상승의 시기에 노동자에 대한 개인 착취는 감소하지만, 계급 착취는 증가한다.

다른 한편으로, 자본가들은 자신들의 기업 수익을 상승시켜야 한다. 이를 위해 노동을 기계화해야 한다. 그리고 이러한 기계화는 반드시 노동자 계급의 "상대적 인구과잉"실직 노동자수와 고용 노동자수 사이의 관계을 초래한다. 이러한 인구과잉 현상은 우연적이지 않다. 즉, 이것은 노동자 계급을 억누르려고 소유주가 사용하는 하나의 방법이다. 게다가, 과잉인구는 자본주의 산업의 순기능에 반드시 필요하다. 왜냐하면, 소유주는 지속적으로 시장에 대한 요구 상승과 마주할 수 있어야하기 때문이다. 따라서 항상 예비 실업자들이 필요하다.

실업자들의 생활수준은 최하이며, 우리가 노동자들의 생활수준을 고려할 때 단지 노동하는 사람들만 고려하지 말아야 한다. 즉, 노동자 계급은 실업자들을 포괄한다. 실업자는 자신의 동료들이 그에게 제공해 줄 수 있는 것으로 살아가거나 자신의 뜻에 따라 임금 총량에서 공제하는 모든 방식인 구호물자들로 살 수 있다. 다른 한편, 실업이 증가할 때, 안타깝게도 노동자들은 최저 임금을 받아들인다. 두 가지 사례에서 볼 때, 실업자들은 바로 변동 없는 임금 총량에서 살아갈 것이다. 우리가 늘어난 실업자들을 받아들인다면, 임금 수준은 감소할 것이다. 여기서 마르크스가 전개하는 것은 전반적 사회학, 거시 사회학이지 미시 사회학이 아니다. 즉 그는 실업자를 포함한 노동자 계급 전체를 고려하지, 노동자들의 여러 범주를 고려하지 않는다. 우리는 『자본론』에서 다음과 같은 구절을 본다.

*"자본 축적을 낳고, 그것이 성공함에 따라 임노동 계급은 그 자체로 강제로 은퇴하거나 상대적 인구과잉으로 변모되는 도구들을 낳는다. 바로 이것이 자본주의 시대를 특징짓는 인구과잉 법칙이다. 축적의 발전과 활동적 과잉 인구 발전의 균형점을 이루는 이 법칙은 프로메테우스를 바위에 결속하려 했던 불카누스의 사슬보다 더 강력하게 노동자를 자본에 결속한다. 이 법칙은 자본 축적과 빈곤 축적 사이에 치명적인 상관관계를 형성한다."

따라서 노동자는 자본을 생산하고, 그로 말미암아 노동자 자신은 가난해진다. 이것이 프롤레타리아에 대한 마르크스의 핵심 사상이다.

마지막으로 마르크스는 노동자 계급 처우에 대한 명백한 개선책인 최저 임금이 있음에도, 상대적 가난은 감소하지 않는다는 점을 지적한다. 자본 축적은 실제로 자본가들에게만 이익이 되기 때문이다. 임금이 최저 상태에 있다면, 자본가의 많은 투자와 생산품 수의 증가가 이루어졌기 때문이다. 자본가들이 축적한 자본과 노동자들에게 돌아온 임금 사이의 대립은 증가한다. 또한 최저 임금은 평균 소비와 노동자 소비 간의 격차에 부합한다.

마르크스는 급여 상승이 노동 증대나 시장에서 소비 가능성보다 더 적을 때 빈곤화 현상이 나타난다고 생각한다.

마르크스는 상대적 빈곤화가 무엇인지에 대해 더 길게 발전시키지 않았고, 우리는 절대적 빈곤화에 관해 더 많이 논쟁했다.

프랑스 공산당은 1954년 제8차 전당대회에서 일어난 논의를 통해 절대적 빈곤화에 관해 '원칙 사수'라는 결론을 내렸다. 이러한 결론에 수반된 주장은 우선 1934년의 생활수준에 비해 1954년의 생활수준이 더 낮았다는 것, 다음으로 2년 전 "빈궁 행렬과 배고픔의 고문들"과 더불어 왔던 혹독한 경제 위기, 그리고 국가 수입에서 급여 할당액이 1938년 45%에서 1950년 30%로 이행되었다는 것에 있다. 또한 모리스 토레즈117)는 1952년 노동자의 실제 임금이 1938년의 절반 수준이었다고 말했다. 모든 경제학자가 이러한 비정상적 수치들로 평가했다. 그들은 우리가 마르크스의 주제들을 악용할 수 있는 사례를 보여준다.

절대적 형식 아래 원칙을 사수하는 일은 어려운 것이다. 실제로 나는 마르크스가 빈곤화에 대한 완벽한 이론 구축에 성공하지 못했다고 생각한다. 『자본론』의 마지막 책은 완성되지 않았다 심지어 우리는 마르크스에게서 이러한 사유에 반하는 구절들을 발견할 수 있다. 예를 들어 그는 조합들의 개입이 노동자의 조건을 개선한다는 점을 수용한다.

빈곤화 법칙은 기계적 해석의 대상으로 실행되어서도 안 된다. 이따금 마르크스는 노동자의 조건이 개선되는 것을 수용한다. 우리는 그의 저작에서 그것에 관련한 놀라운 구절들을 발견한다.

*"노동자에게 가능한 최적의 조건은 자본의 성장이다. 만일 생산된 자본이

---

117) [역주] 프랑스 좌파 정치인

증가한다면, 노동 가격 역시 증가할 것이다."

나는 빈곤화 주제에 관해 마르크스에 부합하는 세 가지 수정사항을 제시해야 한다고 생각한다.
먼저, 빈곤화의 역동성을 통과해야 한다.
욕구들은 사회와 더불어 발전한다.

*"19세기 인간은 18세기의 인간이 가졌던 것에 만족할 수 없다."

이런 유형의 정식에 직면하여, 피해야 하는 것은 시대에 따라 가변적인 욕구들에 대해 말하는 것과 같은 진부함이다. 마르크스가 빈곤화의 역동성과 더불어 말하고자 하는 바는 항상 노동력을 재생산하기 위한 소비의 필요성에 따라 계산되는 노동력의 가치문제와 연관되어 있다. 그러나 이것은 발전이 존재하는 순수 재료 소비 단계뿐만이 아니다. 노동력은 양적 요소도 내포한다. 곧, 13세기에 한 인간이 섭취했던 것은 19세기 인간에게 만족스럽지 못할 것이다. 인간의 생리가 바뀌었고, 삶의 양식이 변형되었다.

*"노동력은 가치 관점에서 다른 상품들과 그것을 구별해주는 정신적이고 역사적인 요소를 지닌다."『자본론』I 권 2부 6장

이 구절은 우리가 13세기의 어떤 노동력과 19세기의 어떤 노동력처럼 그리스 노예 노동력을 고려할 수 없다는 것을 의미하고, 19세기 인간은 이전 시대의 사람들처럼 살 수 없다는 것을 말해 준다. 노동력 재생산을 위해서, 노동력에 공급되어야 하는 것은 주어진 상황 속에 있는 모종의

식량과 의복 같은 것이다. 그러나 모든 시기를 일반화해서는 안 된다. 노동력 재생산을 책임져야 하는 임금은 변화한다. 그러나 두 가지 경우에서 엥겔스의 공식에 따라 임금 철칙은 다음과 같이 적용된다. 곧, 임금은 자신의 노동력 갱신을 위한 노동자의 욕구를 더 높이 올리지 않을 것이다. 노동력 재생산을 위해 필요한 것은 변화하지만, 노동자는 이러한 노동력 재생산에 필요한 어떠한 것도 더 이상 갖지 못할 것이다. 오늘날 노동자가 자동차, 텔레비전 등을 소유한다고 말하는 것과 같은 방식으로, 우리는 빈곤화의 역동성을 설명할 수 있을 것이다. 모순 없는 마르크스주의적 분석, 그리고 공산당을 지지해야만 할 분석에서 말하고자 하는 것은 자동차, 텔레비전, 주말 등은 노동력 재생산을 위한 필수 요소들이라는 점이다. 달리 말해, 노동자가 텔레비전 앞에서 기분전환 하는 저녁 시간을 보내지 않는다면, 다음날 그는 그에게 요구된 만큼의 노동을 할 수 없을 것이다.

다음으로 빈곤화에 대한 주제는 "상대적 빈곤화"라는 용어를 통해 교정되어야 한다.

마르크스 저작에 존재하지 않는 "상대적 빈곤화"라는 용어는 로자 룩셈부르크[118] 에 의해 표현된 것이며, 내 견해로 이것은 마르크스 사상을 매우 정확하게 발전시킨 것이다. 룩셈부르크는 마르크스 사상 이해에 이르는 난점들 가운데 하나를 강조하는데, 그 이유는 때때로 마르크스는 경제 현상들에 대한 해설 요소로 빈곤화를 부추기는 추상 경제학을 통해 추론하기도 하지만, 때로는 조합 활동, 욕구들의 출현 등이 개입할 수 있

---

118) [역주] 로자 룩셈부르크Rosa Luxemburg (1871-1919). '붉은 로자' 라 불리는 폴란드 출신의 독일 마르크스주의 이론가, 혁명가, 정치가. 베른슈타인의 수정주의 노선과 사회민주주의 세력에 대해 비판적이었으며, 독일 공산당의 모체가 된 혁명적 집단인 '스파르타쿠스단' 을 지도했다. 스파르쿠스단의 기관지 「붉은 깃발」의 집필에도 참여했다. 스파르쿠스단은 1919년 베를린에서 봉기했으나 실패로 돌아갔고, 로자는 같은 해 암살되었다.

는 응용 경제학으로 추론하기 때문이다. 조합 활동이 없다면, 노동자들은 "절대적 쇠퇴", 달리 말해 노동자의 노동력 재생산에 필수적인 것 이하로 추락하게 될 것이라고 로자 룩셈부르크는 말한다. 그러므로 노동자의 삶의 수준은 증가하지만, 전체 경제 상황이 더욱 빨리 개선되기 때문에 상대적 빈곤화를 발생시키는 양자의 간극은 더 넓어진다.

마지막으로 빈곤화 개념은 주관적 빈곤화 개념을 통해 교정되어야 한다.

인간이 고통스러운 조건에서 살고 있으나, 그 조건에 대한 의식을 갖고 있지 않을 때,가난이 자신의 운명이다 인간의 고통은 부분적일 뿐이다. 인간이 이러한 고통과 다른 삶의 가능성에 대한 의식을 취하는 순간부터, 그의 불행이 자라난다. 실제로 자본주의 착취 현상은 그 무게가 가벼워질 수 있으나, 노동자들은 점차 현상에 대한 의식을 갖게 되고 그만큼 더 불행해질 것이라고 마르크스는 말한다.

5.3. 프롤레타리아 "신화"

신화라는 용어는 마르크스 안에 존재하지 않고, 그의 사상에 상응한다. 마르크스에게 프롤레타리아는 단지 계급투쟁 기운데 있는 하나의 구성 요소가 아니다. 프롤레타리아는 사회적, 인간적인 유일한 현상을 무수히 초월하는 가치를 표상한다.

프롤레타리아, 그는 소외된 인간이다. 마르크스가 보는 프롤레타리아는 비할 데 없고, 형이상학적 가치를 지닌다. 그러나 어떤 지고의 가치나 인간 이상을 말하고자 하는 것이 아니다. 반면, 프롤레타리아가 중요성을 갖는 것은 바로 그에게 모든 인간성에 대한 하나의 추상과 "인간성 출현 자체의 소멸"『신성가족』이 존재하기 때문이다. 프롤레타리아의 삶의 조건에서, 근대 사회의 모든 삶의 조건이 요약된다. 그런데 근대 사회는 비인간적이며, 그것은 곧 인간에 대한 부정이다. 프롤레타리아에게서 삶의 모든 조건은 자신들의 극한에 걸려 있다. 바로 이것이 비인간성 모델이다. 다른 사람들은 비인간성의 일부 측면들을 겪을 뿐이지만, 프롤레타리아는 비인간성의 전 측면을 겪는다.

프롤레타리아의 문제는 단지 물질적 문제가 아니라, 돈의 문제다. 사회는 부자와 가난한자로 나뉘지 않는다. "누더기프롤레타리아"Prol tariat en guenilles나 '룸펜프롤레타리아' 오늘날 사회적으로 배제된 자들이라 말할 수 있을, 빈농당대에 프롤레타리아의 빈곤보다 더 극심했던은 마르크스의 관심을 끌지 못했다. 왜냐하면, 이들은 근대 사회 비인간성의 총체를 자신들 안에 누적하고 있지 않기 때문이다. 이들은 혁명적 힘이 아니다.

『신성가족』에서 프롤레타리아는 아래 특성들로 정의된다.

- 먼저 프롤레타리아는 고향을 떠난 도시 사람이며, 마르크스에게 이들은 농촌 사람들보다 불행한 사람들이다.119)

- 프롤레타리아는 기계 부속이며, 기계에 대해서만 일할 뿐이다. 프롤레타리아의 노동은 의미가 없고 돈에 종속되어 있다.소외

- 프롤레타리아는 부르주아의 전유물인 문화에 대한 모든 가능성에서 배제되어 있다. 거꾸로 농촌 사회에서는 누구도 배제하지 않는 민중문화folklore가 있었다.

- 프롤레타리아는 흔히 회자되는 이야기와는 반대로 마르크스가 선한 것으로 여기지만, 부르주아 계급의 특권이 된 가정생활의 제반 가능성에서 배제되어 있다.

- 프롤레타리아는 소유가 없다. 또한 국가에서 배제되어 있다. 일부분에 대한 소유가 반드시 있어야 함에도, 프롤레타리아는 그것을 소유

---

119) 자끄 엘륄, 『머리 둘 곳 없던 예수—대도시의 성서적 의미』, 황종대 역 (대장간, 2013)을 보라.

할 수 없다고 마르크스는 생각한다. 프롤레타리아는 자신이 노동에서 발견하는 것과 다른 부분만 가질 뿐이다. 한마디로 박탈당한 한 인간이다. 프롤레타리아는 그 자체로 자신의 고유함을 가진 존재가 되어야만 한다.

－ 프롤레타리아는 자신의 노동력을 판매할 때에만 생존할 수 있다. 프롤레타리아의 노동력은 이윤을 얻고자 그들을 고용하는 자본가에 의해 공급된다. 따라서 프롤레타리아는 자신의 노동으로 자신의 적수敵手를 강하게 만들어 준다. "모든 인간 가운데 가장 많이 상실한 자, 그는 바로 프롤레타리아다."

인간이 자신의 인간됨에서 벗어나는 이러한 빈곤의 밑바닥에 이를 때, 인간됨에 대한 의식을 취할 가능성이 있다. 그 점에서, 인간은 충분히 빈곤의 바닥을 치고, 모든 희망을 잃어버렸을 것이다. 다른 인간들은 그 자체로 해방될 수 없다. 왜냐하면, 그들은 부분적 소외만을 의식하기 때문이다. 이 점은 개량주의자들마르크스는 비인간적 조건이 존재할 뿐이라고 말한 반면, 개량주의자들은 우리가 비인간적 조건들을 바꿀 수 있다고 생각한다과 혁명가들 사이의 주요 논쟁 요소이다.

그러므로 인간은 자신이 필연성에 종속되고,그리고 서기에 마르크스가 인간에게 내 건 하나의 도박이라고 할 수 있는 부분이 있다 변혁에 대한 어떠한 희망도 없다는 의식을 갖게 된다. 하지만, 마르크스는 인간은 필연성에 종속되는 것을 견디지 못한다고 우리에게 항변한다. 이를 통해 마르크스는 19세기 인간을 충분히 드러내며, 그에게 인간 존재란 해방에 대한 폭발적 책임을 지닌 존재이다. 따라서 인간은 반항할 것이다.

그리고 때때로 우리가 매우 냉혹한 지점을 발견할 수 있는, 모든 것이 마치 필연적으로 기능하는 것처럼 보이는 **역사** 변증법에 관해 마르크스가 분석

을 진행할 때, 나는 마르크스에게 우리가 그의 교육법이라고 말할 만한 것
들의 일부분에 해당하는 '선동'의 측면이 있다고 생각한다.

마르크스에게 반항은 카뮈와 반대로 인간이 만드는 선택이 아니다. 사
실상 그는 프롤레타리아가 "선택할 수 없는" 자신의 비참함에 대한 의식
을 가지며,120) 어떤 변혁의 희망도 없이, 프롤레타리아가 거부하는 상황
에서 그 자신의 해방을 추구하는 단계에 이른다고 말한다. 그러나 자신
의 상황이 자본주의 사회의 모든 소외된 상황을 요약한다는 한에서, 프
롤레타리아는 오직 자신의 고유한 삶의 조건들을 제거함으로 그 자신을
해방시킬 수 있다. 그렇게 함으로써, 프롤레타리아는 사회속의 모든 비
인간적인 삶의 조건을 제거한다. 따라서 한 개인의 고유한 조건이 변하
는 것이 아니라, 만인의 조건이 변하는 것이다. 그러므로 프롤레타리아
가 인간성 전체에 대한 해방자이다. 그는 인간에게 조국, 가족, 문화 등
을 복구시킨다. 그는 단번에 인간 소외 전체를 부수는 해방자이다. 따라
서 인간의 진리에 이르게 된다.

또한 총체적 변혁에 이르도록, 프롤레타리아는 실제로 빈곤의 바닥을
경험했어야 한다. 마르크스는 자신의 글 『헤겔 법철학 비판』에서 프롤레
타리아의 역할을 이 문단에서 주어진 자격을 정당화하는 용어들로 그려
낸다. 마르크스는 다음과 같은 내용에 부합하는 한 계급의 필요성을 역
설한다.

*"절대적 사슬을 가진 한 계급, 부르주아 사회에 속하지 않으나 그 사회 안
에 있고, 자신의 모든 측면에서 부르주아 사회의 부정인 한 계급이 필요하
다. 자본주의에서 인간을 위한 모든 우월성과 정상적인 사회적 조건들에서

---

120) 자끄 엘륄, 『인간을 위한 혁명』, 하태환 역 (대장간, 2012)의 부제는 "필연적 프롤레타
리아"(L' inéluctable prolétariat)이다.

의 분리를 대표하는 한 계급, 보편적 고통에서 나오는 일반적 성격을 지니
고, 인간의 권리에 특수 오류가 아닌 절대 오류를 행했기 때문에 어떠한 특
별 권리도 요구하지 않는 한 계급이 필요하다.”

프롤레타리아는 자신의 혁명적 역할을 수행하도록, 자본주의 사회에
속하지 않고 통합되어 있어야 한다. 혁명은 내부에서 도래할 것이다. 마
르크스의 글에서 우리는 변증법적 접근부정을 다시 발견하고, 또한 자본
주의적 인간 삶의 우월함과 조건들에 관한 “전술적” 판단을 발견한다.
사실상 프롤레타리아는 가족, 조국 등과 같은 것들을 증오해야 한다. 다
른 측면에서, 마르크스가 프롤레타리아는 하나의 보편 계급이라고 주장
할 때, 그는 사회적으로 존재하는 프롤레타리아를 말하지 않고, 오히려
고통을 통해 프롤레타리아에 관해 말하고자 한다. 한 나라에서 한 사람
의 프롤레타리아가 더욱 행복해진다면, 아마도 그는 다른 사람들과 분리
될 것이다. 말하자면, 혁명은 단 하나의 나라에서만 있을 수 없다.
　이어 마르크스는 다음과 같이 표현한다.

　　*“권력을 얻을 역사직 자리를 요구하는 것이 아니다. 단지 인간의 지위를 요
　　구하는 계급이 필요할 뿐이다… 근대 사회의 결과들에 대립되지 않고, 압제
　　의 원리들과 보편적 압제에 대립하는 한 계급이 필요하다.”

　실제 모든 정부는 역사적 자리장구한 연도, 대중 의지 등에 기원하지만, 그
것은 가치를 갖고 있지 않다. 프롤레타리아는 고통의 정점에 있는 존재
이기 때문에, 단지 인간답게 살기를 원할 뿐이며, 오직 자신이 자신을 다
스릴 수 있는 권리를 원할 뿐이다. 프롤레타리아란 인간다움의 표상이
다. 왜냐하면, 프롤레타리아는 완전히 인간다움에서 이탈해 있고, 이러

한 탈脫인간화를 버틸 수 없으며, 그가 유일하게 버틸 수 있는 것은 앞으로 도래할 인간다움이기 때문이다.

프롤레타리아가 특별한 권리들을 요구하지 않고, 근대 사회 원리 자체와 대립되어 있어야 한다고 주장하는 마르크스는 근대 사회의 결과들국가 권력, 사적 소유만 취하려는 조합주의자들과 프루동에 대립된다.

마르크스는 다음과 같이 덧붙인다.

> *"자본주의 사회 제반 범주들사회적, 정치적, 지적, 인간적 등에서의 해방 없이 자유로울 수 없고, 동시에 그 모든 사회적 범주를 해방시키지 않고서는 자유로울 수 없는 하나의 계급이 필요하다."

달리 말해, 프롤레타리아가 이러한 범주들에서 나올 때, 그것을 통해 프롤레타리아는 자신이 파괴하는 부르주아 독재의 제반 범주들을 해방시킨다. 마지막으로 마르크스는 다음과 같이 말한다.

> *"인간에 대해 완전히 상실하고, 오직 인간에 대한 완전한 회복을 통해 그 상실을 정복할 수 있는 하나의 계급이 필요하다."

여기서 쟁점은 바로 예측 불가능한 작업이며, 마르크스는 이러한 인간이 존재해야 한다는 것을 말할 수 없다.

프롤레타리아에 관해 마르크스가 말하는 것은 하나의 도덕적 감상이 아니다. 이 점을 강조할 필요가 있다. 왜냐하면, 아나코-조합주의 활동과 소렐의 사상, 또한 노동자주의 운동에서 우리는 노동자가 부르주아보다 더 선하다는 하나의 윤리적 판단을 내리기 때문이다. 이것은 정치이론과도 연결된 것이 아니다. 즉, **역사** 속에서 프롤레타리아는 맹목적으로 활동한다.

마르크스는 노동자들에 대해 동정을 표하지 않는다. 프롤레타리아가
지식이 있는 것이나 그들 자신의 역사적 역할이 무엇인가 혹은 원하는
것이 무엇인가 하는 것은 마르크스에게 그리 중요하지 않다. 프롤레타
리아는 조합원 투쟁을 넘어설 수 없다. 이는 프롤레타리아가 진리를 구
체화하고 자신이 해야 하는 것을 알며, 지식인들은 프롤레타리아에게 귀
기울이고, 그들에게 봉사해야 한다고 본 프루동과의 새로운 차이점이다.
마르크스에게, 상황은 역전되어 있다. 프롤레타리아는 사유하는 것을 원
하지 않는다. 그들은 단지 존재하는 것으로만 만족해야 한다. 일말의 가
책도 없이, 마르크스 자신은 프롤레타리아를 위해 사유한다고 여긴다.
지식인들은 프롤레타리아의 역할을 인식하기 때문에 그들을 안내해야
하고 지도해야 한다.

생각해 보아야 할 점은 프롤레타리아가 사유한나는 것이 아니라, 그들
이 존재하고 역사적 필연성의 견지에서 활동하도록 하는 것이다. 프롤레
타리아가 선택 할 때, 그러나 그들이 역사적 힘으로서 활동할 때, 반항해
야만 할 때, 그들은 사심을 표현하지 않는다. 프롤레타리아는 하나의 필
연성에 따르고, 자신의 참된 역할은 자기 자신 속에 은폐되어 있다.

프롤레타리아는 자신의 역사적 역할을 회피할 수 없다. 왜냐하면, 이
를 위해서 프롤레타리아는 소외되기를 멈추어야 하기 때문이다. 그러나
프롤레타리아는 그것을 할 수 없다. 그리고 사회 구조 전반이 프롤레타
리아의 소외를 강요하기 때문에, 이러한 구조 전체가 변혁되어야 한다.

프롤레타리아만이 자신의 조건을 거부하면서 사회 구조를 바꿀 수 있고, 따라서 자기 소외를 제거할 수 있다. 그러므로 소소한 개혁들은 필요 없다.그리고 1917년의 혁명도 그러한 개혁들 가운데 하나였다… 게다가 마르크스가 인간 해방을 위해 하나의 길, 곧 반항révolte만이 존재한다고 말할 때, 그것은 인간이 자유롭게 되고자한다는 것을 전제한다. 마르크스에게, 인간이 부자유한 상태에 만족한다는 것은 생각할 수 없다.

6. 계급투쟁

사회적 계급들에 대한 사회학은 도저히 알아들을 수 없는 말로 가득하며, 우리는 마르크스를 읽을 때 이 주제가 평범하지 않은 복합성을 갖고 있다는 점을 인식하게 될 것이다.

6.1. 사회 계급들

사회 계급에 대한 마르크스의 생각은 우리가 크게 세 단계로 구별할 수 있는 발전과정의 결과이다.

1848년 이전, 그의 청년시절 글『철학의 빈곤』등에서 마르크스는 당대에 수용된 사회 계급들에 관한 일체의 개념들과 거리를 둔다. 특별히 그는 세 가지 개념을 거부한다.

먼저, 재산, 수입, 소비 가능성에 따라 세워진 사회 계급 개념을 거부한다. 즉, 계급투쟁은 부자들에 대한 가난한자들의 투쟁이 아니다.『1844년 경제학-철학 수고』

또한 마르크스는 직업에 따라 고려된 계급 분할도 거부한다. 그에게, 직업은 사회 내부에 있는 개인들의 집합적 위치의 원인이라기보다 결과인 하나의 결정 요소이다.

마지막으로 1847년 『철학의 빈곤』에서 마르크스는 생산 도구들의 소유 위에 세워진 사회적 분할과 같이 출현하는 계급들의 개념을 거절한다. 한 예로, 프루동은 바로 이러한 기준에 의해 계급들을 나누었다. 마르크스는 그 기준을 당대에 매우 피상적인 것으로 여기고 거부한다.

결국, 마르크스에 의해 견지되는 기준들은 매우 가변적이고 모호하다.

먼저, 우리는 심리학적 혹은 도덕적 특성에 대한 정의를 발견한다. 곧, 압제의 유형이 어떠하든 간에, 피압제자와 압제자 계급으로 분할한다. 이것은 가장 광범위한 기준이다.

다음으로 정치권력에 동의하는 이들과 그에 반대하는 이들을 대립시키는 기준 즉, 의견에 대한 기준을 발견한다. 마찬가지로, 마르크스에게도 압제에 대한 의식을 갖고 있지 않고 우리가 다른 이데올로기 건설로 방향 설정하게 되는 한, 계급은 없다.

마지막으로, 마르크스는 예를 들어, 『독일 이데올로기』에서 농민들, 농촌 거주자와 도시 거주자 간의 대립을 견지한다. 그는 산업 자본과 토지 소유 간의 분리에 상응하는 노동의 분할에 머무는 두 개의 큰 범주로서, 인구 분할에 따라 표현되는 도시-농촌의 관계가 존재한다고 평가한다. 따라서 그는 두 가지 경제 형식과 삶의 양식을 대립시킨다.

마르크스는 재차 두 가지 보충 요소의 도움을 받는다.

먼저 사회적 계급은 즉자적 존재 사건에 앞서, 타자를 위해 존재한다. 바로 이러한 의식에서 계급투쟁은 시작될 것이다. 부르주아들은 노동자를 부르주아 반대 투쟁에 준비된 계급으로 생각하지, 노동자들 그 자체가 하나의 계급이라고 여기지 않는다. 이것은 노동자들 각자가 자신들이 하나의 계급이라는 것을 발견하는 싸움을 하는 동안에만 존재하는 것이다.

또 다른 부분에서, 사회 계급은 개인들로 이루어진다. 그러나 이 계급은 개인들의 면대면面對面 관계로 존재하는 것과, 계급 속에서 개인들이 이미 모두 제작된 자신들의 향방을 찾는 현실성 자각 문제를 겨냥한다. 각 개인은 이러한 역할을 부여 받은 것처럼 보이며, 그로 말미암아 각 개인은 그러한 사회 계급에 소속된다.

그러므로 마르크스에게 계급이란 매우 강력한 하나의 외적 실재가 되기를 지향하는 현실 집단이다. 계급은 **"자신의 구성원들을 서로 대립시키면서 완전한 물신**fétiche**처럼 그들을 지배하고자 한다."** 부과된 외적, 객관적 실재를 가리키고자 마르크스가 수차례 사용한 용어이다. 곧, 우리가 물신처럼 믿기 때문이다 121) 그러므로 계급의식을 갖는 것은 통합이 아닌 해방이다.

1848년 『공산당 선언』에서 계급 개념은 변화되었지만, 마르크스는 여전히 계급에 대해 설명하는 수준에 머물러 있다. 그는 사회계급의 경제적 특징들에 관해 강조하며, 사회계급의 다양한 요소가 다음의 두 가지 기준에 따라 집결된다는 점을 강조한다.

– 경제적 생산에서 동일한 역할을 가진 것들. 객관적 기준

– 경제적 공동 관심사항을 가진 것들. 주관적 기준

사회적 계급이 존재한다는 것을 설명하고자, 마르크스는 그에게 프롤레타리아보다 완벽하고, 복잡하고, 구체적인 계급처럼 등장하는 부르주아 계급을 모델로 선택한다. 그리고 그는 동일한 이 기준들을 노동자 계급에 적용한다. 그러나 위에서 언급한 경제적 요소들은 개인들의 의지와 독립된 상태로 남아 있다. 따라서 그는 사회 계급에 대한 객관적 시각을 지향한다. 그러나 마르크스는 이러한 객관성에 미묘한 차이를 두어야 했다. 예를 들어, 그는 아마도 자신 스스로 프롤레타리아와 더불어 간다는

---

121) [역주] 물신(物神)은 '맹목적 숭배 대상' 정도로 풀어 쓸 수 있다. 다만 기존의 마르크스 용어 번역에 따라 '물신'으로 번역함을 일러둔다.

주관적 감정 때문에라도, 개인들은 그들이 자발적으로 선택한 계급에 찬동한다고 말할 것이다. 그러므로 더 이상 우리는 경제적 역할의 영역 안에 있지 않다. 경제적 역할에서 마르크스는 지성인들이 매개적 태도를 취하면서 부분적으로 하나의 계급을 형성한다고 생각하는 데까지 이른다. 지성인들이 매개적 태도를 취하는 이유는 그들이 경제 순환 가운데서 나오지 않았고, 계급투쟁 외연의 자리에 있기 때문이다.

우리는 마르크스가 지성인들에 대한 매우 빈약한 통찰력을 지녔다고 말할 수 있다.

세 번째 그리고 마지막 단계는 『자본론』의 출판과 더불어 이루어진다. 『자본론』에서 마르크스는 기술과 방법론까지 바꾼다. 계급분할의 유일한 기준은 소비가 아닌 재화 생산에 연결된 경제적 기준이다. 그리고 이 객관적 기준은 상황에 대한 의식을 갖는 것으로 나타나야 하며, 이러한 의식화는 개인들을 계급 조직화로 인도해야 한다. 그러나 의식화는 다른 계급과의 대립에서만 실행될 뿐이다. 따라서 계급투쟁 과정에서 계급은 다음과 같이 명확하게 이루어진다. 곧, 계급투쟁은 계급들 가운데서 창조되는 것이다. 두 집단 사이의 발전 가운데 존재하는 대립으로 말미암아, 계급투쟁은 불가피하다. 마르크스에게 사회 계급은 생산력과 관련된 어떤 유형을 구체화하는 인간 집단들의 단계에 있다. 생산에 대한 소유주가 되지 않고도 생산력을 사용하는 이들이 있고, 생산력 없이도 생산에 대한 소유주가 되는 이들이 있다. 바로 이 도식이 산업 자본주의 사회를 설명한다. 수공업이나 자작농의 현실은 중요하지 않다.

그러므로 이것은 중요한 단계이다. 로자 룩셈부르크는 이미 마르크스가 어떤 때는 사건을 분석했고, 어떤 때는 이론적 분석을 시도했음을 강조했다. 1852년까지 마르크스는 사건들을 묘사하고자 했다. 이때부터, 그는 작업가설이자, 추상적 방식으로 구성하고 설명하는 하나의 "모델"을 구축하고자 한다. 『자본론』에서 마르크스는 "즉자적으로 채택된 이 추상들은 어떠한 가치도 갖지 않고, 어떠한 방법도 주지 않는다"라고 구체적으로 말한다. 이는 마르크스의 분석에 대한 비판 작업 수행의 본질적 지점이다. 우리는 그의 글에서 설명된 사건들을 비판하는 것으로 만족할 수 없다.

마르크스의 분석은 하나의 추상이자, 설명 도식이다. 이러한 추상에서 우리는 실천 속에 있는 사건들은 순수 상태에 있는 것이 아니라는 점을 인식함과 동시에 사건들을 단순한 묘사가 아닌 과학적으로 설명할 수 있는지를 아는 것이 중요하다.

6.2. 역사 내 계급 발전

최초에는 경제적 상황들이 매우 다양했고, 관심사항들이 다변화되어 있었기 때문에 무수한 계급이 존재했다. 각 계급은 특정한 생산력과 연결되어 있었다.

생산력을 구체화하는 계급은 생산관계들을 구체화하는 계급을 제거할 것이다. 그러나 이것이 말하고자 하는 바는 예를 들어 베른슈타인이 지지했던 것처럼, 최하위층 계급이 이를 짊어질 것이라는 것이 아니다. 마르크스는 결단코 그렇게 말하지 않았다. 특히 그람쉬와 알튀세르, 중층결정 요소에 대한 개념과 더불어 실제 해석은 더욱더 유연하다. 곧, 하나의 계급은 자신의 역사적 역할을 결정지을 무수한 요인을 집중시킬 것이다.

매 혁명마다 지배계급은 제거될 것이다. 따라서 이론상으로, 계급은 소멸되는 방향으로 나아가며 수많은 계급에서 두 계급으로 감소하게 된다. 즉, 우리는 무계급 사회로 나아간다. 이것은 하나의 이론 도식이다. 마르크스가 당대 상황에 관해 말할 때, 그는 매번 바뀐다. 1843년 독일에서, 그는 계급을 5가지로 구분했다. 프로이센에서는 8개의 계급을 언급했고, 1848년 프랑스에서는 7개의 계급을 열거한다. 1860년 『자본론』과 더불어, 마르크스는 생존으로서는 전적으로 농민들을 고려하고 기술자들과 관료들 "집행−감시자들의 매개 계급"의 출현을 보도하면서 분석을 두 계급으로 다시 제시한다. 게다가 마르크스는 『자본론』에서 부르주아 계급은 세부 계급으로 다음과 같이 나누어진다는 것을 인정한다. 곧, 토지 귀족, 산업 부르주아, 농촌 부르주아와 단절의 사회적 형태프롤레타리아로 거의 전락한이자 정치적 무능에 따라 특징지어진 프티 부르주아이다.

나는 마르크스 사상이 19세기에서 멀리 벗어나 있는 가장 중요한 사상이라고 생각한다. 이것은 또한 20세기를 위한 가장 중요한 지적 도전이다. 우리는 마르크스 사상에 관해서만 생각할 수 있을 뿐이다. 만일 우리가 마르크스 사상을 무시한다면, 그에 대해 우리는 그 무엇도 말할 수 없을 것이다. 좀 더 심술궂은 표현으로 말하자면, 우리는 생각을 하지 않는 것이다.
나는 여러분이 마르크스에 대한 동조나 반대 입장을 취하게 되는 이유를 인식하게 되는 방향으로 이 강좌를 진행하고자 한다. 만일 여러분이 마르크스 사상에 동조한다면, 여러분은 왜 거기에 동조하는지를 알아야 할 것이다. 나는 여러분이 교조주의에서 벗어나기를 바란다.
내가 수용할 수 없는 교조주의가 존재하고, 항상 마르크스를 하나의 물신처럼 다루기를 거부하는 틀에서 본다면, 나 자신은 정통 마르크스주의자가 아니다. 그러나 마르크스 사상은 지속적으로 내게 자극을 주고, 영감을 준다. 정치, 경제, 사회 현상들에 접근하는 마르크스의 방법론은 오늘날까지 우리에게 만족스러운 결과물들을 주는 유일한 방법론이라고 생각한다. 실제로 그의 방법론보다 더 과학적인 방법론은 없다. 물론, 마르크스가 우리를 초대하는 매 순간, 자아비판이 실행되는 조건에서 그렇다.

엘륄의 저서_{연대기순} 및 연구서

· *Étude sur l'évolution et la nature juridique du Mancipium*. Bordeaux: Delmas, 1936.
· *Le fondement théologique du droit*. Neuchâtel: Delachaux & Niestlé, 1946.
  ⋯▸『자연법의 신학적 의미』, 강만원 옮김(대장간, 2013)
· *Présence au monde moderne: Problèmes de la civilisation post-chrétienne*. Geneva: Roulet, 1948.
  ⋯▸『세상 속의 그리스도인』, 박동열 옮김(대장간, 1992, 2010(불어완역))
· *Le Livre de Jonas*. Paris: Cahiers Bibliques de Foi et Vie, 1952.
  ⋯▸『요나의 심판과 구원』, 신기호 옮김(대장간, 2010)
· *L'homme et l'argent* (Nova et vetera). Neuchâtel: Delachaux & Niestlé, 1954.
  ⋯▸『하나님이냐 돈이냐』, 양명수 옮김(대장간. 1991, 2011)
· *La technique ou l'enjeu du siècle*. Paris: Armand Colin, 1954. Paris: Économica, 1990.
· (E)*The Technological Society*. New York: Knopf, 1964.
  ⋯▸『기술 또는 세기의 쟁점』(대장간 출간 예정)
· *Histoire des institutions*. Paris: Presses Universitaires de France, plusieurs éditions (dates données pour les premières éditions);. Tomes 1–2, L'Antiquité (1955); Tome 3, Le Moyen Age (1956); Tome 4, Les XVIe–XVIIIe siècle (1956); Tome 5, Le XIXe siècle (1789–1914) (1956).
  ⋯▸『제도의 역사』, (대장간, 출간 예정)
· *Propagandes*. Paris: A. Colin, 1962. Paris: Économica, 1990
  ⋯▸『선전』하태환 옮김(대장간, 2012)
· *Fausse présence au monde moderne*. Paris: Les Bergers et Les Mages, 1963.
  ⋯▸ (대장간 출간 예정)
· *Le vouloir et le faire: Recherches éthiques pour les chrétiens*: Introduction (première partie). Geneva: Labor et Fides, 1964.
  ⋯▸『원함과 행함』(솔로몬, 2008)
· *L'illusion politique*. Paris: Robert Laffont, 1965. Rev. ed.: Paris: Librairie Générale Française, 1977.
  ⋯▸『정치적 착각』, 하태환 옮김(대장간, 2011)
· *Exégèse des nouveaux lieux communs*. Paris: Calmann-Lévy, 1966. Paris: La Table Ronde, 1994.
  ⋯▸ (대장간, 출간 예정)
· *Politique de Dieu, politiques de l'homme*. Paris: Éditions Universitaires, 1966.

··→『하나님의 정치와 인간의 정치』, 김은경 옮김(대장간, 2012)
· *Histoire de la propagande*. Paris: Presses Universitaires de France, 1967, 1976.
  ··→『선전의 역사』(대장간, 출간 예정)
· *Métamorphose du bourgeois*. Paris: Calmann-Lévy, 1967. Paris: La Table Ronde, 1998.
  ··→『부르주아와 변신』(대장간, 출간 예정)
· *Autopsie de la révolution*. Paris: Calmann-Lévy, 1969.
  ··→『혁명의 해부』, 황종대 옮김(대장간, 2013)
· *Contre les violents*. Paris: Centurion, 1972.
  ··→『폭력에 맞서』, 이창헌 옮김(대장간, 2012)
· *Sans feu ni lieu: Signification biblique de la Grande Ville*. Paris: Gallimard, 1975.
  ··→『머리 둘 곳 없던 예수-대도시의 성서적 의미』, 황종대 옮김(대장간, 2013).
· *L'impossible prière*. Paris: Centurion, 1971, 1977.
  ··→『불가능한 기도』, 신기호 옮김(대장간, 출간 예정)
· *Jeunesse délinquante: Une expérience en province*. Avec Yves Charrier. Paris: Mercure de France, 1971.
· *De la révolution aux révoltes*. Paris: Calmann-Lévy, 1972.
· *L'espérance oubliée, Paris*: Gallimard, 1972.
  ··→『잊혀진 소망』, 이상민 옮김(대장간, 2009)
· *Éthique de la liberté,.* 2 vols. Geneva: Labor et Fides, I:1973, II:1974.
  ··→『자유의 윤리』, (대장간, 출간 예정)
· *Les nouveaux possédés*, Paris: Arthème Fayard, 1973.
· (E)*The New Demons*. New York: Seabury, 1975. London: Mowbrays, 1975.
  ··→ (대장간, 출간 예정)
· *L'Apocalypse: Architecture en mouvement*, Paris. Desclée 1975.
· (E)*Apocalypse: The Book of Revelation*. New York: Seabury, 1977.
  ··→『요한계시록-움직이는 건축물』(대장간, 출간 예정)
· *Trahison de l'Occident*. Paris: Calmann-Lévy, 1975.
· (E)*The Betrayal of the West*. New York: Seabury,1978.
  ··→『서구의 배반』, (대장간, 출간 예정)
· *Le système technicien*. Paris: Calmann-Lévy, 1977.
  ··→『기술 체계』, 이상민 옮김(대장간, 2013)
· *L'idéologie marxiste chrétienne*. Paris: Centurion, 1979.
  ··→『기독교와 마르크스주의』, 곽노경 옮김(대장간, 2011)
· *L'empire du non-sens: L'art et la société technicienne*. Paris: Press Universitaires de France, 1980.

···『무의미의 제국』, 하태환 옮김(대장간, 2013년 출간)
· *La foi au prix du doute: "Encore quarante jours.."*. Paris: Hachette, 1980.
  ···『의심을 거친 신앙』, 임형권 옮김 (대장간, 2013)
· *La Parole humiliée*. Paris: Seuil, 1981.
  ···『굴욕당한 말』, 박동열 이상민 공역(대장간, 2013년 출간 예정)
· *Changer de révolution: L'inéluctable prolétariat*. Paris: Seuil, 1982.
  ···『인간을 위한 혁명』, 하태환 옮김(대장간, 2012)
· *Les combats de la liberté*. (Tome 3, L' Ethique de la Liberté) Geneva: Labor et
  Fides, 1984. Paris: Centurion, 1984.
  ···『자유의 투쟁』(솔로몬, 2009)
· *La subversion du christianisme*. Paris: Seuil, 1984, 1994. [réédition en 2001,
  La Table Ronde]
  ···『뒤틀려진 기독교』, 박동열 이상민 옮김(대장간, 1990 초판, 2012년 불
    어 완역판 출간)
· *Conférence sur l'Apocalypse de Jean*. Nantes: AREFPPI, 1985.
· *Un chrétien pour Israël*. Monaco: Éditions du Rocher, 1986.
  ···『이스라엘을 위한 그리스도인』(대장간, 출간 예정)
· *Ce que je crois*. Paris: Grasset and Fasquelle, 1987.
  ···『내가 믿는 것』(대장간 출간 예정)
· *La raison d'être: Méditation sur l'Ecclésiaste*. Paris: Seuil, 1987
  ···『존재의 이유』(규장, 2005)
· *Anarchie et christianisme*. Lyon: Atelier de Création Libertaire, 1988. Paris:
  La Table Ronde, 1998
  ···『무정부주의와 기독교』, 이창헌 옮김(대장간, 2011)
· *Le bluff technologique*. Paris: Hachette, 1988.
· (E)*The Technological Bluff*. Grand Rapids: Eerdmans, 1990.
  ···『기술담론의 허세』(대장간, 출간 예정)
· *Ce Dieu injuste..?: Théologie chrétienne pour le peuple d'Israël*. Paris: Arléa,
  1991, 1999.
  ···『하나님은 불의한가?』, 이상민 옮김(대장간, 2010)
· *Si tu es le Fils de Dieu: Souffrances et tentations de Jésus*. Paris: Centurion,
  1991.
  ···『네가 하나님의 아들이라면』, 김은경 옮김(대장간, 2010)
· *Déviances et déviants dans notre societé intolérante*. Toulouse: Érés, 1992.
· *Silences: Poèmes*. Bordeaux: Opales, 1995.
  ···(대장간, 출간 예정)
· *Oratorio: Les quatre cavaliers de l'Apocalypse*. Bordeaux: Opales, 1997.
· (E)*Sources and Trajectories: Eight Early Articles by Jacques Ellul that Set the*

Stage. Grand Rapids: Eerdmans, 1997.

· *Islam et judéo-christianisme*. Paris: Presses universitaires de France, 2004.
    ···▸『이슬람과 기독교』, 이상민 옮김(대장간, 2009)

· *La pensée marxiste*: Cours professé à l'Institut d'études politiques de Bordeaux
    de 1947 à 1979 Edited by Michel Hourcade, Jean−Pierre Jézéuel and Gérard
    Paul. Paris: La Table Ronde, 2003.
    ···▸『마르크스 사상』, 안성헌 옮김(대장간, 2013)

· *Les successeurs de Marx*: Cours professé à l'Institut d'études politiques de
    Bordeaux Edited by Michel Hourcade, Jean−Pierre Jézéquel and Gérard Paul.
    Paris: La Table Ronde, 2007.
    ···▸『마르크스의 후계자』(대장간, 출간 예정)

기타 연구서

· 『세계적으로 사고하고 지역적으로 행동하라』(Perspectives on Our Age:
    Jacques Ellul Speaks on His Life and Work.), 빌렘 반더버그, 김재현, 신광
    은 옮김(대장간, 1995, 2010)

· 『자끄 엘륄 −대화의 사상』(Jacques Ellul, une pensée en dialogue. Genève),
    프레데릭 호뇽(Frédéric Rognon)저, 임형권 옮김(대장간, 2011)

· 『자끄 엘륄입문』신광은 저(대장간, 2010)

· *A temps et à contretemps: Entretiens avec Madeleine Garrigou-Lagrange*. Paris:
    Centurion, 1981.

· *In Season, Out of Season: An Introduction to the Thought of Jacques Ellul:* Inter-
    views by Madeleine Garrigou−Lagrange. Trans. Lani K. Niles. San Francisco:
    Harper and Row, 1982.

· *L'homme à lui-même: Correspondance*. Avec Didier Nordon. Paris: Félin,
    1992.

· *Entretiens avec Jacques Ellul*. Patrick Chastenet. Paris: Table Ronde, 1994